LES AVENTURIERS DU PATRIMOINE

40 ACTEURS DU PATRIMOINE RACONTENT

Esquelbecq
Carneville
LeTaillis
L'Aumônerie
Coucy
Champ-de-Bataille
Armentières
Vigny
Canon
La Muette
Le Rocher-Portail
Médavy
Vaux-le-Vicomte
La Bourbansais
Dampierre
Thiron-Gardais
Forges des Salles
Vaux
Meung
Tanlay
Auberive
Château Gaillard
Pisy
Saint-Brisson
Villersexel
Gizeux
Troussay
L'Ébaupinay
Langeais
La Mothe-Chandeniers
Le Bouchet
La Rochefoucauld
Saint-Saturnin
Vibrac
Paluel
Sirey
Commarque
Saint-Vidal
Marqueyssac
Roquetaillade
Castelnaud
Villandraut
Montaigut
La Barben
Flaugergues
Fontfroide
Les passeurs d'histoire
Les néo-châtelains
Les chevaliers du patrimoine
Les mécènes et esthètes
Les anges-gardiens du patrimoine
Châteaux de plaisance
Châteaux forts
Abbayes
Sites industriels
Bâtiments civils

SOMMAIRE

NOS AUTEURS

SERGE BATHENDIER

–

Après avoir bourlingué aux quatre coins du monde, Serge a renoué avec sa passion première, le patrimoine français. C'est avec grand intérêt qu'il est parti à la rencontre de ceux et de celles qui le font vivre.

PHILIPPE BOURGET

–

Journaliste spécialisé en tourisme et patrimoine, Philippe sillonne la France et le monde depuis 20 ans pour des magazines de voyage. Il défend l'idée que le tourisme soit source d'échanges et de respect.

GUYLAINE IDOUX

–

Née, élevée et nourrie au bon air d'une perle du 18e s. (la ville de Nancy), la Lorraine a étoffé sa culture – et son amour – du beau patrimoine en collaborant depuis près de vingt ans aux Guides Verts Michelin.

DENIS MONTAGNON

–

Médiéviste de formation, grand amateur d'architecture, Denis est spécialiste des destinations au riche patrimoine artistique, du Portugal à la Grèce, en passant bien sûr par la France et les pays de l'ex-Yougoslavie, sa dernière passion en date.

DELPHINE STORELLI

–

De longues années dans l'édition ont conduit Delphine sur les causses du Quercy où elle s'est établie, entre murets de pierres et pelouses sèches, pour continuer à apporter sa pierre à l'édifice.

ET AUSSI

LES ÉDITEURS DU GUIDE VERT MICHELIN : ÉRIC BOUCHER, CAMILLE BOUVET, AMAURY DE VALROGER

ÉDITO

Les Aventuriers du patrimoine… un titre qui illustre la richesse mais aussi la complexité de la sauvegarde de milliers de monuments en France ! Propriétaires privés, institutions, associations, bénévoles, entrepreneurs, start-upers… quarante acteurs passionnés et engagés au chevet de nos châteaux, abbayes et autres édifices civils ont accepté de raconter leur passion pour les vieilles pierres.

Dans ce premier volume, ces portraits sont regroupés en cinq grandes catégories : les passeurs d'histoire, les néo-châtelains, les chevaliers du patrimoine, les mécènes et esthètes, et les anges-gardiens. Qu'ils aient reçu un château en héritage, qu'ils l'aient acquis, ou qu'ils participent à une association de sauvegarde, si chaque histoire est différente, les mêmes tendances fortes se dessinent à travers leurs témoignages. Il s'agit à chaque fois d'un choix de vie et d'un engagement total au service d'un monument. Si l'on peut acheter un manoir pour le prix d'un appartement à Paris, la restauration et l'entretien d'un monument de ce type coûtent très cher, tant sur le plan financier que sur celui de l'investissement humain. Il convient d'en finir avec les stéréotypes : sauf exception, les châteaux ne sont plus des symboles de pouvoir ou de simples résidences secondaires. Ceux qui entreprennent de leur redonner une nouvelle vie ont pour principale préoccupation de leur retrouver une fonction. Les châteaux redeviennent ce qu'ils étaient à l'origine : des lieux de vie et de production collectifs, ancrés dans un territoire dont ils assurent le développement.

Suite à la pandémie et à la généralisation du télétravail, de nouveaux venus voient également dans les demeures patrimoniales l'opportunité d'une nouvelle vie. Ils arrivent souvent avec des projets bien ficelés, innovants, qui bousculent l'univers du patrimoine. Face aux transformations en cours, il nous a semblé urgent de faire ce livre, de comprendre ces évolutions en interrogeant ceux qui en sont les artisans. On redécouvre enfin que ces châteaux et abbayes sont en symbiose avec leur environnement. Ils participent à la sauvegarde des paysages et à la préservation de la biodiversité. Et si ces grandes bâtisses ne répondent pas aux normes contemporaines d'isolation, elles sont conçues avec des matériaux nobles et naturels.

Les associations comme les VMF (Vieilles Maisons Françaises) et la Demeure Historique œuvrent aussi inlassablement pour conseiller, soutenir et aider ces aventuriers du patrimoine. Et parce que plus que jamais le patrimoine est un facteur de développement économique des territoires, le réseau des Audacieux du Patrimoine, émanation de la Demeure Historique, rassemble des propriétaires-gestionnaires de monuments historiques familiaux y développant, de manière professionnelle, une activité économique durable. Respectueuses de l'histoire, de l'identité des lieux et de l'environnement, leurs activités sont capables d'assurer la sauvegarde, le développement et la pérennité des sites.

Le patrimoine est une grande cause nationale désormais appuyée par la Mission Stéphane Bern. Qui sait, ce livre vous donnera peut-être envie de vous lancer également dans cette formidable aventure ? À ce titre, vous y trouverez de nombreux conseils.

Bonne lecture et que l'aventure commence !

PHILIPPE ORAIN
DIRECTEUR DES GUIDES DE VOYAGE MICHELIN

MISSION BERN

QUATRE ANS DE PASSION AU SERVICE DU PATRIMOINE

Dans son plaidoyer de 1832, *Guerre aux démolisseurs*, Victor Hugo énonçait une vérité intangible : « Il y a deux choses dans un édifice : son usage et sa beauté. Son usage appartient au propriétaire, sa beauté à tout le monde, à vous, à moi, à nous tous. Donc, le détruire, c'est dépasser son droit. » Notre grand écrivain national avait raison de souligner que le patrimoine est l'affaire de tous ; nous en sommes collectivement et individuellement les dépositaires et nous avons le devoir de le transmettre, si possible restauré, aux générations futures.

Parce que le patrimoine est porteur d'identité historique et culturelle, vecteur de développement économique dans les territoires ruraux comme urbains, catalyseur de convivialité intergénérationnelle en fédérant les énergies de bénévoles, et parce qu'il est le reflet des beautés de notre pays qui font rêver et attirent les touristes du monde entier, nous n'avons pas le droit de le laisser tomber en ruines, se dégrader, voire disparaître.

Depuis cent-cinquante ans, l'État se mobilise pour faire de la sauvegarde du patrimoine une grande cause nationale, servie par des figures de proue comme Prosper Mérimée ou André Malraux, qui ont entrepris de recenser les chefs-d'œuvre en péril et de mettre en place une politique de soutien à leur restauration. Aux côtés de l'État, comme correspondants locaux, les sociétés savantes ont joué un rôle de veille déterminant. Toute cette énergie a permis de grandes choses. La mission bénévole qui m'a été confiée en 2017 par le Président de la République s'inscrit dans cette continuité et je suis heureux de m'y être engagé avec toute ma passion. Elle ne pouvait se déployer qu'en suscitant l'adhésion de tous les acteurs du patrimoine, notamment le ministère de la Culture à travers ses directions régionales, les associations de défense, les bénévoles de la Fondation du Patrimoine. Grâce à leurs efforts conjugués, mais aussi au signalement des Français sur le site *www.missionbern.fr*, nous avons pu répertorier plus de 4 000 édifices sur le territoire national, en métropole et en outre-mer, qui réclament un soin urgent.

Parmi eux, 527 sites en péril ont été sélectionnés depuis 2017 et la Mission Patrimoine a révélé l'intérêt du grand public et des médias pour la richesse, la variété, et le potentiel d'attractivité du patrimoine local. Ces sites en sont un témoignage, par leur diversité de nature, de fonction, d'empreinte sur le territoire. Lavoirs et chapelles, usines et châteaux, maisons d'illustres et théâtres, tous nous racontent une histoire, notre histoire commune. Ils nous invitent à appréhender notre passé avec un regard non pas nostalgique, mais curieux d'hier et d'aujourd'hui, avec l'assurance qu'ils jouent encore un rôle fédérateur pour l'avenir en permettant souvent de réconcilier les mémoires.

Quatre ans après le lancement de la Mission, les résultats sont concrets et aujourd'hui la moitié des projets sont d'ores et déjà sauvés : 182 chantiers sont en cours et 78 sont terminés. Si de nombreux chantiers ont été impactés en 2020 par une interruption temporaire due à la crise sanitaire et/ou par des ralentissements relatifs au report des élections municipales, ils ont rapidement été relancés ou reprogrammés. 2021 devrait voir beaucoup d'autres projets se concrétiser.

Ces nouvelles ressources, qui émanent de la mobilisation populaire, portent en elles une vraie dynamique et nous permettront de venir en aide aux autres sites non sélectionnés que nous n'oublions pas pour autant. Associées à d'autres sources de fonds privés, comme le mécénat, elles peuvent susciter un nouvel élan en faveur de la sauvegarde du patrimoine, j'en suis convaincu. Tout le monde peut contribuer à cette mission, en nous aidant à recenser des sites en péril ou en contribuant notamment par un don sur le site internet créé à cet effet : *www.missionbern.fr*

Au-delà même du geste ludique de gratter ou de jouer au Loto du Patrimoine, la Mission Bern aura sans doute permis aux Français de se réapproprier cette cause essentielle pour bien vivre ensemble. Le patrimoine n'est pas un luxe, c'est une nécessité ; ce n'est pas un coût, c'est un investissement. Témoins de notre passé et de notre Histoire, ces trésors du patrimoine peuvent aussi nous aider à bâtir la prospérité de demain. Ensemble, nous devons les sauvegarder.

STÉPHANE BERN

Château de Flaugergues

1

LES PASSEURS D'HISTOIRE

LA MÉMOIRE EN HÉRITAGE

La France est couverte de châteaux, on en dénombrerait au moins 30 000. Simples manoirs émergeant du bocage ou monuments princiers parés de dentelles de buis, ils évoquent une vie aristocratique faite de chasses à courre, de bals masqués et autres fêtes galantes à la Watteau. Pourtant la « vie de château » n'est plus ce qu'elle était. Quand ils ont réchappé aux révolutions et aux successions, ces domaines signifient, pour leurs héritiers, l'abnégation de toute une vie : leur sauvegarde, ou même juste leur entretien, est synonyme d'ergotages avec les entrepreneurs et de seaux portés sous les fuites des toits ; il faut souvent être électricien, maçon et jardinier, en même temps que marquis ou vicomte. On ne peut être qu'admiratif de ces vieilles familles, qui ont juré fidélité à la demeure de leurs ancêtres. Ce n'est pas fausse modestie lorsqu'elles assurent que ce patrimoine ne leur appartient pas et qu'elles ne le maintiennent dans le siècle que pour le transmettre. Le foncier, qui était la principale ressource de ces grandes propriétés, ne rapporte plus, il faut donc redonner aux châteaux une fonction sociale adaptée au 21e s.

Rencontre avec les Passeurs d'histoire !

NORMANDIE

MARGUERITE DE MÉZERAC

LE CHÂTEAU DE CANON, UNE AFFAIRE DE FAMILLE

Invitation à un voyage dans le passé, le château de Canon plonge le promeneur au temps des Lumières, entre raison et imagination. Élégante demeure à l'italienne couronnée d'un décor de balustres et de vases sculptés, parc à l'anglaise sillonné de sentiers et ponctué de fabriques, tels un kiosque chinois et un faux temple grec, chartreuses closes de murs abritant des fleurs à profusion : tout ici respire le charme et la poésie, tout appelle à la rêverie et à la promenade.

Au cœur de la riante vallée d'Auge, la seigneurie de Canon appartient depuis le Moyen Âge à la belle-famille de Marguerite de Mézerac. L'époux de celle-ci est en effet un descendant direct de Jean-Baptiste Élie de Beaumont, qui a profondément modifié le château et le parc au 18e s. *(voir encadré ci-contre).*
Aujourd'hui, le domaine est géré de façon originale, sous forme de société civile immobilière (SCI).

Pourquoi avoir opté pour une SCI ?

Marguerite de Mézerac – Parce que notre mode de gestion est collectif et familial. Je suis la seule à travailler à temps plein pour le château, mais chaque membre de ma belle-famille, tout en ayant un travail à l'extérieur, assure une mission propre d'entretien du domaine ou d'animation, selon ses compétences. Cela va de l'accueil au ratissage, en passant par la comptabilité ou l'organisation des visites, voire des illuminations. Même les jeunes sont parties prenantes.

> « Notre mode de gestion est collectif et familial. Chaque membre de ma belle-famille (...) assure une mission propre d'entretien du domaine ou d'animation. »

Combien coûte l'entretien d'un tel domaine ? Est-il autosuffisant ?

En frais généraux d'entretien, sans compter les investissements, on atteint environ 240 000 € par an. Nous arrivons à l'autosuffisance, à payer le personnel et à financer les

Façade sur jardin avec le miroir d'eau

LE PROCÈS DE CANON

L'ÉPOPÉE D'UN DOMAINE FAMILIAL

L'histoire du château de Canon débute vraiment en 1727, lorsque son propriétaire, le protestant Robert de Béranger, est contraint de céder le domaine à bas prix, avant de s'enfuir en Angleterre. Dans les années 1760, Jean-Baptiste Élie de Beaumont (1732-1786), brillant avocat marié à une descendante de Robert de Béranger et intendant des finances du comte d'Artois, lance une procédure visant à dénoncer les conditions de la vente de Canon. Appuyé par son ami Voltaire, il gagne le procès en 1768, rembourse l'acquéreur de Canon, et entame d'importants travaux dans le domaine.

Des travaux richement documentés

Le château perd sa toiture mansardée, au profit d'un toit plat d'ardoises caché derrière des balustres, et gagne un étage élevé en pierre blonde locale de Quilly. Les communs sont doublés de façon à dessiner une cour d'honneur. Le jardin à la française et le parc à l'anglaise sont créés.
J.-B.-J. Élie de Beaumont, retenu par ses plaidoiries à Paris, vient moins souvent qu'il ne le voudrait à Canon. Mais il entretient une correspondance étroite avec son intendant, Eutrope Serain, auquel il indique les travaux à effectuer. Archivées, ces très nombreuses lettres sont aujourd'hui extrêmement précieuses pour mener à bien les réparations et restaurations du domaine.

STATUES EN PÉRIL

UN SAUVETAGE PARTICIPATIF

« **En 2015**, alertés par un restaurateur présent pour autre chose, on a appris que les statues du jardin à la française étaient en train de se dégrader, raconte Marguerite de Mézerac. La couche externe du marbre était devenue poreuse, si bien qu'à chaque pluie, les statues s'érodaient, imperceptiblement. »

Mettre fin à l'érosion

« Ce genre de problème est très difficile à prendre en compte, parce qu'il y a toujours plus urgent : par exemple, cette année, un mur s'est écroulé, le kiosque a dû être étayé... Autant d'interventions prioritaires. Les éléments qui apparaissent peu ou moins dégradés, on les considère comme en péril à moyen ou long terme. On a donc fait de la conservation « préventive ». Avec l'aide de la DRAC, on a ausculté chacune des 27 statues pour voir s'il y avait des goujons [*tiges intérieures assemblant les parties d'une statue, ndlr*] qui avaient rouillé, ou des infiltrations.

On a lancé deux campagnes de financement participatif (10 000 €, issus de plus de 200 donateurs), qui sont venues s'ajouter à l'aide de la DRAC et au prix Catherine Monnoyeur « décor sculpté, parcs et jardins » (5 000 €). Chaque statue a été traitée au silicate d'éthyle sous vide – comme à Versailles – qui laisse une résine protectrice invisible. Découvrir le financement participatif a aussi été très positif en termes de communication. »

01

02

01 et 02. Les salons du château, accessibles en visite guidée

dépenses d'entretien du domaine, ainsi que quelques travaux. Pas assez à notre goût. L'objectif serait d'arriver à générer davantage de revenus pour lancer des chantiers plus importants chaque année. Comme nous bénéficions d'un classement aux Monuments historiques, nous recevons 40 % de subventions de la DRAC [*les termes spécifiques sont expliqués dans le glossaire p. 250, ndlr*]. Depuis un an, on a aussi obtenu l'aide du département qui finance 20 % supplémentaires. Pour un projet d'illuminations du parc, j'ai déposé un dossier auprès de la région, mais je ne peux garantir le résultat, les demandes publiques étant prioritaires ; par ailleurs, le fait que l'entrée du domaine soit payante est aussi un frein. La région nous a versé des aides suite à la crise sanitaire, parce que nous avons dû fermer nos portes au public et qu'aucun mariage, source importante de revenus, n'a pu être organisé.

Avez-vous de nouveaux projets pour Canon ?

La roseraie. C'est comme une véritable bouffée d'air, notre première création depuis 70 ans ! Notre tante avait passé sa vie à créer des massifs de plantes dans les Chartreuses. Là, c'est un projet d'architecte, structuré, ambitieux, symbolique aussi, puisqu'en lien étroit avec la fête des Bonnes Gens, qui était organisée à Canon au 18e s. Lors de cette fête, des roses récompensaient les « bonnes filles ». La rose, c'est un peu l'emblème de Canon. Paradoxalement, elle était rare dans les jardins, au 18^{e}s.

On projette également de restaurer le rez-de-chaussée de l'édifice et de réhabiliter le château de Bérenger dans le parc, transformé en folie après la construction de l'actuelle résidence. On a déposé un dossier pour être financé par la mission Stéphane Bern, en 2021.

Autre projet encore, celui de restaurer le bosquet du Vase, entre le miroir d'eau et le château. Les ifs ont tellement grandi que les petites haies et les allées dessinant la forme d'un vase ne sont plus lisibles. Comme il n'est pas question d'abattre de si beaux arbres, l'équipe paysagère que nous avons engagée va devoir relever un gros défi !

UN LIEU ENSORCELANT

LES CHARTREUSES DE CANON

De juin à août : c'est à ce moment qu'il faut découvrir le très beau spectacle coloré qu'offrent les douze jardins clos de murs des « Chartreuses » ou « fruitiers », curiosité très rare qui justifie la célébrité des jardins de Canon. Reliés par une enfilade d'ouvertures en plein cintre, ils sont agrémentés de sculptures et présidés par l'effigie de Pomone, divinité des fruits et des jardins bien ordonnés. L'avocat Jean-Baptiste Élie de Beaumont, qui en a supervisé la construction, venait s'y reposer. Il profitait des effets de perspectives et de couleurs qui variaient au gré des saisons. Les Chartreuses possédaient surtout une fonction pratique, celle d'augmenter le rendement des fruitiers. Ainsi, les murs est-ouest sont abaissés pour mieux laisser entrer la lumière du soleil, tandis que ceux au nord sont plus élevés afin de protéger les arbres du vent. Les murs étaient à l'origine enduits. Ils reflétaient la lumière, augmentant la température en faisant effet de serre. Pour que les visiteurs comprennent le rôle des Chartreuses, l'une d'elles a été replantée en fruitiers : effectivement, les fruits produits ici sont plus précoces et très juteux. Les autres Chartreuses affichent un visage horticole et floral. Marguerite de Mézerac aimerait les rendre à leur fonction première, en créant, par exemple, un conservatoire d'espèces anciennes, sans toutefois toucher aux massifs et aux fleurs.

01

02

01. L'axe central des jardins et le miroir d'eau
02. Belvédère dans le parc
03. Les statues des jardins, récemment restaurées grâce au financement participatif

03

QUATRE SAISONS À CANON

PRINTEMPS
PRINTEMPS AUX CHÂTEAUX (ANIMATIONS ET BALADES CONTÉES POUR ENFANTS).
NEURODON, JARDINS OUVERTS.
RENDEZ-VOUS AUX JARDINS.

ÉTÉ
LES SOIRÉES ILLUMINÉES.
ESCAPE GAME « À LA RECHERCHE DE LA ROSE DISPARUE ».
RENCONTRES D'ÉTÉ (THÉÂTRE ET LECTURE).
VISITES GUIDÉES, VISITES CONTÉES POUR LES FAMILLES.

AUTOMNE
FÊTE DE LA ROSE ET DU JARDIN.
JOURNÉES EUROPÉENNES DU PATRIMOINE.
L'AUTOMNE AUX CHÂTEAUX.
SOIRÉE ENQUÊTE AU CHÂTEAU.

HIVER
NOËL AU CHÂTEAU (DÉCOR FÉERIQUE DANS LE PARC ET LE CHÂTEAU, TAVERNE, ATELIERS BRICOLAGE ET CONTES).

Quelle est la superficie du parc?

Il s'étend sur 15 ha. Outre les Chartreuses, il comprend un jardin à la française, avec sa rigoureuse symétrie, son miroir d'eau central et ses allées, replantées après la tempête de 1999 avec l'aide de la fondation américaine French Heritage Society. À cela s'ajoute la fantaisie du parc à l'anglaise, alimenté par la rivière Laizon, comprenant un canal et une cascade proche de l'ancien château Bérenger. Chose rare, toutes les fabriques ont été conservées. Un kiosque chinois fait écho, à l'autre extrémité du domaine, au temple de la Pleureuse qui s'inspire de la Grèce antique. L'ensemble des jardins est entièrement classé aux Monuments historiques et a reçu le label « Jardin remarquable ». Aujourd'hui, le parc de Canon compte parmi les plus beaux de Normandie.

Quelle est l'idée maîtresse qui guide votre gestion du domaine?

Je pense à l'idée de dynamique. En effet, il ne faut pas hésiter à monter des projets qui paraissent trop importants, voire insurmontables, parce que c'est l'ambition pour le lieu qui va faire envie et inciter d'autres à s'impliquer. Donc, si on ose soi-même voir grand ou aller de l'avant, on va plus facilement partager et communiquer cette envie à des prestataires, à des collectivités, etc. Notre enthousiasme les stimule, les pousse à se joindre à nos projets et à y participer. J'ai toujours été frappée par la puissance de cet effet d'entraînement, même s'il faut avouer

« Le fait d'avoir des projets est stimulant en soi. Cela permet aussi de s'entourer, de tendre la main, d'avancer, et de poursuivre la préservation du monument. »

que l'on a souvent tendance à se dire, au vu de tous les travaux qu'on a déjà réalisés, que l'on ne va pas, en plus, faire ceci ou cela. En fin de compte, le fait d'avoir des projets est stimulant en soi. Cela permet de s'entourer, de tendre la main, d'avancer, et de poursuivre la préservation du monument. N'est-ce pas, après tout, le but ultime?

Y ALLER

CHÂTEAU DE CANON
1 AV. DU CHÂTEAU
14270 MÉZIDON-VALLÉE-D'AUGE
T. 02 31 20 65 17 OU 06 64 65 13 83
WWW.CHATEAU DE CANON.COM

LE DOMAINE DE OUÉZY

DÉTENTE ET PRODUITS DU TERROIR

À moins d'un kilomètre du château de Canon se trouve celui de Ouézy, propriété du beau-frère de Marguerite de Mézerac. Le domaine de Ouézy est d'abord une exploitation agricole écologique. Dans la boutique sont proposés des produits bio à base de pommes et de poires: cidre et poiré bien sûr, mais aussi apéritifs, jus de fruits, condiments et confitures.

Jeux et animaux
À son rôle de domaine agricole s'est adjoint celui de parc de loisirs. Le parc animalier abrite une myriade d'animaux de ferme, que l'on découvre en suivant un circuit balisé: vaches et taureaux des Highlands, volailles, chevaux, cygnes, moutons, lapins...
D'autres activités complètent cette offre: des aires de jeux, un parcours aventure avec accrobranche et tyroliennes, sans oublier quatre *escape games*.

Dormir dans les arbres
Pour profiter des lieux, 6 cabanes (de 2 à 7 pers.) perchées et isolées dans les bois sont ouvertes à la location. Elles présentent tout le confort d'une chambre d'hôte. De quoi séduire petits et grands!

Y ALLER

DOMAINE DE OUÉZY
22 RUE AUGUSTE-LEMONNIER
14270 OUEZY
T. 02 31 40 68 19
FERME-PEDAGOGIQUE.FR

OCCITANIE

HENRI ET PIERRE DE COLBERT

FLAUGERGUES TOUS AZIMUTS

Depuis qu'il est entré en possession du château, Henri de Colbert n'a eu qu'une ambition : mettre ce patrimoine à la disposition du public. C'est maintenant chose faite, au prix d'un engagement quotidien de plus de quarante ans. Aujourd'hui, son fils Pierre qui œuvre à ses côtés entend opérer la mutation d'une gestion familiale vers une vision plus entrepreneuriale.

En bon officier de réserve à la retraite, Henri de Colbert tient à mettre les points sur les « i » et à rappeler la fonction première du lieu : « Une folie montpelliéraine, c'est la réunion sur un même domaine d'une résidence secondaire, d'un jardin et d'une exploitation agricole. Ces propriétés ont été aménagées tout au long du 18e s. par des magistrats de la Cour des comptes de Montpellier. Il en existait plusieurs dizaines. Aujourd'hui, deux seulement continuent de réunir leurs trois composantes et d'être habitées par leur propriétaire. » Flaugergues est l'une d'elles.

UN PATRIMOINE POUR TOUS

Lorsqu'Henri de Colbert hérite du domaine de Flaugergues par son oncle, en 1973, le château est une belle endormie : les intérieurs n'ont pas bougé depuis près de 150 ans, les bâtiments agricoles sont en piteux état et les jardins à l'abandon…
Que faire ? Poursuivre une brillante carrière professionnelle et utiliser le château comme résidence secondaire ? Ou suivre les conseils de son banquier, qui préconise de tout vendre et passer le reste de sa vie à Tahiti ? Descendant du ministre de Louis XIV et, par sa mère, du comte de Villèle, premier ministre de Louis XVIII, Henri de Colbert

LES ARCHIVES DE FLAUGERGUES

PATRIMOINE MÉMORIEL

Le domaine de Flaugergues est dépositaire d'un extraordinaire fonds d'archives sur lequel veille Henri de Colbert.

Huit siècles d'histoire
Les plus anciennes pièces de ces archives remontent au 13e s. On y trouve notamment les papiers de Guillaume de Nogaret, le célèbre chancelier de Philippe le Bel, qui fut dans sa jeunesse étudiant puis professeur à l'université de Montpellier. « Un lointain aïeul », assure Henri de Colbert, qui ajoute que sa famille est aussi apparentée à la marquise de Pompadour et à son frère, le marquis de Marigny. Des documents laissés par Joseph de Villèle, ministre de Louis XVIII qui fut par ailleurs maire de Toulouse, complètent aussi ce fonds.

De précieux témoignages
Les archives contiennent également de passionnants mémoires laissés par des aïeux de la famille. Deux ont fait l'objet de publications : l'un rédigé par un ancêtre officier de marine qui servit Napoléon jusqu'à Fontainebleau et lui resta fidèle durant les Cent Jours. L'autre consigné par l'oncle d'Henri de Colbert, de qui il a reçu le domaine, publié en 2021. Cet officier d'infanterie coloniale y relate la bataille de France de mai 1940 et sa captivité. Pour Henri de Colbert, mettre son patrimoine à la disposition du public passe aussi par l'ouverture de ses archives.

01

02

01. L'orangerie des jardins de Flaugergues
02. La bambouseraie

a la notion d'intérêt général chevillée au corps. Pour lui, un monument historique est avant tout un patrimoine commun à tous. Son propriétaire n'en est que le gérant chargé de le mettre à la disposition du public dans les meilleures conditions possibles. Par « souci de cohérence », Henri de Colbert se déleste peu à peu de son activité professionnelle : en 1981, le voilà à plein temps au chevet du domaine.

L'ÉPOPÉE DES BUIS

« Les aides de l'État n'ont représenté qu'à peine 10 % des dépenses engagées. » Rapidement Henri de Colbert comprend qu'être propriétaire d'un monument historique c'est tout d'abord payer les factures. Pour atteindre ses ambitions, il va falloir faire preuve de créativité… et d'investissement personnel.
Dans la légende familiale, la réhabilitation du jardin fait figure d'acte fondateur. On convoque un cousin paysagiste pour en dessiner le plan et toute la famille est enrôlée pour assurer la main-d'œuvre. Pendant trois hivers, les Colbert parents et enfants, pelle et pioche en main, vont courir la garrigue pour y cueillir des plants de buis, replantés immédiatement dans les jardins de la propriété. En cent week-ends, près de 10 000 pieds ont pris le chemin de Flaugergues. Une épopée qui n'a pas coûté un centime. « Seulement du courage » rappelle Henri de Colbert avec fierté.

RELANCER LE MÉCÉNAT

Mais le courage ne suffit pas toujours. « Aujourd'hui, nous n'avons pas de visibilité financière à plus de six mois » rappelle Henri de Colbert. Sans compter la crise sanitaire qui a amputé le chiffre d'affaires de plus de 60 %. Depuis plus de 40 ans, le châtelain de Flaugergues a dû faire appel à des mécènes, aux emprunts bancaires et à ses propres ressources. Pour combler les déficits, Henri de Colbert a dû se résoudre

ZOOM SUR

LA FOLIE FLAUGERGUES

Avec des allures de villa italienne, le château de Flaugergues a été construit à partir de 1696 par Étienne de Flaugergues, conseiller à la Cour des comptes de Montpellier. Il lui faudra plus de 40 ans pour mener à bien l'édification de sa « résidence secondaire ». Dressée sur une plateforme pour mieux l'exposer à la vue, la façade s'élève sur trois niveaux, rythmés par sept travées de fenêtres. L'intérieur s'organise de part et d'autre du grand escalier, tour de force architectural qui occupe près du quart du volume de l'ensemble. Un espace idéal pour exposer un ensemble de quatre tapisseries flamandes monumentales, réalisées dans un atelier bruxellois au 17e s. La cinquième orne la bibliothèque. Le château veille sur un domaine de 28 ha dont 4 ha de jardins, un des temps forts de la visite. Ils comprennent quatre espaces : la terrasse, le parterre aménagé en jardin à la française planté de buis, une somptueuse allée bordée d'oliviers et un parc à l'anglaise qui accueille de multiples espèces de bambous, de palmiers, de bananiers et d'essences rares. Le reste de la propriété est planté de vignes, pièces maîtresses de l'exploitation du domaine.

à vendre des propriétés familiales ou des tableaux de la collection qu'avait réunie son aïeul au 18e s. Certains ont été acquis par le Louvre, d'autres ont pris la route des États-Unis. Depuis peu, Flaugergues bénéficie d'une dynamique de mécénat que le comte entend bien développer : en 2019, il reçoit 35 800 € de l'AG2R La Mondiale pour réaménager les parcours de visite ; en 2021, pour restaurer les statues du château, le domaine se voit attribuer 14 000 € par la Fondation Mérimée et plus de 15 000 € par la French Heritage Society.

« Nous avons le plus beau métier au monde, donner du plaisir et apporter de la joie partagée au contact d'activités culturelles. »

LE SOUCI DU PARTAGE

L'une des particularités du domaine de Flaugergues est d'être situé sur le territoire de la commune de Montpellier, cerné par les zones d'activité et soumis à une forte pression urbaine. Alors, les Colbert sont-ils des châtelains assiégés, des résistants à la bétonisation retranchés derrière leurs murs ? Tout au contraire. Le mot d'ordre au château, c'est l'ouverture tous azimuts de ce patrimoine que la famille veut mettre à la disposition de tous. Au public des visiteurs tout d'abord, avec les intérieurs et les jardins. Dans les premières années, se sont ajoutées les activités classiques des demeures historiques : l'accueil de séminaires et de réceptions. « Dans les débuts, j'ai été le plus grand marieur de Montpellier » s'amuse encore Henri de Colbert. La concurrence d'autres lieux est passée par là et il a fallu se réinventer. Avec par exemple la création d'un restaurant, le Folia, en 2010, animé à l'ouverture par un second des frères Pourcel, les vedettes multi-étoilées de la gastronomie montpelliéraine. C'est un succès : le lieu a réussi à fidéliser une clientèle locale.

Les locaux constituent aussi un public cible pour la foule d'activités et d'événement festifs proposés sur le domaine : « apér'o jardins », concerts, cours de yoga, sophrologie… Le nouveau projet dans les cartons ? L'ouverture d'un espace de « coliving », destiné à accueillir des entreprises qui souhaiteraient s'installer dans le domaine.

S'ouvrir vers l'extérieur, c'est aussi s'entourer de compétences qui partagent le même esprit. Depuis 2018, un hectare du domaine

Les jardins participatifs de l'association Oasis Citadine

LES VIGNES DE FLAUGERGUES

RESPONSABLES ET DURABLES

Comme toute initiative à Flaugergues, la décision d'exploiter les vignes a fait l'objet d'une réflexion préalable. Il s'agissait de renouer avec la vocation agricole des folies montpelliéraines, et de trouver un modèle économique et environnemental adapté à une agriculture en milieu urbain.

À la tête de l'exploitation depuis 2006, Pierre de Colbert collectionne les labels : ISO 14000 (management environnemental), Terra Vitis (viticulteurs engagés dans une démarche durable) et HVE (Haute Valeur environnementale). L'exploitation du vignoble de Flaugergues s'est traduite par la modernisation des installations, avec notamment la création d'un chai abritant 26 cuves inox. Les 28 ha de vignes, qui bénéficient de l'appellation AOP Languedoc, produisent environ 100 000 bouteilles. Après s'être tourné largement vers l'exportation, Pierre de Colbert ambitionne d'écouler l'essentiel de sa production au niveau local. Une façon aussi d'assurer le rayonnement régional de Flaugergues.

01

02

01. La salle des armes du château
02. Représentation théâtrale en plein air, en été
03. Le grand escalier

> « Il faut sortir du champ patrimonial et familial, pour atteindre un véritable rayonnement économique, culturel et agricole. »

est mis gratuitement à disposition de l'association Oasis Citadine pour y installer des jardins participatifs en permaculture. Car Flaugergues, c'est aussi une exploitation agricole, tradition des folies montpelliéraine oblige. C'est là qu'entre en scène Pierre, le fils de la famille.

TRANSMETTRE

Il faut combattre les idées reçues : « parfois, les anciens sont plus impatients que les jeunes », affirme Pierre de Colbert, qui travaille aux côtés de son père dans la gestion du domaine et se définit volontiers comme un « marathonien » du patrimoine. Une vocation qui est pour lui une évidence depuis l'âge de 15 ans. Travailler en famille a ses exigences et ses règles : pour les Colbert, l'essentiel est de privilégier la discussion, le compromis et la solidarité une fois une décision prise. Il faut parfois aussi tenir tête. Comme pour la création du restaurant que Pierre défendait bec et ongles. Le succès lui a donné raison. Il faut aussi répartir les tâches. C'est ainsi que Pierre est aujourd'hui seul responsable de l'exploitation des 28 ha de vignoble du château. Depuis quelques années, la réflexion familiale porte sur les modalités de transmission de ce patrimoine avec notamment la mise en place de structures juridiques appropriées. C'est ainsi qu'en 2020 a été créée une holding regroupant deux sociétés, l'une chargée de l'exploitation commerciale, l'autre de la partie foncière. « Il faut sortir du champ patrimonial et familial, pour atteindre un véritable rayonnement économique, culturel et agricole », s'enflamme Pierre de Colbert. Pour survivre et continuer sa mission, Flaugergues doit se métamorphoser en véritable entreprise. Sans oublier pour autant la profession de foi d'Henri de Colbert : « Avec ma femme, nous avons le plus beau métier au monde, donner du plaisir et apporter de la joie partagée au contact d'activités culturelles. »

INFORMATIONS PRATIQUES

CHÂTEAU DE FLAUGERGUES
1744 AV. ALBERT-EINSTEIN
QUARTIER MILLÉNAIRE
34000 MONTPELLIER
T. 04 99 52 66 37
WWW.FLAUGERGUES.COM

AGENDA
FÉVRIER : APERO OPÉRA, LE JEUDI SOIR.
ÉTÉ : APER'O JARDINS MUSICAL ET THÉÂTRE EN JUILLET.
OCTOBRE : NUITS DES CHÂTEAUX.

DE NOMBREUX AUTRES ÉVÉNEMENTS SONT PROGRAMMÉS TOUT AU LONG DE L'ANNÉE. VOIR L'AGENDA SUR LE SITE INTERNET.

03

OCCITANIE

LAURE D'ANDOQUE

FONTFROIDE, HÉRITAGE SPIRITUEL

« Il faut toujours être en capacité de sauter du coq à l'âne. » L'activité de Laure d'Andoque donne le tournis. Tour à tour viticultrice, galeriste d'art contemporain, conservatrice du patrimoine ou encore programmatrice d'événements, la directrice et copropriétaire de l'abbaye de Fontfroide a des journées bien remplies. C'est le prix à payer pour atteindre le double objectif qu'elle s'est assigné : préserver un des joyaux de l'art cistercien en France, et faire de l'abbaye un pôle culturel régional.

L'abbaye de Fontfroide, c'est mille ans d'histoire. Pour Laure d'Andoque, il s'agit aussi d'une affaire de famille, depuis que son arrière-grand-père Gustave Fayet en a fait l'acquisition en 1908.

UN CHOIX DE VIE

« Gérer Fontfroide, ce n'était pas un rêve d'enfance » confie Laure d'Andoque, après 18 ans de présence sur le domaine. Dans une première vie, elle avait poursuivi une brillante carrière de juriste et d'avocate à Paris, bien loin des garrigues écrasées de soleil de l'Aude. Pourtant, le déclic se fait en 2004. « Avec mon mari, nous avions envie de nous investir et de construire quelque chose ensemble. » Direction l'abbaye de Fontfroide, dont la gestion était alors assurée par Nicolas d'Andoque, petit-fils de Gustave Fayet et père de Laure. « Dans un premier temps, nous nous sommes occupés du domaine viticole. » Une entreprise patrimoniale : déjà au Moyen Âge les cisterciens cultivaient la vigne… pour des besoins religieux. La règle de l'ordre de Saint-Benoît stipule que les moines ont droit à un quart de litre de vin

01

02

01. La cour « Louis XIV »
02. La roseraie et l'abbaye

par jour – ce qu'on appelait une « hémine », précise Laure d'Andoque qui s'est plongée dans l'histoire du monastère. Le vignoble de Fontfroide, c'est aujourd'hui 45 ha et une production de 100 000 bouteilles.
Mais rapidement, la jeune femme voit ses compétences s'élargir. « Fontfroide était une belle endormie qui vivait sur son cœur de métier, l'ouverture à la visite. » Laure d'Andoque veut donner un nouvel élan à la propriété familiale en se rapprochant du public local et en diversifiant ses activités.
Le résultat : l'abbaye est aujourd'hui le deuxième site patrimonial le plus fréquenté de l'Aude, avec 132 000 visiteurs par an qui génèrent près de la moitié des recettes de l'abbaye. Le reste provient d'une foule d'activités annexes : location d'espaces pour les événements privés ou d'entreprise, manifestations culturelles, restaurant, boutique... sans oublier la mise à disposition des lieux pour des tournages. Dernier en date : des scènes de *Last Duel* de Ridley Scott en 2020. C'était l'objectif de Laure d'Andoque : diversifier l'offre pour faire de l'abbaye un acteur majeur de la scène touristique audoise. Le pari est réussi : Fontfroide est unanimement considéré comme l'un des monuments les plus dynamiques de la région.

LA DIMENSION ARTISTIQUE

Les visiteurs de Fontfroide viennent admirer un joyau de l'architecture cistercienne. Ils ont également la surprise de découvrir la seconde vie que lui ont donnée les époux Fayet au début du 20e s. Tout au long du parcours, se dévoilent les aménagements décoratifs voulus par Gustave Fayet dans les intérieurs et les jardins, et confiés à ses amis artistes. Parmi eux, Odilon Redon (1840-1916) qui a laissé deux panneaux peints dans la bibliothèque : le « petit joyau de l'abbaye » s'enthousiasme Laure d'Andoque.

UN HÉRITAGE QUI LES DÉPASSE

82 COPROPRIÉTAIRES

L'abbaye de Fontfroide appartient aux descendants directs de Gustave et Madeleine Fayet. Ils sont plus de 200 aujourd'hui, dont 82 copropriétaires réunis au sein d'une SCI familiale. Un nombre en croissance exponentielle du fait du renouvellement des générations. Gérer une telle entreprise culturelle devenait compliqué.

Un noyau dur

En 2020, les copropriétaires ont décidé la création d'un noyau familial plus restreint pour faciliter la gouvernance. L'abbaye s'est également dotée d'un comité scientifique composé à parts égales de membres de la famille et de personnalités extérieures susceptibles d'apporter leur expertise dans les domaines scientifique, culturel et artistique. L'objectif : fédérer les activités et mettre en place un projet d'actions étalées sur dix ans.

Une vocation affirmée

En préambule des statuts de cette gouvernance associative, les copropriétaires ont tenu à affirmer en 2020 qu'ils « sont les dépositaires d'un héritage spirituel, culturel et patrimonial qui les dépasse » et qu'ils « ont contracté un devoir d'avenir à l'égard de ce lieu consacré à la création intellectuelle et artistique ». L'abbaye aurait pu rester un simple monument historique ouvert à la visite. Ses héritiers veulent perpétuer l'élan donné par leur aïeul tout en se dotant des moyens financiers nécessaires.

L'abbaye de Fontfroide, dans son vallon aux airs de Toscane

« La dimension spirituelle est sous-jacente partout dans nos réflexions et nos actions pour faire de Fontfroide un lieu d'ouverture sur l'humain… »

À partir des années 2000, Fontfroide a voulu renouer avec cette vocation, en proposant des installations d'artistes contemporains. Chaque année, des œuvres viennent dialoguer avec les vieilles pierres médiévales. En 2021, ce fut le tour de sculptures du Sénégalais Ousmane Sow pour une exposition conjointe avec Freddy Tsimba, un plasticien congolais, artiste en résidence à l'abbaye en 2020. La résidence d'artistes est une autre vocation de Fontfroide, un peu mise à mal par la crise sanitaire. En 2009, l'artiste coréen Kim En Joong, qui avait séjourné à plusieurs reprises à l'abbaye, a été invité à créer trois vitraux dans l'église. Fontfroide propose aussi depuis 2006 un rendez-vous culturel majeur : le festival Musique et Histoire, placé sous la direction artistique de Jordi Savall.

La salle capitulaire

LA DIMENSION SPIRITUELLE

L'abbaye a beau être désacralisée depuis 1901, l'esprit continue de souffler sur les vieilles pierres cisterciennes. « La dimension spirituelle est sous-jacente partout dans nos réflexions et nos actions pour faire de Fontfroide un lieu d'ouverture sur l'humain, inspiré par les valeurs chrétiennes. » De fait, on célèbre encore des messes dans l'église, notamment pendant la Semaine sainte lorsque le Chœur grégorien de Paris fait une retraite spirituelle à Fontfroide et y chante les offices. « C'est pour nous un marqueur important, comme si en début de saison les prières venaient recharger les pierres en énergie. » Un office est également célébré le 24 août pour la fête de saint Bernard, un autre le

L'ESPRIT D'OUVERTURE

GUSTAVE FAYET, LE RESTAURATEUR DE FONTFROIDE

Gustave Fayet (1865-1925) achète l'abbaye de Fontfroide en 1908. C'est un homme d'affaires fortuné, grâce notamment à son activité viticole, mais c'est surtout un ami des arts et des artistes, un mécène et un collectionneur : il possédera jusqu'à 70 toiles de Gauguin voisinant avec des œuvres de Matisse, Cézanne ou Odilon Redon. Ce dernier devient un familier de Fontfroide et décore la bibliothèque de deux panneaux peints (*Le Jour* et *La Nuit*). Car Gustave Fayet aime s'entourer d'artistes, d'avant-garde de préférence, qu'il réunit autour de lui. L'abbaye devient une véritable Villa Médicis occitane, avec ses habitués, les « fontfroidiens ». C'est cet esprit d'ouverture et de soutien aux formes d'art les plus contemporaines que ses héritiers veulent perpétuer aujourd'hui, en organisant expositions temporaires et résidences d'artistes.

Détail de *La Nuit*, par Odilon Redon

Le cloître de l'abbaye

ZOOM SUR

L'ABBAYE DE FONTFROIDE

Fondée en 1093, l'abbaye ne prend véritablement son essor qu'après son rattachement à l'ordre de Cîteaux en 1145. Elle devient l'une des plus riches de la chrétienté avec sa propriété de 20 000 ha où œuvrent 80 moines et 250 convers. Le déclin commence au 15e s. avec le passage en commende : l'abbé n'y réside plus, mais se contente d'en percevoir les bénéfices. À la Révolution, le monastère est vendu comme bien national et fait l'objet de travaux partiels de restauration au 19e s. En 1858, une communauté monastique reprend possession des lieux jusqu'en 1901 et la confiscation des biens du clergé. Pour l'essentiel, les bâtiments conventuels remontent aux 12 et 13e s. L'ensemble – réfectoire, église, salle capitulaire, dortoir des convers qui sert aujourd'hui de salle de concert, sans oublier le sublime cloître roman – est empreint de l'austérité cistercienne. L'abbaye possède aussi de splendides jardins parmi lesquels la roseraie et ses 2 500 pieds plantés après l'incendie qui ravagea le massif en 1986.

01

02

01. Le cloître vu du ciel
02. Balade dans les jardins
03. Les jardins, organisés en clos et terrasses

03

4
GRANDS RENDEZ-VOUS À FONTFROIDE

(01)
Festival Musique et Histoire
En juillet, les musiques du monde dialoguent sous la houlette de Jordi Savall, le directeur artistique du festival.

(02)
Fête des plantes et du massif
Le premier week-end du mois de mai sont invités une soixantaine d'exposants (plantes, artisanat d'art). Ateliers et conférences rythment le week-end.

(03)
Arts et métiers d'antan
Le dernier week-end de juin, une manifestation à vocation familiale pendant laquelle le jeune public peut voir à l'œuvre des artisans du Moyen Âge : forgerons, tailleurs de pierre, tourneurs sur bois.

(04)
Festival international des orchidées
Le premier week-end d'octobre, ce festival réunit des exposants venus d'Asie, d'Amérique du Sud, d'Europe... et de France, bien sûr.

12 novembre, jour anniversaire de la mort du père Jean, abbé de Fontfroide au 19^e^s. et dont le procès en béatification est ouvert à Rome. Des fidèles viennent toujours se recueillir sur sa tombe située dans l'enceinte du domaine.
Cette dimension spirituelle est également présente dans le choix des artistes exposés chaque année. « Il nous importe de voir comment les œuvres dialoguent avec les lieux. »

« Il nous importe de voir comment les œuvres dialoguent avec les lieux. »

LA NATURE, UN AUTRE TRÉSOR
« Être situé au cœur du Parc naturel régional de la Narbonnaise, c'est une chance extraordinaire. Cette protection garantit l'authenticité de ce lieu à l'écart du monde. » C'est aussi une source de contraintes. Pins, chênes verts, garrigue : le massif forestier est extrêmement sensible au risque d'incendie. Celui de 1986 reste encore dans toutes les mémoires : les deux tiers du massif étaient partis en fumée et, avec eux, une grande partie des jardins de l'abbaye. Fontfroide est devenu un des moteurs des campagnes de prévention, avec la mise en place d'un véhicule de surveillance, l'ouverture de pistes d'intervention, des chantiers de débroussaillage. Les visiteurs de l'abbaye sont de plus en plus nombreux à profiter de leur venue pour explorer ce massif magnifique. Cela crée des responsabilités : Fontfroide a dû baliser plusieurs sentiers de randonnée autour du domaine, pour permettre aux touristes de découvrir sans risque l'abbaye sous des angles variés et d'apercevoir la mer au loin.

INNOVATIONS ET PROJETS
Les lieux ont beau avoir mille ans, ils n'en sont pas moins à la pointe du progrès. En 2015, l'abbaye de Fontfroide a été l'un des premiers sites patrimoniaux d'Occitanie à proposer des tablettes numériques aux visiteurs. Pour Laure d'Andoque, c'était la réponse à l'évolution de la demande du public. Jusque-là, les visites étaient uniquement guidées. Avec les tablettes, les touristes peuvent progresser à leur rythme. Les quelque 300 tablettes mises à disposition proposent un contenu audio enrichi d'iconographie ancienne, des vidéos, des textes. Une nouvelle étape sera franchie avec la numération 3D de l'ensemble des bâtiments : des reconstitutions en réalité augmentée permettront par exemple de découvrir la vie des moines dans leur cadre quotidien, au réfectoire par exemple.
Des projets, l'infatigable Laure d'Andoque n'en manque pas : par exemple la création d'un centre d'interprétation qui fait cruellement défaut aujourd'hui et où les visiteurs pourraient découvrir l'histoire de l'architecture du monastère.
Laure d'Andoque a-t-elle des regrets d'avoir quitté Paris ? « Aucun. Les métiers que j'exerce à Fontfroide sont divers, passionnants et enrichissants et je m'émerveille tous les matins en ouvrant mes volets ! »

Y ALLER

ABBAYE DE FRONTFROIDE
ROUTE DÉPARTEMENTALE 613
11100 NARBONNE
T. 04 68 45 11 08
WWW.FONTFROIDE.COM

CENTRE-VAL DE LOIRE

STÉPHANIE ET GÉRAUD DE LAFFON AU CHÂTEAU DE GIZEUX

DEUX POUR TRANSMETTRE

Aux confins de l'ancienne province d'Anjou apparaît, sertie dans la campagne verdoyante et boisée du parc naturel régional de Loire-Anjou-Touraine, l'impressionnante façade, longue de 250 m, du domaine de Gizeux : un château Renaissance et ses grands communs dotés d'imposantes écuries élevées au 18ᵉ s. L'intérieur où vit le couple de propriétaires, Stéphanie et Géraud de Laffon, est éblouissant : des fastueuses galeries peintes au 17ᵉ s. jusqu'au mobilier, tout est intégralement classé aux Monuments historiques !

L'architecture du château de Gizeux illustre l'histoire du domaine, de l'époque médiévale au 19ᵉ s. Le site a connu des heures fastes, en particulier à la Renaissance et aux 17ᵉ-18ᵉ s. Embelli par ses occupants successifs, Gizeux a traversé la Révolution, grâce à la ténacité de Marie-Julie Constantin de La Lorie, épouse de Louis-Gabriel de Contades, dont descendent les propriétaires actuels. L'aile dite du vieux château est néanmoins saccagée, mais les dégâts sont limités grâce à l'intervention des villageois.

LE DOMAINE DES DU BELLAY

S'il ne reste rien de l'ancienne forteresse du 11ᵉ s. bâtie en bois, il subsiste cependant de l'époque médiévale l'une des imposantes tours défensives (14ᵉ s.), plantée à l'entrée du domaine, ainsi que l'enceinte crénelée et l'aile droite du château, aux fenêtres murées. Le corps de logis proprement dit adopte le plan en U caractéristique des châteaux du Val de Loire édifiés à la Renaissance. Il a été élevé par la famille du Bellay, propriétaire

ANNE DE FRÉZEAU

MÉCÈNE ET GESTIONNAIRE FONCIÈRE

Anne de Frézeau de la Frézolière, comtesse de la Roche Millay, est veuve et déjà propriétaire de plusieurs domaines et autres propriétés agricoles, disséminées du Val de Loire à la Picardie, quand elle achète en 1661 le château de Gizeux aux du Bellay, ruinés après avoir mené grand train.

Géraud de Laffon compare cette femme de caractère à une « cheffe d'entreprise à la tête de quatre PME ». Jouissant de confortables rentes et des revenus de ses terres, Anne de Frézeau refuse, malgré son rang, de vivre à la Cour. Elle se retire à Gizeux, d'où elle gère ses domaines.

Cette femme d'esprit attire dans son château hommes de lettres, musiciens et autres intellectuels, qui transforment le lieu en un éminent centre artistique et culturel. Elle entend ainsi parfaire l'éducation de son fils unique en l'immergeant dans un milieu stimulant. Elle invite une école de peinture, dont témoigne la superbe galerie des Châteaux *(voir photo ci-dessus et p. 35).*

Anne de Frézeau s'éteint en 1705. Son fils Henri-Anne-René de Rouxellé de Saché hérite de ses biens.

des lieux du 14e s. à 1661. Le poète Joachim du Bellay (1522-1560) est issu de l'une de ses branches. C'est aux du Bellay que l'on doit l'un des deux joyaux du château de Gizeux : la galerie François Ier *(voir encadré p. 33).* L'autre trésor du domaine, la galerie des Châteaux, est dû à Anne de Frézeau *(voir encadré ci-contre).* Grâce à elle, Gizeux connaît un grand rayonnement culturel et intellectuel à la fin du 17e s. À la mort de son fils, en 1723, le château est acquis par René Grandhomme, revenu en France après s'être enrichi dans le commerce du sucre à l'île de St-Domingue. Anobli par Louis XV et secrétaire du roi, René Grandhomme transmet le domaine à son fils Simon-René, maître des cérémonies à la Cour. Celui-ci, passionné de chasse à courre, fait construire les grands communs en 1741 et des écuries capables d'accueillir jusqu'à 17 chevaux.

Au 18e s., l'intérieur du château est remis au goût du jour. Il prend alors l'apparence qu'il conserve encore aujourd'hui. Le rez-de-chaussée du corps de logis principal, autrefois destiné aux domestiques, est transformé en une série de confortables salons, plus intimes, plus petits, et plus faciles à chauffer. Ils sont meublés d'élégant mobilier en marqueterie et de sièges de style Louis XV. Dans le même temps, les murs sont couverts de lambris et le dallage du sol est partout revêtu de parquet. L'ensemble du mobilier du château, tout comme le monument lui-même, est classé aux Monuments historiques.

UNE DEMEURE HABITÉE

Le château de Gizeux a ouvert ses portes au public en 1993. En 2003, Madame de Laffon transmet par donation le château de Gizeux – appartenant à la même famille depuis 235 ans – à son fils, Géraud, actuel propriétaire-cogestionnaire avec son épouse Stéphanie. Tous deux deviennent littéralement amoureux des lieux. Ils pensent que Gizeux est « un lieu qui mérite d'être connu », pour reprendre les mots de Stéphanie, et essaient « de lui restituer sa beauté et de lui redonner vie », créant des chambres d'hôtes et développant divers types de visite. Pari réussi puisque Gizeux attire 10 000 visiteurs chaque année. De quoi toucher du doigt l'autosuffisance ?

Géraud de Laffon poursuit son activité dans l'expertise technique de bâtiments, tandis que Stéphanie, guide-conférencière de formation, s'investit beaucoup dans l'hébergement, les tables d'hôtes, ainsi que dans l'organisation des animations. Quand on lui demande si le fait de gérer en couple un domaine comme celui de Gizeux peut poser problème, Géraud de Laffon répond sans la moindre ambiguïté : « aucun ». À quelques conditions près, bien sûr : « partager beaucoup de choses en commun, l'amour du patrimoine en premier lieu, mais aussi un certain goût de l'aventure historique. Il faut, en outre, être très complémentaires et ne jamais avoir peur de l'avenir. » Ajoutons que le couple doit faire front face à l'adversité :

01. Chambre d'hôtes au château
02. Échiquier géant sur la Grande Terrasse
03. Fête du 15 août, Plongez dans l'histoire
04. Restauration des peintures de la galerie des Châteaux

01

02

03

« Nous sommes simplement responsables et dépositaires d'un passé, et en aucun cas propriétaires de celui-ci. »

des dégâts liés aux tempêtes, auxquels tous les châteaux sont confrontés un jour ou l'autre, jusqu'au dramatique incendie des petits communs en 2012, que Stéphanie de Laffon qualifie de « véritable épreuve ». Une centaine de bénévoles sont alors venus à la rescousse, en participant au déblaiement.

DE GRANDS PROJETS POUR GIZEUX

Dès la reprise du domaine, avant d'ouvrir au public, Géraud et Stéphanie de Laffon se sont penchés sur sa restauration. Géraud a sollicité Henri Carvallo, à l'origine des jardins de Villandry. « Le connaissant très peu, j'y suis allé au culot. J'aurais très bien compris que Gizeux ne l'intéresse pas... Au contraire, Henri m'a reçu et m'a donné beaucoup d'informations. Il est venu plusieurs fois ici. Il m'a dit une chose très utile, à savoir qu'un château comme Gizeux n'a pas besoin de jardins très travaillés, car c'est un château de campagne, sis dans un écrin de verdure naturel. » Henri Carvallo s'est intéressé à la cour intérieure. Avec Géraud de Laffon, ils ont dessiné un projet de jardin en tenant compte de l'architecture et en établissant une sorte de rencontre entre parterres à l'anglaise et goût français. Outre ce « Jardin discret » – impossible à voir sans entrer dans le château –, Gizeux possède deux autres jardins : « la Grande Terrasse », devant le vieux château, où petits et grands prennent le soleil et jouent à des jeux géants ; et le « Bosquet », réhabilité à la fin des années 2000, qui invite à la promenade au sein d'une nature tranquille et préservée. Des chasses au trésor y sont organisées.
Un des derniers projets en date à Gizeux est la restauration de la chapelle, élevée aux 16ᵉ-17ᵉ s. et entièrement redécorée dans les années 1880. Très abîmées par des remontées capillaires, les peintures de la voûte lambrissée déploient un décor d'étoiles dorées et d'éléments végétaux se détachant sur un fond bleu azur. « Un gros travail de drainage est à faire », explique Géraud de Laffon. « Nous commençons donc par le début, c'est-à-dire par des études préalables sous la direction d'un architecte du patrimoine. » Un mécénat participatif est lancé avec l'appui de la Demeure Historique pour sauver ces décors très homogènes.

CHAMBRES D'HÔTES ET ANIMATIONS

Pour valoriser leur domaine, Géraud et Stéphanie de Laffon foisonnent d'idées. Ils proposent trois chambres d'hôtes de charme, toutes décorées de meubles anciens et portant le nom de femmes ayant marqué l'histoire du lieu : Marie d'Yvetot, Anne de

LA GALERIE FRANÇOIS IER

SAUVÉE PAR LES VILLAGEOIS

Réalisée à la fin du règne de Henri IV à l'étage où résidaient les propriétaires d'alors – la famille du Bellay –, cette longue galerie est l'un des joyaux du château de Gizeux. Elle est l'œuvre de peintres italiens. Cette pièce majestueuse doit son nom à la salamandre décorant la cheminée, emblème de François Ier, preuve que le roi est venu au moins une fois à Gizeux. L'emblème fut martelé à la Révolution, tandis que, faute de connaître le latin, ou de savoir lire, aucun rebelle ne toucha à la devise royale en latin figurant au-dessous, qui, elle, est restée intacte!

Une heureuse redécouverte

Certaines peintures de la galerie reprennent des scènes tirées d'illustrations des *Métamorphoses* d'Ovide et attribuées à Antonio Tempesta (1555-1630), artiste de l'école florentine. Pour éviter la destruction de ces panneaux par les révolutionnaires, à la fin du 18e s., les habitants du village proche les recouvrirent d'une épaisse couche de torchis. Les peintures furent mises au jour, à la fin du 19e s., par un extraordinaire hasard, quand la toupie d'un aïeul de l'actuel propriétaire heurta le mur, écaillant celui-ci et laissant apercevoir un fragment. L'enfant fut d'abord grondé, puis, comme on peut l'imaginer, grandement félicité! Ces œuvres d'excellente facture constituent aujourd'hui l'une des principales curiosités de Gizeux.

04

Frézeau et Marie Feuillant. S'y ajoutent deux suites et un gîte aménagé dans le corps de logis principal. Une table d'hôtes, avec dîner aux chandelles, est aussi proposée. Les plats de saison sont accompagnés d'une bouteille de bourgueil, cru situé à deux pas de là. Une piscine chauffée est même à disposition des hôtes.

Outre les visites (libres avec audioguide, historiques avec guide et dégustation de Bourgueil, nocturnes costumées aux chandelles…), Gizeux propose, dans l'ancienne orangerie, une boutique et un salon de thé doté d'une terrasse ouvrant sur le parc, très agréable aux beaux jours. Dans le domaine sont régulièrement organisés des ateliers, des jeux, des chasses au trésor ou aux énigmes, pour les enfants. Géraud de Laffon leur réserve un lieu accueillant, qui les fasse rêver et leur laisse un bon souvenir. Et l'envie de revenir, plus tard.

La fête « Plongez dans l'histoire » constitue le principal événement du calendrier festif du château: au 15 août, cette manifestation phare rassemble artisans d'art et producteurs locaux dans une ambiance du 17e s. recréé par des bénévoles en costumes.

DES PASSEURS EN PHASE AVEC LEUR TEMPS

Malgré ces rentrées d'argent, l'autosuffisance n'est pas encore atteinte. Géraud de Laffon explique: « Le problème c'est que, plus vous avez de recettes sur un monument comme ça, plus vous trouvez de choses à faire! Inversement, comme avec la crise sanitaire, moins vous avez de bénéfices, plus il faut reconsidérer les choses et voir ce qui peut attendre. »

Quoi qu'il en soit, Géraud et Stéphanie de Laffon ont fait de Gizeux une philosophie de vie et tentent de dépoussiérer l'image des propriétaires de châteaux. « J'aimerais que le mot "châtelain" soit enfin débarrassé de ses préjugés, et que la cité, dans le sens grec du terme, comprenne que nous sommes simplement responsables et dépositaires d'un passé, et en aucun cas propriétaires de celui-ci » résume Géraud. « Nous sommes tournés vers l'avenir. Comme autrefois, nous jouons un rôle dans l'économie locale et participons au dynamisme du monde rural. » Une chose rend le couple particulièrement heureux: voir les gens ravis que l'histoire leur soit partagée, découvrir que chacun souhaite s'approprier le lieu et être, à sa manière et selon ses moyens, acteur de son futur. À cet égard, Géraud et Stéphanie de Laffon se félicitent du nombre croissant de bénévoles et de donateurs.

Y ALLER

CHÂTEAU DE GIZEUX
37340 GIZEUX
T. 02 47 96 45 18
WWW.CHATEAUDEGIZEUX.COM

ZOOM SUR

LE TRÉSOR DE GIZEUX

Dans cette galerie peinte entre 1680 et 1685, on découvre d'abord une représentation du château de Gizeux, tel qu'il était à la fin du 17e s., puis celles de quatre autres « châteaux royaux » : Chambord, Vincennes, Fontainebleau et Versailles. Des scènes champêtres apportent une note de gaîté et de ruralité à ce vaste programme décoratif réalisé par l'école de peinture accueillie par Anne de Frézeau. Peintes par de jeunes artistes âgés de 15 à 20 ans, ces œuvres retracent l'évolution de leur technique et de leur savoir-faire, en particulier dans le traitement de la perspective et des rapports d'échelle. L'ensemble, en mauvais état de conservation, a été restauré en seulement six ans (2013-2019) grâce à un mécénat participatif lancé par Dartagnans et My Major Company ; les travaux ont aussi reçu le soutien de la French Heritage Society.

NOUVELLE-AQUITAINE

SONIA MATOSSIAN
L'ÂME DU CHÂTEAU DE LA ROCHEFOUCAULD

Pour Sonia Matossian, la vie de château a commencé dans une pièce nue, au rez-de-chaussée du château ancestral. Ni eau, ni électricité, et, pour tout luxe, un lit de camp et un réchaud à gaz. C'est ainsi qu'a débuté l'aventure de la résurrection du château millénaire de La Rochefoucauld. « Je ne voulais pas léguer une ruine à mon fils » se souvient la mère du duc actuel.

En 1960, un pan du donjon du château de La Rochefoucauld s'écroulait, entraînant dans sa chute une partie de l'aile du 18ᵉ s. En 1985, le château est sur le point d'être cédé au conseil général, lorsque Sonia Matossian s'insurge. « Je voyais pointer le moment de la retraite. J'ai dit à mon fils François: "mon chéri, n'abandonne pas, j'y vais". » La mère du duc est aujourd'hui encore tout étonnée d'avoir reçu dès le départ le soutien des institutions culturelles, puis de la Caisse d'épargne, co-fondée en 1818 par… le duc François XII de La Rochefoucauld.

HISTOIRE FAMILIALE ET HISTOIRE DE FRANCE

Trois familles ducales françaises possèdent encore le château de leurs ancêtres: Uzès, Brissac et La Rochefoucauld. Lorsque Sonia Matossian assurait elle-même les visites, elle entraînait son public dans un vertigineux voyage à travers l'histoire. Autour de l'an mille, le seigneur Foucauld construisit ici sa demeure, au sommet d'une butte rocheuse, devenue la Roche à Foucauld. Le château est depuis le vaisseau amiral de la famille: c'est là qu'ont été progressivement transférés les biens d'autres propriétés – des meubles et des tableaux, certains signés par Philippe de Champaigne, Mignard ou encore Jean-Baptiste Oudry, le peintre animalier en vogue à la cour de Louis XV. Des archives aussi, dont les plus anciennes remontent au 13e s. : une véritable fresque historique où défilent les représentants les plus illustres de la lignée – parmi eux, l'auteur des célèbres *Réflexions ou sentences et maximes morales*, plus connues sous le nom de *Maximes*. Ce n'est plus une demeure familiale qu'a décidé de ressusciter Sonia Matossian, c'est l'histoire de France !

UNE ENFANCE ÉGYPTIENNE

En 1950, Sonia Matossian épouse François, 14e duc de La Rochefoucauld, intégrant ainsi cette lignée qui remonte au Moyen Âge. La future restauratrice du berceau des La Rochefoucauld a passé son enfance dans le milieu cosmopolite du Caire d'avant-guerre. L'entreprise

> « Il est évident que l'attachement à ce lieu est lié au fait que mes racines m'ont été arrachées. »

familiale, Tabacs et Cigarettes Matossian, y était implantée depuis la fin du 19e s. « À dix ans, je parlais français, anglais, italien, arabe », se souvient Sonia Matossian. En 1942, alors que les Allemands avancent sur l'Égypte, ses parents la confient au général britannique Montgomery pour qu'il l'emmène avec son frère en lieu sûr, en Angleterre. C'est une clé de son affection pour le château de La Rochefoucauld. « Il est évident que l'attachement à ce lieu est lié au fait que mes racines m'ont été arrachées. »

Le boudoir décoré au 17e s.

NOBLESSE OBLIGE

UNE ILLUSTRE FAMILLE

L'étymologie crée parfois des merveilles. Elle a ainsi donné naissance à l'un des plus beaux patronymes de la noblesse française. Au 10e s., lors des invasions normandes, Charles le Chauve donne l'ordre d'ériger cinq forteresses pour défendre l'Angoumois. En 980, Fucaldus, frère du vicomte de Limoges, construit un camp fortifié sur une roche surplombant la Tardoire et l'appelle Fucaldus in Rupe, la « Roche à Foucauld ». Le patronyme La Rochefoucauld sera définitivement adopté au 13e s. Quelques siècles plus tard, François Ier de La Rochefoucauld tient sur les fonts baptismaux le futur François Ier, roi de France. François II de La Rochefoucauld transforme la forteresse en demeure digne des châteaux de la Loire. Le choix des La Rochefoucauld pour le protestantisme leur vaut l'assassinat de François III et François IV. François V revient au catholicisme et en est récompensé par Louis XIII, qui le fait duc. Viendra enfin François VI (1613-1680), célèbre auteur des *Maximes*, expert en phrases ciselées à la manière du Grand Siècle.

LE SAVIEZ-VOUS ?

L'auteur des *Maximes* définissait ainsi l'obligation liée au nom : « Les grands noms abaissent, au lieu d'élever, ceux qui ne les savent pas soutenir. »

POUR ENCORE MILLE ANS

LA ROCHEFOUCAULD

Construite à partir de 980 par Fucaldus, vicomte de Limoges, cette ancienne forteresse médiévale appartient à la même famille depuis plus de mille ans. Largement remaniée et embellie au 16ᵉ s. par François II de La Rochefoucauld, sa masse imposante, coiffée de toitures d'ardoises et cernée de hautes tours rondes, domine la ville. Les façades du 16ᵉ s. sont percées de fenêtres à meneaux et couronnées par un étage de lucarnes Renaissance, elles-mêmes décorées de coquilles et de pinacles à candélabres. Le châtelet d'entrée (13ᵉ s.) donne accès à une somptueuse cour d'honneur dont deux façades, bordées de trois niveaux de galeries à arcades, évoquent celles des palais de la Renaissance italienne. Le grand escalier est sans conteste la pièce maîtresse du château : il est de type traditionnel à vis, s'enroulant autour d'un noyau puissamment torsadé dont les panneaux sculptés de moulures géométriques rappellent à la fois Blois et Chambord.

Aujourd'hui entièrement rénové, le château de La Rochefoucauld a inspiré des projets innovants comme celui du remplacement du donjon effondré par une structure en verre signée Ieoh Ming Pei, l'architecte de la pyramide du Louvre.

« Dans ce château où chaque siècle a apporté sa pierre, il faut que le 21e s. laisse également son empreinte. »

01

UN DONJON DE VERRE

Sur le piano du salon de musique trône une photographie un peu jaunie prise en 1949 : on y voit la jeune Sonia Matossian en compagnie d'une certaine Jacqueline Bouvier. C'est par l'intermédiaire de celle qui était entretemps devenue Jackie Onassis que Sonia Matossian découvre l'architecte sino-américain Ieoh Ming Pei. Suite à l'écroulement du donjon en 1960, elle prend contact avec lui, alors qu'il assure la maîtrise d'œuvre du chantier de la pyramide du Louvre : « Monsieur Pei, je voudrais que vous me construisiez un mur », lui dit-elle. Il faudra encore attendre plusieurs années avant que la rencontre se fasse. Tombé sous le charme des lieux, Ieoh Minh Pei dessine le croquis d'une tour de verre surgissant au-dessus des toits du château. La Caisse d'épargne finance les dessins préparatoires… Reste à trouver les mécènes. C'est le premier échec de Sonia Matossian. Les portes se ferment les unes après les autres : ambitieux, avant-gardiste, le projet rencontre des oppositions. Mais aujourd'hui encore, la mère du duc de La Rochefoucauld a bon espoir d'accomplir son rêve : « Dans ce château où chaque siècle a apporté sa pierre, il faut que le 21e s. laisse également son empreinte. »

INNOVER ET TRANSMETTRE

« Nous ne sommes pas une génération de rentiers », insiste l'épouse du duc actuel, Michèle de La Rochefoucauld. Le temps est révolu où Sonia Matossian sortait de son château pour inviter les passants à entrer pour une visite. Les quelque 30 000 visiteurs par an (dont la moitié sont étrangers), la location d'espaces pour les mariages, les séminaires et les réunions d'entreprise permettent de poursuivre, année après année, la restauration de l'édifice. Dernier chantier en date : la chambre de François II et d'Anne de Polignac, ajoutée en 2020 au parcours de visite. Prochaine étape, le salon d'apparat Renaissance. L'ensemble de l'aile construite au 16e s. pourra alors être ouvert au public.

D'autres projets sont lancés, ou dans les cartons, comme celui d'un festival de théâtre organisé dans la cour Renaissance, ou encore l'ouverture à la création contemporaine. En prémices à cette nouvelle vocation, les anciens communs du château abritent désormais les sculptures de Nisa Chevènement. « Bien sûr, le confinement m'a pesé, mais je n'ai pas le droit de me plaindre. J'ai eu une vie merveilleuse, et encore plus merveilleuse en sachant que mes enfants prendront ma suite » conclut Sonia Matossian, l'œil pétillant et le verbe sûr. C'est qu'en épousant le duc de la Rochefoucauld, elle a mis en pratique la devise de la famille : « C'est mon plaisir. »

02

01. **Tournoi de chevalerie durant la fête médiévale, en juillet**
02. **Démonstration de fauconnerie**

Y ALLER

CHÂTEAU DE LA ROCHEFOUCAULD
16 110 LA ROCHEFOUCAULD
T. 05 45 62 07 42
WWW.CHATEAU-LA-ROCHEFOUCAULD.COM

Sébastien et Ariane de Baritault du Carpia, avec leur fils Jean

NOUVELLE-AQUITAINE

SÉBASTIEN DE BARITAULT DU CARPIA

ROQUETAILLADE FOR EVER

De l'extérieur, c'est l'exemple-type d'un château fort du Moyen Âge. À l'intérieur, se dissimule un ensemble de pièces sorties tout droit de l'imagination débordante de Viollet-le-Duc. « C'est le double atout de Roquetaillade », résume son propriétaire, le vicomte Sébastien de Baritault du Carpia, tour à tour conservateur du patrimoine, éleveur de bovins et viticulteur.

Classé Monument historique en 1840, le château de Roquetaillade est, pour les Baritault, d'abord une maison de famille. Depuis sa construction en 1306, l'édifice a toujours été habité par la même lignée.

NÉPOTISME PAPAL

C'est une masse formidable et guerrière qui se dresse au milieu des paisibles collines du sud de la Gironde. Des tours rondes élancées, un donjon massif, de hauts murs crénelés, un pont-levis franchissant les douves… Le château fort semble tout droit sorti d'un livre d'image. À son origine, on trouve un ancêtre de la famille : le seigneur de la Mothe, neveu du pape Clément V. Il fit construire Roquetaillade au nom de son auguste parent comme quelques autres demeures dans la région, érigées par des parents du pape : on appelle celles-ci les « châteaux clémentins ». Au 14e s., l'Aquitaine était anglaise et c'est sans doute à un architecte œuvrant en Angleterre que Gaillard de la Mothe fit appel. Si bien que le château affiche un cousinage avec les forteresses d'outre-Manche, et qu'on le verrait bien émergeant au milieu des landes et des brumes britanniques. Pour les besoins du cinéma, il a d'ailleurs traversé le Channel : Roquetaillade a servi de décor au film

Fantômas contre Scotland Yard (1967) censé se dérouler en Écosse. Les relations avec l'Angleterre n'ont pas toujours été apaisées. Au Moyen Âge, un membre de la famille était abbé commendataire d'un couvent d'Oxford, mais n'en a jamais reçu les revenus. S'est ensuivi un procès qui a duré deux siècles. « On a fini par laisser tomber » s'amuse le vicomte Sébastien de Baritault.

QUAND VIOLLET-LE-DUC SE LÂCHE...

En 1866, les propriétaires – exploitants de vignes en Médoc – demandent à l'architecte Viollet-le-Duc de remodeler entièrement l'intérieur du château. Le restaurateur de Notre-Dame de Paris ne se fait pas prier. « C'était une commande privée et pour lui l'occasion d'avoir les mains libres, sans en référer à une quelconque administration », se réjouit Sébastien de Baritault qui a l'âme un brin libertaire. L'architecte a laissé au château une œuvre exceptionnelle. Il a tout d'abord fait pratiquer des ouvertures dans les épais murs médiévaux pour laisser passer la lumière. Au rez-de-chaussée, dans les anciennes écuries et remises, il a conçu des pièces pour lesquelles il a imaginé une décoration néogothique, avec peintures sur les murs et les plafonds, lustres et ferronneries, mobilier. « Un art total précurseur de l'Art nouveau » affirme l'actuel propriétaire. Les spécialistes commencent à reconnaître l'influence de Viollet-le-Duc sur le Catalan Gaudí, le Français Hector Guimard ou le Belge Victor Horta. Le grand projet du maître de Roquetaillade est d'ailleurs d'obtenir l'inscription du château sur la route européenne de l'Art nouveau. « Cela rétablira Viollet-le-Duc à sa juste place ! » s'enthousiasme Sébastien de Baritault.
Viollet-le-Duc devait également décorer la salle synodale. Malheureusement, faute de moyens – le phylloxera était passé par là, détruisant les vignes du domaine –, le projet n'a pas été réalisé. Il n'en reste que deux aquarelles préparatoires de la main de l'architecte. À partir de ces fragments, Sébastien de Baritault a entrepris de faire exécuter les décorations 150 ans après : une véritable création à partir du projet avorté de Viollet-le-Duc.

EN CHANTANT LA BAZADAISE

Quand il ne s'occupe pas de la restauration de son château, le vicomte se consacre à ses 6 ha de vignes – qui produisent chaque

Roquetaillade vu du ciel

VIOLLET-LE-DUC

LE VICOMTE ET L'ARCHITECTE

Architecte controversé du 19e s., critiqué pour des restaurations de monuments jugées abusives – quand il laissait libre cours à son imagination en recréant certaines parties de l'édifice –, Viollet-le-Duc a trouvé un défenseur passionné en la personne de Sébastien de Baritault.

Défendre le précurseur de l'Art nouveau

« Il y a des associations autour de Gaudí, de Le Corbusier, de Perret, mais rien sur Viollet-le-Duc. C'est un architecte maudit, du moins en France. » Pour défendre Viollet-le-Duc, le propriétaire de Roquetaillade s'est fait historien d'art. « L'alliance entre architecture et arts décoratifs s'est nouée à Roquetaillade. C'est la naissance de l'art total. »
Lorsqu'il accompagne les visiteurs à travers le château, le vicomte est un avocat passionné de l'architecte, expliquant son goût pour la décoration florale, la nature, les lignes courbes, les références au Moyen Âge. « Je suis là pour défendre l'œuvre de Viollet-le-Duc, au-delà des polémiques autour du restaurateur de Notre-Dame de Paris ou de Pierrefonds. » Le rêve secret de Sébastien de Baritault ? Faire entrer Viollet-le-Duc au patrimoine mondial de l'Unesco.

LE SAVIEZ-VOUS ?

Viollet-le-Duc a travaillé pour quelques autres demeures privées, comme le château Abbadia, près d'Hendaye.

Le château de Roquetaillade et la chapelle

À L'ANGLAISE

CHÂTEAU DE ROQUETAILLADE

Roquetaillade est l'un des châteaux clémentins que le pape Clément V fit édifier dans sa Guyenne natale, pour lui et sa proche famille: Villandraut *(voir p. 213)* – le fief où il est né –, Fargues, Budos, Hamel, Roquetaillade… Ces formidables citadelles, largement inspirées de l'architecture militaire anglaise, sont constituées d'un quadrilatère cerné de hauts murs, flanqué de quatre tours d'angle et de deux autres défendant la poterne. Avec en plus à Roquetaillade, un formidable donjon qui servait de logis au seigneur. Au 16e s., on élargit les meurtrières pour en faire d'élégantes fenêtres et apporter plus de lumière aux intérieurs: la Renaissance était passée par là avec son nouvel art de vivre.

Le château de Roquetaillade n'a jamais été attaqué de toute son histoire: « on est ici à la limite des Landes, un *no man's land* où il ne passe jamais personne » explique Sébastien de Baritault. Sauf pendant la Révolution française, quand une poignée de sans-culottes investit le château, grimpa au donjon et entreprit de le démolir pierre à pierre. Le seigneur du lieu les persuada de venir goûter son vin. Quelques heures plus tard, la cave était vide mais le château sauvé!

PATRIMOINE ANIMALIER

LE RETOUR DE LA BAZADAISE

Emblématique du sud de la Gironde et des Landes, la race bazadaise a bien failli disparaître. Pendant des siècles, et même depuis l'Antiquité romaine d'après certains spécialistes, les vaches bazadaises ont été utilisées pour le labour, pour le débardage des bois des Landes ainsi que dans les vignes.

La mécanisation du 20e s. a failli lui être fatale. Si au lendemain de la Seconde Guerre mondiale, on en comptait 60 000 têtes, elles sont à peine un millier à la fin des années 1970. Son élevage été relancé avec succès par une poignée d'agriculteurs passionnés.

La bazadaise au joli pelage gris souris et aux yeux cerclés de lunettes blanches se caractérise par sa rusticité et sa facilité de vêlage. Cette race produit des veaux dont la viande est d'une qualité exceptionnelle. On engraisse également les bœufs qui bénéficient d'une IGP (Indication géographique protégée). Tous les ans à Bazas, au moment du carnaval, la fête des Bœufs Gras rend hommage à cette espèce.

Détail du décor de Viollet-le-Duc dans la chambre rose

« Une maison historique, ça cannibalise votre argent, ça prend votre temps, ça épuise votre vie. C'est un sacerdoce accepté. »

année 5 000 bouteilles en appellation Graves – et à son troupeau. Le domaine abrite un élevage de vaches bazadaises, une race locale qui a bien failli disparaître dans les années 1970 et que quelques éleveurs de la région ont entrepris de relancer. Une autre manière de sauver le patrimoine! Et comme si cela ne suffisait pas, Sébastien de Baritault assure également la commercialisation de ses produits, en vendant en direct aux consommateurs. Il endosse aussi le costume du guide pour faire l'honneur des lieux aux quelque 35 000 visiteurs annuels qui permettent d'assurer l'entretien courant du château. Sa femme et son fils s'y sont mis également, intensément même pendant la crise sanitaire qui a imposé des groupes limités de visiteurs.

Le vicomte trouve encore le temps de faire ses comptes et d'échafauder des projets. Il faudrait 3 millions d'euros pour mener à terme les restaurations. Car, cerise sur le gâteau, se dressent également sur le domaine les vestiges d'un château précédent, le Château-Vieux, dont les tours et les murs menacent ruine. Une campagne de consolidation permettrait au public d'accéder à une tour ou au donjon. Sans parler de la chapelle familiale, une petite merveille romane dont les décorations intérieures, également signées par Viollet-le-Duc, mériteraient d'être rafraîchies. Les travaux commencent en fin d'année 2021. Dans la crypte reposent les ancêtres de la famille. « Et il y a encore de la place » précise Sébastien de Baritault.

« Une maison historique, ça cannibalise votre argent, ça prend votre temps, ça épuise votre vie. C'est un sacerdoce accepté » résume le maître de Roquetaillade, mais avec le sourire de satisfaction du devoir accompli. Et il sait que la relève est assurée. Son fils Jean, la seule naissance au château depuis des générations, est un « amoureux de la terre et des vaches ». Le jour venu, il sera prêt à assumer la charge de la maison familiale.

Y ALLER

CHÂTEAU DE ROQUETAILLADE
33210 MAZÈRES
À 8 KM AU NORD-OUEST DE BAZAS
T. 05 56 76 14 16
WWW.ROQUETAILLADE.EU

BRETAGNE

EMMANUELLE DE TROGOFF

LES FORGES DES SALLES, LABORATOIRE SOCIAL DU 18e S.

Au cœur de la grande forêt de Quénécan, entre Côtes-d'Armor et Morbihan, se cache une rareté : l'une des forges à bois les plus anciennes et les mieux préservées de Bretagne, ainsi qu'un bel exemple de paternalisme industriel. Depuis l'interruption de son activité, en 1877, le temps s'est comme suspendu. Au silencieux village de schiste et d'ardoise s'ajoutent le mystère de la forêt environnante et la poésie d'un étang, où des cabanes invitent à passer une nuit pas comme les autres.

Complet, en excellent état de conservation et entièrement restauré, le village industriel des Forges des Salles témoigne d'une activité qui fut prospère en Bretagne pendant près de trois siècles, du 17e au 19e s. Ce site, où l'on produisit du fer, puis de la fonte, constitue aussi un exemple précieux et très évocateur de rationalisation du travail. Le village est réparti sur deux niveaux, l'un consacré au travail, l'autre à l'habitat. Au nord, dominant l'ensemble, s'élève la maison du maître des Forges, majestueux édifice à trois corps surmonté d'un jardin en terrasses. La demeure est habitée par les propriétaires actuels, Stéphane du Pontavice et Emmanuelle de Trogoff. Ceux-ci cherchent à faire vivre ce lieu chargé d'histoire qui attire entre 10 000 et 15 000 visiteurs chaque année.

Quel est le lien du village avec votre famille ?

Emmanuelle de Trogoff – Les Forges des Salles appartiennent à la famille de mon mari, les du Pontavice. Propriété familiale depuis 1802 – date à laquelle elle a été achetée par le comte de Janzé –, elle est transmise par mariage aux Pontavice, très ancienne famille de la noblesse bretonne.

Maison du maître des Forges

« Les Forges avaient un siècle d'avance dans le domaine social. Les avantages y étaient nombreux et rares pour l'époque. »

Quelles sont les spécificités des Forges ?

Chose unique aux Forges, on extrayait la matière première tout autour du site, dans une zone riche en minerai de fer, pour arriver, après différentes étapes, jusqu'au produit fini, ce qui est quand même peu commun. Au départ, aux Forges, on obtenait du fer après décarburation de la fonte, puis on a produit essentiellement de la fonte. Le site a fait vivre 650 personnes et jusqu'à 120 individus ont habité le village.

Les Forges avaient un siècle d'avance dans le domaine social. Les avantages y étaient nombreux et rares pour l'époque. Par exemple, les veuves disposaient d'une rente et étaient logées à vie. Les employés n'avaient pas de loyer à payer. Ils avaient toute liberté de ramasser du bois mort dans la forêt pour se chauffer. Chaque famille possédait une poule et une vache, avec droit de paître sur les terres du domaine. Quand quelqu'un tirait le mauvais numéro lors de la conscription, et devait partir au front pour six ans, le bureau des Forges prêtait de l'argent afin d'envoyer quelqu'un d'autre à sa place. Les Forges consentaient aussi des prêts d'argent, quand l'un des employés souhaitait s'élever socialement en achetant, par exemple, une seconde charrette. En cas d'épidémie ou de disette, la dette était effacée.

Cette forme de « paternalisme » industriel a perduré jusqu'au 20e s. au sein du monde sidérurgique : à Geugnon en Saône-et-Loire dans les années 1950, au moment où elles devinrent n° 1 mondial de l'acier inoxydable, ces forges offraient certains avantages sociaux dont peu d'ouvriers bénéficiaient ailleurs. Pour faire bref, aux Forges des Salles, la philosophie fondamentale était de faire en sorte que les employés travaillent bien parce qu'ils s'y sentaient bien.

UN VILLAGE SIDÉRURGIQUE MODÈLE

Du fait de la richesse des sols bretons en minerai de fer, les débuts de la métallurgie en Bretagne remontent au moins au 5e s. av. J.-C. Né vers 1621-1623 sur le domaine de Henri II, duc de Rohan, le hameau des Forges est le mieux préservé des villages industriels qui fleurissent en Bretagne à partir du 17e s., propulsant la région au premier rang en termes de production et d'innovation. Côté ouest s'étendait une digue de retenue d'eau, élément indispensable à une forge au même titre que le bois, lui-même abondant dans la forêt environnante. L'eau servait de force motrice pour le fonctionnement du haut-fourneau. Elle était aussi utilisée pour laver le minerai.

Mais la sidérurgie bretonne, à l'instar des Forges des Salles, décline au 19e s. avec l'apparition des grandes usines modernes produisant de la fonte au coke et du fer à la houille – à St-Étienne, au Creusot, et plus tard à Denain ou Maubeuge –, plus aptes à répondre aux besoins du développement du rail.

Aux Forges des Salles, le village pouvait vivre en autarcie. Les ouvriers et leurs familles trouvaient presque tout sur place. En dehors des infrastructures dédiées à la production et au stockage du fer ou de la fonte – bâtiment du haut-fourneau, mine, fonderie, moulerie, ateliers des forgerons et des charpentiers, halles de stockage –, le hameau comprenait aussi des résidences pour les ouvriers et les contremaîtres, un four à pain, une école (catholique et gratuite, mais non obligatoire), une cantine, un café-épicerie, la régie où les ouvriers percevaient leur salaire, une maréchalerie, une chapelle, et même un poulailler ! Seul le cimetière manquait, parce qu'il fallait être enterré à la paroisse.

ZOOM SUR

LA RANGÉE DES FORGERONS

Construit à la fin du 18e s., cet alignement de 12 logements identiques en schiste gris local, muni d'un étage scandé de chiens-assis et de cheminées, est solidarisé par un seul et unique grand toit d'ardoises. Cette « Rangée » est l'élément le plus spectaculaire du site. Les conditions de vie étaient frugales : les logements communiquaient deux par deux, avec une pièce unique au rez-de-chaussée, donnant accès à deux petites pièces pour les animaux. Derrière s'étendait un petit jardin. Les logements de la Rangée des Forgerons, depuis leur rénovation, accueillent un musée : l'exposition évoque les différentes facettes de la vie autrefois aux Forges de Salles et dans la forêt de Quénécan. Une multitude d'objets, de photos, de documents et de panneaux raconte le quotidien du lieu – santé, éducation, religion, fêtes et mariages, place des femmes et des enfants, rivalités entre hommes… L'histoire de la sidérurgie en Bretagne, la fabrication du charbon de bois et l'extraction du minerai occupent aussi une place importante. La particularité de ce musée est de proposer différents niveaux de lecture, qui permettent d'y passer seulement une heure… ou l'après-midi entier.

UNE RESTAURATION PRESQUE ACHEVÉE

CHANTIER TITANESQUE

La restauration du hameau des Forges des Salles est lancée au début des années 1990. La remise en état de la toiture de la Rangée des Forgerons a constitué le premier et le plus important défi de cette vaste entreprise de rénovation, dont les chantiers se sont étalés sur trois décennies.

L'association des Amis des Forges s'est ensuite attelée à la réhabilitation de la chapelle et de sa charpente, autre « gros morceau ». Si l'évêché interdit qu'on s'y marie ou que l'on y baptise des enfants, l'édifice prête encore son cadre à des messes de scouts chaque année ou à des fiançailles.

L'association a ensuite restauré le haut-fourneau, avec sa passerelle – où se trouvait le « gueulard », dans lequel on jetait le combustible transporté par wagonnets –, ainsi que la grande halle, la cantine, etc.

Tout a été refait, à l'exception d'un petit bâtiment encore en bon état et dont les travaux apparaissaient moins urgents.

01

02

01. La passerelle et le haut fourneau
02. Le long toit de la Rangée des Forgerons
03. Sur la passerelle, les rails menant au haut fourneau

C'était aussi une manière d'attirer durablement une main-d'œuvre de qualité, de la fidéliser, pour utiliser un terme moderne. La rentabilité n'était pas la priorité. Seul l'équilibre financier primait.

Qu'est-ce qui vous a décidé à prendre les rênes du bâtiment ?

C'est une très grande propriété, située au milieu d'une forêt privée. Elle compte 40 bâtiments répartis sur 3 ha, et la charge d'entretien est très lourde. Il y a plus de 30 ans, les toits des dépendances commençant à s'effondrer, nous avons décidé d'ouvrir le lieu au public.

Un professeur d'université de Rennes, Monsieur Andrieu, connaissant l'histoire du village, a poussé mes beaux-parents à franchir le pas, à faire vivre le lieu et à le restaurer. Dès la première année, beaucoup de gens, issus de la France entière, sont venus visiter les Forges.

L'association des Amis des Forges est née à cette époque, en 1990, à l'initiative de la famille du Pontavice et des descendants des ouvriers du site.

Quel est le rôle de cette association ?

Suite à la décision d'ouvrir le village aux visiteurs, il fallait créer une structure pour gérer les entrées et les subventions.

Aujourd'hui, cette association, plutôt familiale et amicale, assure l'entretien du site et sa conservation. Le rôle de l'association – à but non lucratif – est de faire connaître les Forges des Salles à un public toujours plus large. Les bénéfices de la billetterie sont entièrement utilisés pour restaurer et entretenir le village : plus de 2 ha de toitures ont ainsi pu être remis en état, uniquement grâce aux visites !

DORMIR AUX FORGES

GÎTES ET CABANES EN BOIS

Emmanuelle de Trogoff a dormi une fois dans une cabane. Enchantée par l'expérience, elle convainc son mari d'en aménager aux Forges. D'autres projets ont permis de redonner au village d'éphémères habitants.

Au cœur de la nature

« Tout autour du village, on a fait construire, par une petite entreprise bretonne, 9 cabanes en bois dans les arbres de la forêt et sur pilotis au bord de l'étang. On peut y passer une ou plusieurs nuits, tout au long de l'année. Les terrasses sont à demi couvertes pour assurer l'ombre ou l'abri. Les cabanes sont chauffées, et des plaids en polaire sont à disposition pour profiter le plus tard possible de la terrasse. Douches et sanitaires se trouvent à l'accueil. »

Dormir au village

« Nous avons aussi aménagé deux gîtes insolites au cœur du village. L'orangerie, au-dessus de la maison du maître des Forges, est exposée plein sud : on y stockait les plantes l'hiver. Nous l'avons restaurée et nous y avons créé une chambre avec kitchenette et salle de bains. Enfin, l'ancienne maison du Caissier, dite « Chez Manu », du nom du dernier habitant du village parti dans les années 1980, a été reconvertie en maison d'hôtes. »

PLUS D'INFOS

CABANES@LESFORGESDESSALLES.FR

03

Comment entretenir un tel lieu?

Il faut bien se dire qu'on n'aura jamais fini le chantier de restauration! Il a fallu d'abord convaincre mes beaux-parents de voir sans cesse du monde dans la cour d'honneur et s'atteler au plus urgent: refaire les toits et mettre hors d'eau les bâtiments.
En 30 ans, on a mis hors d'eau les quarante bâtiments sauf un ; dans l'un d'eux, il a fallu refaire les charpentes, et la facture s'est envolée. Les recettes de billetterie n'ont pas suffi, et il a toujours fallu mettre un peu d'argent au bout. On a souvent été aidés par le département des Côtes-d'Armor. On a aussi profité des précieux conseils de la Demeure Historique et de son réseau les Audacieux du Patrimoine *(voir encadré p. 236)*, dont on est membre.

Et la mission Stéphane Bern?

On aimerait bien, mais le village est en trop bon état pour postuler... Ici, on n'a pas de ruines!

Quels sont vos projets pour faire vivre le village?

En plus de la billetterie, on a créé des hébergements dans le village, et fait construire des cabanes autour du site pour accueillir des hôtes *(voir encadré ci-contre)*.
Côté animations, le plus grand événement organisé par l'association est la fête des Forges. Elle s'intègre dans le cadre de la fête de la Bretagne. Aux Forges des Salles affluent alors musiciens, danseurs costumés et artisans. On fait du pain dans le four. Il y a aussi une dégustation-vente de produits locaux. La fête attire chaque année 500 à 600 personnes.
Notre dernier projet en date, lancé à l'été 2021, est le Landscape game. Il s'agit d'un jeu de piste, avec chasse aux énigmes et aux indices. L'idée est de proposer un autre type de visite, de captiver les enfants et d'attirer les familles. La thématique choisie tourne autour de la Seconde Guerre mondiale.

> « Il faut bien se dire qu'on n'aura jamais fini le chantier de restauration ! »

Y ALLER

LES FORGES DES SALLES
FORÊT DE QUÉNÉCAN
22570 PERRET OU 56480 STE-BRIGITTE
T. 07 83 14 70 63 OU 06 19 60 55 10
WWW.LESFORGESDESSALLES.FR

BOURGOGNE-FRANCHE-COMTÉ

DIANE ET GÉRAULT DE SÈZE

PARI SUR LA CULTURE AU CHÂTEAU DE TANLAY

Propriété de la même famille depuis 1704, ce château est l'un des joyaux de la Renaissance bourguignonne. Diane et Gérault de Sèze, ses propriétaires depuis 2019, ont entrepris un lifting qui vise la restauration architecturale et paysagère du monument et la mise en scène d'un contenu historique et culturel plus riche. Mais le projet est aussi économique: les communs ont vocation à accueillir des gîtes de charme dans cette région encore méconnue du Tonnerois, pourtant idéalement située à 2h de Paris.

À quelle occasion avez-vous repris le château de Tanlay ?

Gérault de Sèze – Mon épouse, Diane, est la petite-fille de Marguerite de Tanlay, dernière du nom d'une famille qui possède le château depuis 1704. Les parents de Diane, M. et Mme de la Chauvinière, en ont ensuite été propriétaires. Et nous avons racheté les parts de la succession au début de l'année 2019.

Quelle est la place du château dans le paysage patrimonial de la région ?

Tanlay bénéficie d'une belle visibilité dans le Tonnerois. Il est intéressant de par son écriture architecturale Renaissance qui évolue vers le classicisme au 17e s. Il dispose d'un mobilier très riche – les salons n'ont pas changé depuis le 18e s. ! – et d'une perspective paysagère monumentale, autour d'un canal de plus de 500 m de long.

Les visiteurs y découvrent également une part de l'histoire du protestantisme. Ils apprécient aussi que le château soit habité et de savoir que les guides résident au village. L'ambiance générale est extrêmement romantique et j'observe que les gens repartent heureux de leur visite du domaine. Le château possède déjà deux étoiles au Guide Vert Michelin, mais nous devons faire encore plus !

C'est-à-dire ?

Nous souhaitons améliorer la visite en renforçant son contenu historique, en faisant vivre à nouveau le côté Renaissance du château et l'histoire des Valois. Cela passe notamment par des animations. Ainsi, nous organisons désormais des conférences, par exemple sur le protestantisme, proposées dans la Grande Galerie en trompe-l'œil, ou des concerts, qui redonnent leur éclat aux salons.

Nous recevons aussi une troupe de théâtre en résidence chaque été, la compagnie AMAB. Elle vient répéter ses spectacles et nous logeons les comédiens.

Quel objectif visez-vous à travers ces animations ?

Pour nous, c'est d'abord une source de joie et une aventure familiale. Les animations attirent visiteurs et spectateurs. Les gens viennent au château, se rencontrent et découvrent une histoire. Ces évènements sont là pour contribuer à faire rayonner la vie culturelle d'un territoire qui a la chance d'avoir, à proximité, deux autres très beaux châteaux, Ancy-le-Franc et Maulnes. Je dis souvent qu'hériter d'un « monstre de pierre » comme celui-ci, si ce n'est pas pour le faire vivre, cela n'a aucun sens !

> « Hériter d'un "monstre de pierre" comme celui-ci, si ce n'est pas pour le faire vivre, cela n'a aucun sens ! »

Quels sont vos projets d'aménagement à l'extérieur ?

J'ai constaté que les visiteurs avaient besoin de faire le tour du château et de s'approprier les paysages… Du coup, nous avons élagué les arbres le long du canal qui mène au nymphée afin de redonner de la perspective. Nous allons ouvrir le parterre planté de 450 arbres autour d'un parc à l'anglaise, ce qui permettra de dévoiler la façade arrière, signée par l'architecte Pierre Le Muet.

Tout cela sera-t-il suffisant pour parvenir à l'équilibre économique ?

Pas du tout ! Ce ne sont pas les recettes des visites ni des animations qui vont permettre de l'atteindre. Cette partie du

CONSPIRATIONS…

FIEF PROTESTANT

Bâti par François de Coligny d'Andelot, le château de Tanlay fut la demeure de ce chef de file protestant et le refuge de sa famille. Tanlay devint ainsi, avec Noyers, domaine du prince de Condé, l'un des deux centres du protestantisme dans la région. À l'époque des guerres de Religion, les réunions des conspirateurs huguenots se seraient tenues au dernier étage de la tour de la Ligue.

Allégorie sous coupole
Les ouvertures circulaires de la tour de la Ligue permettaient de surveiller les environs, et ses souterrains, de se disperser en cas d'attaque. La voûte en forme de coupole qui surmonte le dernier étage est ornée d'une peinture à la détrempe de l'école de Fontainebleau ; des catholiques et des protestants de la cour d'Henri II y sont représentés sous les attributs de dieux et de déesses. On reconnaît Diane de Poitiers et Catherine de Médicis, dans le camp des catholiques. Ceux-ci semblent battre le fer pour semer la guerre, tandis que les protestants se montrent pacifiques.

?

LE SAVIEZ-VOUS ?

Les Coligny furent liés par mariage à la maison d'Orange-Nassau, actuelle famille régnante de Hollande. En 1952, la Reine Juliana des Pays-Bas vint dormir au château de Tanlay, sur la trace de ses ancêtres.

01

02

03

01. Pont au-dessus des douves et portail principal
02. Grande Galerie ornée de trompe-l'œil
03. Nymphée au bout du grand canal

travail constitue seulement une façon de rendre le château plus attractif et de contribuer au dynamisme de la région. Le Tonnerois est méconnu et pourtant riche. Il y a les deux autres châteaux dont je parlais, le canal de Bourgogne qui passe à Tanlay, le vignoble de Chablis à côté, Vézelay et sa basilique à 60 km... le tout à deux heures de Paris. Nous avons la chance d'être dans une région à fort intérêt patrimonial mais qui souffre malheureusement de n'être trop souvent qu'un axe de passage pour aller dans le Sud.
Une bonne partie de nos visiteurs sont des gens d'Europe du Nord, Belges, Luxembourgeois, Allemands... Nous visons aussi cette clientèle. Le Tonnerois est en Bourgogne et la Bourgogne les attire ; ils aiment les paysages vallonnés, le bon vin...

« Le projet est de transformer ces communs en gîtes de très bon standing. L'objectif est d'accueillir des touristes en séjour sur le territoire. »

Comment arrivez-vous dès lors à financer les travaux d'entretien et de restauration ?

Les visites et animations couvrent seulement les charges de personnel. Pour les restaurations, nous faisons appel à nos fonds propres et aux subventions de la DRAC, qui finance les chantiers à hauteur de 40 %.

PLAISIR BOURGUIGNON

TANLAY, HAUT LIEU DU TONNERROIS

Cet élégant château est un rare témoin de la Renaissance bourguignonne et des guerres de Religion. Il est édifié vers 1550 sur les fondations d'une ancienne forteresse par François de Coligny, chef huguenot sous la Réforme. Sa construction, interrompue, fut reprise en 1642 grâce à Michel Particelli d'Hémery, surintendant des Finances sous Louis XIII. Il fit terminer le chantier par l'architecte Pierre Le Muet, qui éleva l'aile droite du bâtiment, orchestrant le travail des façades et la décoration des appartements. De cette époque datent le parc, le canal et les douves. Une belle avenue bordée de tilleuls séculaires mène à l'édifice. Le petit château, gracieuse construction de style Louis XIII, fait office de leurre masquant le grand château. Il donne accès à la Cour verte, bordée d'arcades sur trois côtés. À gauche, le visiteur découvre avec surprise le véritable château, derrière un pont franchissant les douves et le portail monumental ouvrant sur la cour d'honneur. Deux ailes plus basses que le corps de logis principal s'articulent sur celui-ci par deux belles tourelles d'escalier, terminées chacune par une tour ronde. Avec ses peintures murales, ses cheminées monumentales et ses portraits de famille, l'intérieur présente un grand intérêt. On y découvre successivement la salle à manger, le salon de compagnie, la chambre des marquis de Tanlay, la Grande Galerie en trompe-l'œil et la tour de la Ligue. Le parc, splendide, s'étend le long du grand canal (526 m), bordé d'arbres centenaires.

Les douves entourant le château

TANLAY ET LE SEPTIEME ART

CHÈRE MARQUISE !

Le château a servi plusieurs fois de cadre à des tournages. Les amoureux de la série *Angélique, Marquise des Anges*, s'en souviennent peut-être : des scènes du premier film, avec Michèle Mercier, Robert Hossein et Jean Rochefort, ont été tournées à Tanlay.

Cape et épée

En 1976, le même réalisateur revient pour le tournage de la série de cape et d'épée *Ces Beaux messieurs de Bois-Doré*, adapté d'un roman de George Sand. Dans les années 2000, le château retrouve les accents du Grand Siècle le temps de deux tournages : *Julie, chevalier de Maupin* et *La Marquise des Ombres*. Le premier, un téléfilm, met en scène Sarah Biasini et Pierre Arditi. Le second voit Anne Parillaud incarner la marquise de Brinvilliers. Sans oublier la série des Nicolas Le Floch...

« Par son cadre unique, Tanlay mériterait en lui-même une saga cinématographique, comme *Au plaisir de Dieu* au château de Saint-Fargeau », se prend à rêver Gérault de Sèze.

Un des salons du château

Le château a toujours été habité et entretenu. Quels travaux avez-vous entrepris depuis votre arrivée ?

Nous avons restauré les clochetons et nous nous occupons des extérieurs. Une cour va être rénovée et un vieux moulin sera plus tard remis en état. Nous allons aussi remonter des murs de douves et, surtout, nous prévoyons la rénovation intégrale des communs, aujourd'hui en péril. Car là se situe la valorisation économique ! Le projet est de transformer ces communs en gîtes de très bon standing. Dix, pour commencer, et peut-être vingt dans le futur. L'objectif est d'accueillir des touristes en séjour sur le territoire, des golfeurs qui viennent jouer sur le parcours de 9 trous – tracé sur le domaine à l'époque de mon beau-père –, et des clients à l'occasion d'événements privatifs, pour des sociétés ou autres, que nous proposerons au château. Le golf marche déjà très bien, il rayonnera mieux avec cette offre d'hébergement. La cour des communs est quant à elle tout à fait appropriée pour accueillir des manifestations professionnelles ou sportives. Je pense notamment aux concours de dressage de chiens, à des rendez-vous de voitures anciennes, à des shows hippiques ou d'attelage.

Autour des gîtes, nous aménagerons un bassin de nage et un verger-potager, qu'il sera aussi possible de privatiser. Sans oublier le Centre d'Art contemporain, dans lequel nous espérons pouvoir accueillir de nouvelles expositions.

Votre mode de vie a-t-il changé depuis la reprise du château, ou poursuivez-vous en parallèle vos activités professionnelles ?

Diane et moi sommes Parisiens et y vivons une partie de l'année. Je suis entrepreneur dans l'immobilier. Diane est juriste et se consacre plutôt à l'organisation des événements culturels au château. Dès le jeudi soir, nous sommes sur place !

Notre volonté est véritablement de faire évoluer le modèle du château en le transformant en un outil de rayonnement culturel.

Y ALLER

CHÂTEAU DE TANLAY
2 GRANDE RUE BASSE
89430 TANLAY
T. 03 86 75 70 61
WWW.CHATEAUDETANLAY.FR

CENTRE-VAL DE LOIRE

ISAURE DE SAINTE-MARIE ET LE CHÂTEAU DE TROUSSAY

SMALL IS BEAUTIFUL !

Le plus petit château de la Loire, de style fin Renaissance, se cache dans un écrin de verdure et de vignes non loin de Cheverny, en Sologne. Il est bichonné par la dynamique arrière-petite-fille du comte Maurice Delamarre de Monchaux, qui l'acheta aux descendants de Louis de la Saussaye, l'un des pionniers de la conservation du patrimoine avec son ami, Prosper Mérimée. Ce lieu apaisant et comme hors du temps, agrémenté d'un vaste parc à l'anglaise, invite au lâcher-prise, loin de l'agitation du monde.

La construction du château de Troussay a débuté au milieu du 15e s. pour s'achever à la fin de ce même siècle. Alors simple gentilhommière de Robert de Bugy, écuyer de François Ier, l'édifice est agrandi et embelli à plusieurs reprises pour se transformer en petit château, notamment par l'ajout d'ailes de part de d'autre du corps de logis. Au 18e s., le domaine est vendu aux Pelluys, notables de Blois. D'héritage en mariage, il devient en 1828 la propriété de Louis de La Saussaye, qui va profondément marquer son histoire *(voir encadré p. 59)*. L'une des ailes, qui abrite le grand salon, est surélevée, tandis que les tours sont reconstruites sur les fondations de celles du 17e s. ; Louis de La Saussaye les coiffe de clochetons inspirés de son travail de restauration à Chambord. En 1900, Troussay est acheté par le comte Delamarre de Monchaux, dont Isaure de Sainte-Marie est l'arrière-petite-fille.

Qu'est-ce qui vous a décidé à vous occuper du château familial ?

Isaure de Sainte-Marie – J'ai passé une douzaine d'années au Mexique et en Argentine, où je travaillais dans les relations publiques. Je n'avais jamais vécu à la campagne. Troussay était la maison de ma grand-mère et une résidence secondaire. J'ai décidé de revenir en France par amour de son patrimoine, de sa culture et de notre art de vivre, autant de choses que le monde entier nous envie. J'avais aussi le désir de revenir aux sources.
Les débuts ont parfois été difficiles, mais moins que si j'avais dû intégrer une grande société parisienne, par exemple. Certains de mes amis et ma famille ont été un peu inquiets, mais tous ont vite compris à quel point c'était important pour moi.

Troussay est placé sous le signe des femmes, racontez-nous…

Le domaine a été vendu seulement deux fois depuis le 15e s., une fois en 1732, et une autre en 1900, quand ma famille l'a acheté. Le nom de ses propriétaires a souvent changé, parce que le château s'est transmis par les femmes. Par exemple, Louis de La Saussaye en a hérité de sa marraine, Mademoiselle de La Saussaye. Mon

La porte de la chapelle, provenant du château de Bury

LE CHEVERNY DE TROUSSAY

L'AOC DU CHÂTEAU

La viticulture à Troussay n'est pas une nouveauté : le domaine produisait déjà du vin à la Renaissance. Au 19e s., Troussay servait de pressoir à Cheverny. L'ensemble des raisins vendangés dans les exploitations alentour étaient déversés ici. Le pressoir ne s'est arrêté de fonctionner qu'en 1952.

L'aide de Philippe Teissier

Isaure de Sainte-Marie regrette le temps où un château vivait du produit de ses terres. Comme dans le domaine s'étendait encore une petite parcelle de vignes, elle a eu l'idée de proposer à ses visiteurs une cuvée spéciale, un vin rouge et un vin blanc classés AOC Cheverny et estampillés « Château de Troussay ». Pour ce faire, elle a reçu l'aide du plus grand vigneron de Cheverny et de Cour-Cheverny, Philippe Teissier, qui travaille en bio. Quant au pressoir d'époque, il est désormais exposé au musée de la Vie agricole et viticole, dans les communs.

La façade François Ier

ZOOM SUR

UN CHÂTEAU À DOUBLE VISAGE

L'une des particularités de Troussay est de présenter deux façades très différentes. Celle ouvrant sur la cour d'honneur, dite « façade François Ier », percée d'une magnifique porte ouvragée décorée d'une Vierge à l'Enfant, fait penser à Chambord avec ses incrustations d'ardoises dans les cheminées, une impression que renforcent les clochetons des tourelles d'angle. Donnant sur le parc à l'anglaise, la « façade Louis XII », réhabilitée au 19e s. par Louis de La Saussaye, présente quant à elle une allure générale encore marquée par le style gothique ; la tour en avancée, avec son treillis de briques rouges et noires, date du 19e s. Elle s'inspire de l'aile Louis XII du château de Blois.

UN DÉCOR RÉINVENTÉ

PATCHWORK ARCHITECTURAL

Au 19e s., Louis de La Saussaye se lance dans la rénovation et l'embellissement du château de Troussay. Défenseur passionné du patrimoine, il acquiert et sauve de la destruction de nombreux éléments décoratifs venant d'autres édifices. Le « marché de l'art » est alors encore alimenté par les spéculateurs de la « Bande Noire » : ceux-ci, profitant de la confiscation et du démembrement des biens du clergé et de la noblesse émigrée pendant la Révolution française, rachetaient à bas prix puis revendaient avec bénéfices châteaux et mobilier.

Un décor remarquable
Parmi la collection assemblée par Louis de La Saussaye, on distingue notamment des vitraux blésois du 16e s., ainsi qu'un chapiteau et une porte en bois sculptés provenant du château de Bury (Loir-et-Cher), un exceptionnel et immense édifice de style Renaissance démembré au 17e s. C'est l'assemblage de ces éléments qui fait l'originalité du décor de Troussay, sorte de réinvention architecturale mêlant les styles gothique et Renaissance.

« Je fais beaucoup de recyclage. Cela peut prendre des formes très diverses, comme des itinéraires dans le parc avec des statues recyclées. »

arrière-grand-père, le comte Maurice Delamarre de Monchaux, l'a acheté par amour pour son épouse Isore Hurault de Vibraye, afin qu'elle reste près du château de Cheverny où vivait sa famille. La propriété est passée ensuite à ma grand-mère, qui a fait amener l'eau et l'électricité, puis à mon père, et à moi. Ma mère a donné beaucoup d'âme au lieu et l'a ouvert au public. Troussay demeure très raffiné, très ouvert, très féminin. Son âme est, elle aussi, plutôt féminine.

Quels traits de votre personnalité avez-vous apportés à Troussay ?

Je fais beaucoup de recyclage. Cela peut prendre des formes très diverses, comme des itinéraires dans le parc avec des statues recyclées, ou des installations d'œuvres à partir de matériaux usagés. C'est à la fois dans l'esprit du château et ma passion. À Troussay, Louis de La Saussaye a ajouté des fragments de décors provenant d'édifices des alentours laissés en ruines, transformant le château en une sorte de patchwork d'époques et de styles. Étant moi-même passionnée par le réemploi, j'ai estimé que cela prolongeait en quelque sorte la particularité, voire l'identité de Troussay. Ainsi a-t-on réalisé des installations dans le potager en y mettant plein de choses pour agrémenter la promenade des visiteurs. On nous a fait don d'animaux empaillés, et on a organisé une exposition là-dessus.

À l'intérieur du château, quels sont les éléments dont vous êtes la plus fière ?

Il y a bien sûr toutes les pièces ajoutées par Louis de La Saussaye, en particulier du mobilier des 16e-18e s., certains plafonds peints, la cheminée de la salle à manger, de l'époque de François Ier, ainsi que la porte de la chapelle. En chêne massif, considérée comme l'un des plus beaux exemples de sculptures sur bois de la Renaissance, elle provient du château de Bury *(voir encadré ci-contre)* ; elle a rencontré un grand succès lorsqu'elle fut exposée au Japon, en 1972. Rivalisant avec celles de Chambord, elle a

La boutique vintage

LE MUSÉE DE SOLOGNE

UN PARFUM D'AUTREFOIS

Il occupe les deux ailes qui encadrent la cour d'honneur du château. Le petit musée de la Vie agricole et viticole a été recréé par Isaure de Sainte-Marie, aidé du vigneron Philippe Tessier et de l'Association des amis de Troussay. Il met en scène la collection présentée dans les années 1970 par la mère d'Isaure de Sainte-Marie, passionnée par la vie domestique aux 19e et 20e s.

Une immersion dans le passé
Dans les dépendances du château vivaient le personnel de ferme et les animaux, tandis que l'indispensable four à pain, le grenier à foin et l'écurie des ânes occupaient l'aile située à droite du corps de logis. Dans ces communs sont aujourd'hui évoqués l'histoire et le quotidien de cette communauté solognote vivant presque en autarcie, à travers un ensemble d'outils agricoles anciens. Y est aussi exposé le pressoir du 16e s. utilisé jadis par les vignerons des environs *(voir encadré p. 57)*.

La domesticité, jadis
L'exposition permanente évoque aussi la domesticité au 19e s. On y voit notamment une ancienne cuisine, et on découvre comment on apprenait à marcher aux enfants. Petits et grands visiteurs sont surpris de voir ou de revoir des objets qui ont beaucoup évolué, comme une machine à laver antédiluvienne !

« L'argent n'est pas essentiel. Même avec une vieille tour et un bout de terrain, on peut faire quelque chose de formidable ! »

fait l'objet de nombreuses thèses et études. Beaucoup de choses y sont représentées, des allégories et des scènes comme celle de la Passion du Christ. Tout est sculpté avec une finesse de détail renversante, comme les soldats ou les instruments de la Passion.

Avez-vous eu des déceptions ?

Le fait d'avoir dû couper le houx, vieux de 500 ans, qui trônait dans la cour d'honneur. La coutume en Sologne voulait que l'on plante ce type d'arbuste car ses épines étaient censées éloigner le mauvais sort. Comme il a été mal élagué, il était devenu creux à l'intérieur et pouvait présenter un risque. Nous avons dû le couper en 2013, mais il y a un rejet. J'ai envie d'y voir un signe de renouveau !

Quelles sont vos sources de revenus ?

Il y a les recettes des visites guidées, des visites avec dégustation de vins et de produits du terroir, celles de l'hébergement dans les chambres d'hôtes et les deux gîtes, ou cottages, dans le parc, ainsi que les revenus de la boutique et de la cafétéria au décor *vintage*. L'ambiance y est très agréable et reposante. Nous accueillons aussi des réceptions privées et des mariages.
L'idée n'est pas de se développer à tout prix, mais de parvenir à payer ce que l'on doit payer, simplement d'être heureux en somme.

Et quels ont été les effets de la crise sanitaire en 2020 ?

Les difficultés et les crises sont des défis qui permettent de se dépasser. Une crise n'a rien

de traumatisant. Elle permet de dénicher des talents ou des possibilités inenvisagées. Concrètement, il fallait passer l'été 2020. Comme il y avait moins de visites, on les a étoffées, on a réussi à les rendre plus attractives, plus qualitatives, plus humaines.

Avez-vous des conseils pour ceux qui voudraient se lancer dans une aventure de ce type ?

Aux jeunes qui viennent m'aider, je leur dis souvent : quand on ouvre un site, on se demande ce que veulent les gens. Au début, j'ai écouté les conseils de mes amis. Ils me proposaient de faire des choses sans lien avec ce que j'étais, ni avec les lieux. Puis, j'ai cherché ce qui me reliait intimement à Troussay. En fait, il faut se demander ce qui fait l'âme du lieu, ce qui fait écho en vous, ce qui répond à vos désirs. Ce que l'on transmet le mieux, c'est ce qui nous correspond. Ainsi, vous convaincrez des gens, qui seront heureux de découvrir les lieux. Je suis de

Le décor en treillis de briques rouges et noires de la façade donnant sur le parc à l'anglaise

plus en plus dans le juste : ma clientèle vient précisément chercher ce que j'offre, un endroit doté d'une âme, d'une personnalité, et pas un énième hébergement ancien de charme, tout confort, avec spa. Beaucoup de gens cherchent avant tout l'authenticité d'un endroit. Ils veulent être surpris. Certains pensent peut-être, comme moi, que le charme peut avoir un certain inconfort. L'argent n'est pas essentiel. Même avec une vieille tour et un bout de terrain, on peut faire quelque chose de formidable !

Y ALLER

CHÂTEAU DE TROUSSAY
12 ROUTE DE TROUSSAY
41700 CHEVERNY
T. 06 70 63 10 94
CHATEAUDETROUSSAY.COM

LOUIS DE LA SAUSSAYE, PROTECTEUR DU PATRIMOINE

Érudit, historien des châteaux de la Loire et numismate, Louis de la Saussaye (1801-1878) a occupé les fonctions de directeur des Académies de Lyon et de Poitiers. Grâce à la fortune de son épouse, il a pu se consacrer à l'étude, sillonner le monde et constituer une riche collection d'œuvres d'art. Sauveur du château de Blois et ayant participé à l'assèchement des marais et à l'assainissement de la Sologne, il a laissé une abondante bibliographie et de précieuses archives. Il a notamment échangé de nombreuses lettres avec son ami Mérimée, dont il partageait la passion pour la préservation et la protection du patrimoine. Propriétaire de Troussay à partir de 1828, il s'est consacré pendant 50 ans à la restauration du château qu'il a doté d'éléments de décor provenant d'autres édifices, et a fait dessiner le grand parc à l'anglaise planté d'essences variées. Il est aussi à l'origine du développement de la viticulture dans le domaine… créant un vin que Mérimée jugeait « dégoûtant » !

ÎLE-DE-FRANCE

ALEXANDRE, JEAN-CHARLES ET ASCANIO DE VOGÜÉ

TROIS FRÈRES À VAUX-LE-VICOMTE

En 1875, le château de Vaux-le-Vicomte est à l'abandon depuis plusieurs décennies. L'industriel Alfred Sommier ne peut se résoudre à voir disparaître ce monument du patrimoine français. Il l'achète aux enchères et, durant plus de trente ans, engloutira une fortune pour le réhabiliter et le remeubler. Ses descendants directs sont aujourd'hui propriétaires du château.

En 1967, Patrice de Vogüé reçoit de son père le château de Vaux-le-Vicomte en cadeau de mariage. Dès l'année suivante, il l'ouvre à la visite, point de départ d'un succès populaire qui comptabilise aujourd'hui plus de 300 000 visiteurs par an. Depuis la mort de Patrice de Vogüé en 2020, son fils Alexandre préside désormais aux destinées de la demeure familiale avec ses deux frères, Jean-Charles et Ascanio.

Avez-vous toujours pensé que vous étiez destiné à gérer un jour le château ?

Alexandre de Vogüé – Loin de là. Nos parents nous ont laissé une relative liberté à partir du moment où nous avions le bac et étions passables dans certaines études supérieures. Même s'ils n'ont pas été du tout d'accord avec mon orientation professionnelle de guide de haute montagne, ils m'ont laissé la liberté d'exercer ce métier. Il n'y a jamais eu aucune pression. En fait, mon père n'a jamais partagé le château avec nous, il nous en parlait peu, ne nous a jamais pris par la main pour nous emmener sur un chantier ou chez un antiquaire. C'était un pessimiste profond qui voyait l'avenir des monuments historiques d'un regard sombre. En fait, il avait peur que nous nous lancions dans ce genre de carrière.

> « En tant que responsable du mécénat, je me suis aperçu que l'image d'un châtelain habitant encore sa demeure fait vibrer la corde romantique des donateurs. »

Château de Vaux-le-Vicomte, du côté de la cour d'honneur

FOUQUET, LE CRÉATEUR DE VAUX

LA CHUTE DE L'ÉCUREUIL

Nicolas Fouquet achète le fief de Vaux en 1641. C'est alors un jeune parlementaire de 25 ans. Fidèle à Louis XIV durant la Fronde, protégé de Mazarin, il devient surintendant des Finances en 1653. Il commence à accumuler une fortune considérable et devient l'homme le plus riche de France. Également mécène, il soutient Corneille, Molière, La Fontaine… *Quo non ascendet ?* (Jusqu'où ne montera-t-il pas ?) : Fouquet affiche sa devise avec l'écureuil qui frappe son blason. La chute sera brutale… Le 17 août 1661, Fouquet convie le roi à une fête grandiose dans son château de Vaux. La petite histoire raconte que le souverain en prit ombrage. En réalité, le sort du surintendant était scellé depuis plusieurs mois par les intrigues de Colbert. Le 5 septembre, il est arrêté. Accusé de détournement de fonds publics, il est condamné au bannissement par les juges le 21 décembre 1664. Le roi, mécontent du jugement, use de son droit de véto pour changer la sentence en détention à perpétuité. Il meurt dans la forteresse de Pignerol en 1680. Une légende en a fait l'homme au masque de fer, qui fut également détenu à Pignerol.

Le grand salon au plan ovale, actuellement en restauration

LE PRÉCURSEUR DE VERSAILLES

VAUX-LE-VICOMTE

Nicolas Fouquet entreprend la construction de Vaux-le-Vicomte en 1653, l'année à laquelle il accède à la fonction de surintendant des Finances. Trois fées vont se pencher sur le chantier, les trois sommités du Grand Siècle : Le Vau l'architecte, Le Nôtre le jardinier, Le Brun le peintre. Durant cinq ans, 18 000 ouvriers travaillent sur le chantier, trois villages sont rasés, un atelier de tissage est créé dans le village voisin. Après l'arrestation de Fouquet, l'atelier sera transféré à Paris et deviendra la Manufacture des Gobelins. Le résultat est sans précédent : un corps de logis d'un seul tenant, entouré de douves, et dominé par une coupole qui recouvre le grand salon d'apparat – une innovation venue d'Italie. Le tout dominant les perspectives du magistral jardin. Vaux-le-Vicomte dépasse alors en splendeur les demeures royales de Fontainebleau et de St-Germain-en-Laye. Versailles n'était pas encore construit. En 1705, la veuve de Fouquet vend le château au maréchal de Villars. En 1763, Vaux devient la propriété du duc de Praslin qui le transmet à ses héritiers. En 1847, Paris s'émeut d'une sordide affaire : la duchesse de Praslin est assassinée chez elle. Accusé du meurtre et arrêté, le 5e duc de Praslin se suicide dans sa cellule. Après ce drame, le château est laissé dans un total abandon jusqu'à son acquisition par Alfred Sommier en 1875.

EN 2018 : ATTAQUE SUR LES JARDINS

FAIRE FACE À LA PYRALE

En 2018, le domaine de Vaux-le-Vicomte subit une attaque massive de la pyrale du buis. « Il y en avait partout, on les entendait manger » se souvient un jardinier du château. Il fallut se résoudre à arracher plus de 200 000 pieds de buis. Parmi eux, ceux qui composaient les broderies du parterre des Boulingrins, au pied du château. L'année suivante, ils sont remplacés par une installation de Patrick Hourcade, les Rubans Éphémères, constituée de 390 plaques d'aluminium de tailles et d'inclinaisons différentes qui réfléchissent la lumière du ciel. Cette réalisation n'est destinée qu'à durer tout au plus cinq ans, le temps que la famille de Vogüé imagine un nouveau dispositif. Faut-il restituer les buis à l'identique ? Introduire de nouvelles espèces comme on a pu le faire à Chambord ? Confier les parterres à des designers ou des paysagistes, dans une démarche artistique plus contemporaine ? À la table familiale, les avis sont partagés...

01

02

01. Nettoyage des statues du jardin
02. Restauration de la coupole peinte du grand salon

Enfant, vous viviez au château ?

Mon frère et moi sommes nés en 1968, l'année de l'ouverture au public. Pendant quatre ans nous avons habité les salons du premier étage du château. Le soir, ils étaient à nous mais il fallait ranger les jouets pour accueillir les premiers visiteurs à 10h du matin. C'est pourquoi mes parents ont rapidement pris la décision d'aménager les communs pour s'y installer. Mais mes plus grands souvenirs d'enfant remontent à la période où nous avons commencé à faire du vélo, à construire des cabanes dans la cour de récréation gigantesque qu'était le parc, le long des allées et du grand canal.

Vous continuez d'habiter le domaine ?

Oui ! Dans les communs avec mon épouse, et ma mère dans une aile distincte. Mon frère jumeau habite le village contigu au domaine, mon troisième frère vit à Paris. Une présence familiale, c'est important. D'abord pour des raisons de sécurité : un propriétaire a un regard qu'un employé n'a pas. Autre raison : en tant que responsable du mécénat, je me suis aperçu que l'image d'un châtelain habitant encore sa demeure fait vibrer la corde romantique des donateurs. Enfin, notre présence sur place donne au château une atmosphère familiale qu'on ne trouve pas dans un château public. Les visiteurs y sont très sensibles.

Que vous a laissé votre père de son action à la tête du domaine de Vaux-le-Vicomte ?

Mon père a été plus un visionnaire qu'un entrepreneur. Il a été avant-gardiste dans la façon d'appréhender la gestion d'un monument historique, avec la création des soirées aux chandelles, d'un restaurant, d'une boutique, ce qui était assez en avance sur son temps. Il s'est posé la question de savoir comment faire vivre un monument historique.

Aujourd'hui, comment se répartissent les revenus du château ?

La moitié provient de la billetterie : les visiteurs sont nos premiers mécènes. Le reste se répartit à parts égales entre le restaurant, les événements et le mécénat. La restauration, avec 2,5 millions d'euros de chiffre d'affaires, est en croissance : les Français, comme les étrangers, sont friands de l'art de vivre à la française et nous avons mis en place plusieurs formules – restaurant gastronomique aux chandelles, bar à champagne... Le mécénat provient de donateurs français – parmi lesquels une majorité de

Le château et les parterres du jardin à la française, ornés des Rubans Éphémères par Patrick Hourcade

LES RENDEZ-VOUS DE VAUX

CHASSE AUX ŒUFS
WEEK-END DE PÂQUES : LA PLUS GRANDE CHASSE AUX ŒUFS DE FRANCE, AVEC UN CONCOURS RÉCOMPENSANT LES MEILLEURS CHASSEURS.

JOURNÉE GRAND SIÈCLE
MI-JUIN : LE GRAND RENDEZ-VOUS ANNUEL DU CHÂTEAU ! DANSES BAROQUES ET MOUSQUETAIRES, AU MILIEU DES VISITEURS INVITÉS À SE COSTUMER.

SOIRÉE AUX CHANDELLES
TOUS LES SAMEDIS DE JUILLET À SEPTEMBRE : UN MOMENT FÉERIQUE DANS LES JARDINS ILLUMINÉS DE 2000 BOUGIES, ET FEU D'ARTIFICE FINAL.

ILLUMINATIONS DE NOËL
DE MI-OCTOBRE À DÉBUT JANVIER : MISE EN LUMIÈRE DU CHÂTEAU ET DES JARDINS.

PME de notre territoire – et américains. Je suis persuadé qu'il y a encore un gros potentiel à exploiter en Europe ou du côté de l'Asie. Nous avons mis en place un nouveau type de mécénat qui consiste à proposer au public d'adopter un élément du château, un arbre du jardin, une pendule, une statue… Le don permettra sa restauration et le mécène pourra y attacher son nom.
Quant à l'événementiel – mariages, tournages… –, c'est un secteur qui est soumis à beaucoup d'aléas et n'offre pas beaucoup de visibilité d'une année sur l'autre.

Certains événements "people" organisés au château ont fait le buzz… Avez-vous dû répondre à des demandes extravagantes ?

Je me souviens du mariage d'un astronaute américain. Sa mère ne pouvant se déplacer, il avait fait construire un robot lui ressemblant, avec qui il avait descendu l'escalier. Le tout filmé en direct et envoyé aux États-Unis…

Innover, c'est important ?

Il faut toujours se renouveler, offrir un contenu excitant. Aujourd'hui les visiteurs sont exigeants. On est loin du temps où l'on venait simplement visiter un château ou des jardins. Il faut des événements. La technologie est là pour permettre de transmettre les connaissances en racontant une histoire. C'est ainsi que nous avons mis en place un parcours scénarisé en son 3D, une technologie qui permet une extraordinaire immersion sonore. Les voix des comédiens ont été enregistrées dans les pièces du château pour capter les grincements des parquets, et en costume pour entendre le bruissement des étoffes. De même, la restauration du grand salon permettra d'y projeter les dessins préparatoires qu'avait conçus Le Brun, mais jamais réalisés. L'alliance de la technologie et du patrimoine, ça paie !

« Nous avons mis en place un nouveau type de mécénat qui consiste à proposer au public d'adopter un élément du château, un arbre du jardin… »

La crise sanitaire a-t-elle été une occasion de se remettre en question ?

Avec la mise en chômage partiel de nos jardiniers, mon frère et moi avons enfourché les tondeuses et les débroussailleuses. Cela nous a conduits à repenser notre gestion du jardin en nous réappropriant des tâches que nous déléguions jusque-là à des entreprises extérieures, comme la tonte. Un changement accueilli très favorablement par nos

LES PROCHAINS GRANDS TRAVAUX

HISTOIRE D'EAU

Après la restauration du grand salon, les propriétaires de Vaux-le-Vicomte vont s'attaquer aux fontaines. Il reste aujourd'hui 20 bassins sur les 36 dessinés par Le Nôtre. Ils ont conservé leur système d'alimentation hydraulique fonctionnant par gravité : l'eau stockée dans les parties hautes du domaine est libérée vers les fontaines. Le temps de remplissage des réservoirs par la pluie et les sources peut prendre jusqu'à 10 jours, mais cela ne permet qu'environ 6 heures de fonctionnement des fontaines. Résultat, les jets d'eau ne fonctionnent qu'un peu plus d'une heure, le week-end. « Le jardin est un peu mort, même s'il y a beaucoup à voir » admet Alexandre de Vogüé. « Faire fonctionner les fontaines en continu pendant les horaires d'ouverture changerait l'atmosphère des jardins. » Le projet est de puiser l'eau du grand canal à l'aide d'une pompe puis de la redistribuer vers les fontaines. Mais l'aval de la DRAC est indispensable, comme pour tout site classé Monument historique. Puis viendra la collecte des fonds, principalement auprès de mécènes, qui prendra 2 ou 3 ans, estime Alexandre de Vogüé.

La Chambre du Roi

jardiniers qui sont désormais responsables de l'ensemble du travail sur le domaine. De même, nous disposions déjà d'une billetterie en ligne, mais les contraintes sanitaires ont rendu obligatoires la réservation préalable dans un créneau horaire. Nous conserverons ce principe qui a un double avantage : pour les visiteurs, ne plus avoir à faire la queue, et pour nous, une meilleure gestion des flux du public. Beaucoup de demeures privées se sont converties à la billetterie en ligne à l'occasion de cette crise.

Vous appartenez à une lignée qui a compté des académiciens, des scientifiques, des diplomates, des résistants… Cela inspire-t-il votre gestion du château ?

Non, je n'ai pas cette conscience du caractère parfois exceptionnel de certains de mes ancêtres… Ce n'est pas une pression pour moi. Je conduis mon activité du mieux que je peux, en tentant de mener le château dans la vie d'aujourd'hui, tout en restant digne de l'endroit et du travail qu'y ont accompli mes prédécesseurs.

C'est un débat que nous avons constamment en famille : il ne faut surtout pas transformer Vaux-le-Vicomte en parc d'attractions, malgré les sirènes du marketing et des financiers.

Y ALLER

CHÂTEAU DE VAUX-LE-VICOMTE
77950 MAINCY
T. 01 64 14 41 90
WWW.VAUX-LE-VICOMTE.COM

Château de Meung

2

LES NÉO-CHÂTELAINS

UN CHOIX DE VIE

Rien ne les prédisposait à devenir châtelain, sinon les aléas de la fortune. Et de la fortune, souvent, ils n'en ont pas… Mais la poursuite d'un rêve d'enfant, le coup de foudre pour un manoir abandonné apparaissant au détour d'un chemin, ou l'improbable héritage d'un parent fantasque, et les voilà avec une demeure anachronique et démesurée sur les bras… Si leur parcours diffère, les interrogations que suscite la responsabilité d'un monument chargé d'histoire sont souvent les mêmes : que faire d'une telle bâtisse ? Comment y vivre ? Comment l'entretenir ? Comment lui redonner un sens ? On multiplie alors les expériences : ouverture au public, réceptions, chambres d'hôtes, animations, projets associatifs… Car une évidence s'impose : ces demeures exceptionnelles ont été conçues pour un mode de vie collectif. Si, à une époque plus récente, certains ont pu vouloir vivre en reclus dans leur château, ce temps est révolu, en raison de la charge financière, bien sûr, mais aussi pour des raisons sociétales : le château constitue l'épicentre d'une commune, ou d'une région, et porte son identité au point d'en partager souvent le nom. Pour les néo-châtelains, les châteaux ne sont plus une résidence secondaire ou un élément de pouvoir, mais un outil de valorisation des territoires.

Sophie, François et Marie Kerekes

HAUTS-DE-FRANCE

FRANÇOIS KEREKES

ARMENTIÈRES-SUR-OURCQ, LE MÉDIÉVAL DANS LE SANG

Né dans le Puy-de-Dôme, François Kerekes est fasciné depuis l'enfance par les châteaux forts en ruine, longtemps côtoyés lors de vacances en Auvergne dans la vallée de la Sioule. Le rêve devient réalité en 2004, lorsqu'il rachète, dans le Nord de la France, le château d'Armentières-sur-Ourcq, une forteresse en partie ruinée de la fin du 13ᵉ s. Débute alors, pour la restaurer, un parcours semé d'embûches, mais aussi jalonné de belles surprises comme l'obtention en 2018 du Loto du Patrimoine. Pour lui, son épouse et leur fille Marie, le combat se poursuit.

À quoi tient une passion pour le patrimoine ? Si pour d'autres il s'agit d'une flamme héréditaire, ce n'est pas le cas de François Kerekes. Pas de château dans son entourage… Son virus à lui remonte à l'enfance, lorsqu'il passait ses grandes vacances en Auvergne dans le village familial. « J'allais chaque année dans les Combrailles. J'ai toujours été fasciné par les châteaux de la vallée de la Sioule », se souvient François Kerekes.

SOUVENIRS D'ENFANCE…

L'une de ces forteresses, en particulier, l'intrigue : Château Rocher. « Cette ruine m'impressionnait. Elle était romantique et fantasmagorique. Elle ressemble beaucoup au château d'Armentières. » Nous y voilà… Enfoui au plus profond de lui-même pendant ses longues études – il est médecin généraliste –, le germe resurgit subitement à 42 ans lors de vacances dans les Pyrénées. « Il pleuvait. J'achète *Le Figaro,* et en regardant les petites annonces, je tombe sur la vente du château d'Armentières. J'appelle mais on me dit qu'il y a déjà un acquéreur. » Déçu, il se remet de cette occasion ratée lorsque, quelques jours plus tard, le vendeur le recontacte : la vente ne s'est pas faite !
« Là, je suis tout de suite parti le voir. Et je lui ai trouvé immédiatement beaucoup de cachet, avec un gros travail de restauration

Le domaine d'Armentières, témoin de son passé agricole

à entreprendre. » Ce qui pour beaucoup aurait pu constituer un fardeau est au contraire une motivation pour François Kerekes. « Je ne voulais pas de château pour m'installer avec mes charentaises. Je souhaitais pouvoir rénover, en sachant que cela allait être dur... mais peut-être pas autant », concède-t-il. On est en 2004 et, pour 140 000 €, le voilà propriétaire.

Dès lors commence l'habituel parcours du combattant des détenteurs de patrimoine... avec les galères liées à la méconnaissance du milieu. Il a confirmation que le château doit sa grande fragilité à sa construction dans un creux, les pieds dans l'eau. L'humidité sape les fondations calcaires de l'ouvrage. Il s'attelle donc, dès 2005, à faire réaliser des travaux de drainage. C'est un échec. « Cela a été mal défini, mal préparé, mal exécuté. J'étais novice et sans architecte », avoue-t-il sans ambages.

« Je ne voulais pas de château pour m'installer avec mes charentaises. Je souhaitais pouvoir rénover, en sachant que cela allait être dur... »

2013, UNE TOURELLE CHUTE

La DRAC et le département de l'Aisne sont pourtant derrière lui. La première subventionne ses travaux à hauteur de 50 %, la seconde à 30 %. « Ils m'ont beaucoup aidé. On a toujours été sur la même longueur d'onde, à savoir que si on ne faisait rien maintenant, on ne ferait plus rien dans 10 ans ». Les chantiers d'urgence s'enchaînent : maçonnerie, sauvetage du pilier central des cuisines médiévales, toitures, restauration de portes... En 2013, c'est le choc. Une tourelle de la façade sud s'effondre, entraînant dans sa chute les deux tiers de cette façade Renaissance. « À partir de ce moment-là, on est passé à une autre échelle de travaux », se rappelle François Kerekes. Entre-temps, il a engagé un architecte du patrimoine pour organiser la restauration. De 500 000 € de réparations engagés au total depuis 2004, dont 30 % financées par le propriétaire, les devis vont passer à six chiffres voire à sept ! « Pour le chantier des charpentes et de la couverture du Grand Logis, on atteint 1,1 million

CHEF-D'ŒUVRE EN PÉRIL

TOUT COMTE FAIT

Avant son acquisition par François Kerekes, le château d'Armentières aurait pu tout à fait se prévaloir du titre de « Chef-d'œuvre en péril », tant son état était dégradé. C'est d'ailleurs pour cela que, dans les années 1960-1970, l'équipe de tournage de cette émission culte de l'ORTF vint poser ses caméras dans l'Aisne.

L'un des réalisateurs s'appelait M. Pelée de Saint-Maurice. « Je suppose que c'est à l'occasion du tournage qu'il est tombé amoureux du château », imagine François Kerekes. Toujours est-il qu'il l'acheta à la famille de cultivateurs qui l'occupait alors. Il en resta propriétaire de 1971 à 1988. « On m'a raconté que c'était un personnage un peu fantasque. Il a surtout conduit des travaux d'habitabilité, installant des parquets et du chauffage, menant à bien des chantiers de plomberie. Apparemment, il se serait ruiné avec ça et il est mort tout seul au château... dans la chambre que j'occupe aujourd'hui ! », souffle François Kerekes.

Le donjon en travaux

ZOOM SUR

UN DESTIN TOURMENTÉ

Situé sur la commune d'Armentières-sur-Ourcq, dans l'Aisne (entre Château-Thierry et Soissons), le château forme un ensemble médiéval pittoresque de 95 m de long sur 35 m de large. Édifié en 1297 sur ordonnance des chevaliers d'Armentières, il arbore encore de nombreux éléments architecturaux propres à cette période : échauguettes, mâchicoulis, meurtrières et bretèches. Le Grand Logis quadrangulaire, cerné par quatre tours, est la partie bâtie la plus ancienne. Après avoir appartenu à différents nobles de la région, le château devient au 15e s. la demeure de Jean II Juvenal des Ursins, archevêque de Reims qui eut la charge de sacrer le roi Louis XI et de présider le procès en réhabilitation de Jeanne d'Arc. En 1620, la demeure est mise en fermage. Ce nouveau destin va perdurer jusqu'en 1975 et lui permettra d'échapper à la spoliation lors de la Révolution, le château ne présentant plus d'attributs de domination féodale. Au fil des siècles, ses pierres ont souffert toutefois d'un manque d'entretien et de nombreux éléments ont été détournés par les habitants pour le tracé des chemins et la rénovation des maisons.

UN LOTO TANT ATTENDU

RÉNOVATION DANS L'IMPASSE

Afin de s'ouvrir à d'autres modes de financement, François Kerekes a multiplié les démarches. Son projet est ainsi arrivé jusqu'aux oreilles de la Mission Stéphane Bern, créée en 2018 pour financer des opérations de rénovation de demeures historiques, au travers du Loto du Patrimoine. Bonne pioche ! Dès la première année, le château d'Armentières-sur-Ourcq est lauréat, avec une allocation de 41 000 € pour la rénovation du Grand Logis.

Coup de projecteur

« C'est extrêmement positif. Stéphane Bern et Emmanuel Macron ont eu une excellente initiative. J'ai d'ailleurs été reçu au palais de l'Élysée, c'était une grande journée pour le patrimoine, avec un coup de projecteur très utile sur les projets des uns et des autres », se félicite François Kerekes. Enfin un montant à la hauteur des enjeux, serait-il tenté de dire, alors que le financement participatif, qu'il encourage aussi, est plutôt réservé aux petits travaux. Sauf que le versement des 41 000 € est conditionné à l'exécution d'un chantier de 1,1 million d'euros, pour lequel il lui reste encore 400 000 € à trouver (la DRAC est disposée à mettre 60 % du montant total, soit 660 000 €). « Pour l'instant, je suis un peu bloqué », avoue François Kerekes. À moins de trouver un mécène pour compléter la somme...

d'euros. » C'est hélas le moment que choisit la DRAC pour baisser sa contribution de 50 % à 40 %, tandis que le département de l'Aisne, « l'un des plus pauvres de France mais avec beaucoup de châteaux », précise François Kerekes, est contraint de réserver ses subventions aux seuls monuments historiques publics. « Cette décision m'a conduit à aller chercher d'autres sources de financement. » En ligne de mire, des plateformes de financement participatif et des sites de gestion de projets patrimoniaux, comme Dartagnans et Adopte un château. La première lui permet d'engranger 4 370 € en 2018-2019 pour des travaux d'urgence. Mais cela ne comble pas les besoins de fonds pour les gros chantiers.

UNE VIE À RISQUES

Vient en 2018 le Loto du Patrimoine dont François Kerekes est l'un des lauréats *(voir encadré ci-contre)*, mais cela ne suffit toujours pas à financer le budget de rénovation du Grand Logis. Aujourd'hui, même s'il regarde du côté du mécénat, il reconnaît être à l'arrêt. Après avoir réceptionné au printemps 2021 les travaux du gros donjon et de la tour-escalier Renaissance (350 000 €), il éprouve le besoin de souffler. « Tout cela est fatigant », confesse-t-il. Une forme d'amertume ? « À ce stade, je pense que je n'aurais pas pu ne pas m'engager dans ce projet. Sinon, j'aurais raté ma vie », jure-t-il.

Il convient toutefois que celle-ci est devenue à risques... « Mon épouse est tombée lors d'un chantier, elle a fini aux urgences. Moi-même, je me suis sévèrement coupé avec une tronçonneuse et j'ai été mordu plusieurs fois par des serpents en débroussaillant. On met sa vie en danger ! » Sa femme, présente depuis le début à ses côtés, « n'a pas voulu que nous achetions ensemble. Elle a plus les pieds sur terre que moi », sourit François Kerekes.

PRUDENCE ET SENS DES RÉALITÉS

Lui admet être plus rêveur, une manière peut-être de ne pas voir les difficultés. Et il continue de se passionner pour son château, tentant de trouver des réponses aux questions qu'il se pose. « Pourquoi a-t-on construit un château si grand dans un si petit village ? Pourquoi l'avoir bâti dans un creux d'eau ? », s'interroge-t-il.

> « Je me suis sévèrement coupé avec une tronçonneuse et j'ai été mordu plusieurs fois par des serpents en débroussaillant. On met sa vie en danger ! »

Cette demeure, dont seuls 100 m² sont habitables sur les 2 500 m² de surface, c'est peut-être Marie, l'aînée de ses trois filles, 27 ans, qui va en assurer la relève et réussir à lui trouver une vocation. Car les institutions locales ont déjà soufflé à l'oreille de François Kerekes qu'il serait bon de lui trouver une fonction.

« Je réfléchis avec mes parents aux possibilités de proposer des activités. La chose parfaite serait que le château soit autonome et s'autofinance », dit la jeune femme, bercée dès l'enfance par des rêves de princesse. Mais pas facile de trouver la bonne idée pour une bâtisse ruinée dans un département peu touristique, même si celui-ci n'est qu'à une heure de Paris. Installée justement dans la capitale, Marie Kerekes, chercheuse-enseignante en marketing, s'est attachée à organiser la communication du château sur les réseaux sociaux.

Si une bonne âme s'apercevait ainsi de son charme au point d'y investir, elle ferait une famille heureuse. Avis aux amateurs...

Y ALLER

CHÂTEAU D'ARMENTIÈRES
4 RUE DU CHÂTEAU
02210 ARMENTIÈRES-SUR-OURCQ
T. 06 12 56 04 62
CHATEAUDARMENTIERES.BLOGSPOT.COM
OU
WWW.FACEBOOK.COM/CHATEAUDARMENTIERES
–
VISITE SEULEMENT SUR RENDEZ-VOUS

NORMANDIE

SOPHIE-ISABELLE ET ERWAN LE GOUZ DE SAINT-SEINE

COMMENT VIVRE DE L'AUMÔNERIE

Ils en avaient rêvé, ils l'ont fait. En achetant en 2018 le manoir de l'Aumônerie, dans le Parc naturel régional des Boucles de la Seine normande – leur région d'origine –, le jeune couple a assouvi sa passion pour les demeures historiques. Avec un projet clair : quitter Paris direction la Normandie, pour y vivre en famille et créer des gîtes afin de valoriser leur bien. Attributaires d'une dotation de la mission Bern, début 2021, pour la rénovation d'un pressoir destiné à l'accueil d'événements, ces propriétaires-gestionnaires sont en passe de gagner leur pari.

01

À quoi tient un destin ? Pour Erwan et Sophie-Isabelle Le Gouz de Saint-Seine, il est forgé par un évènement qui en général ne s'oublie pas : leur mariage. En convolant en 2009 dans l'abbatiale de St-Georges-de-Boscherville, près de Rouen, le couple consacre le lien avec le prêtre de la paroisse. Près de dix ans plus tard, ce prélat les informe qu'un monument historique est à vendre dans la commune : le manoir de l'Aumônerie. « Nous avions toujours eu un fantasme, celui de posséder une belle demeure pour la restaurer », confie Erwan Le Gouz de Saint-Seine.

UN PROJET DE VIE

Originaires tous deux de la région rouennaise, Erwan et Sophie-Isabelle vivent alors à Paris pour raisons professionnelles. Mais ils comptent bien revenir s'installer un jour en Normandie. « Le lieu m'a tout de suite séduit. La situation, le manoir du 13e s., les anciens bâtiments agricoles... tout cela correspondait au désir que nous avions d'avoir des gîtes et de réaliser notre projet de vie », raconte Sophie-Isabelle, maman de deux fils aujourd'hui âgés de 5 et 2 ans.

Cette fibre patrimoniale, ils l'ont dans leurs gênes depuis longtemps. À l'intérêt pour les « vieilles pierres » avancé par Erwan, Sophie-Isabelle y ajoute « quelques exemples, autour de nous, d'oncles et de tantes qui possédaient des propriétés de ce type et que nous avions toujours trouvées très agréables ». Mais jouir sans contrainte

02

01. Le manoir et la chapelle
02. Le chenil et la longère

de ce domaine perché dans les bois au-dessus de l'abbaye de St-Georges-de-Boscherville – « l'hiver, on voit la Seine » se réjouit Erwan – ne va pas de soi. Il faut d'abord songer à restaurer la propriété, tout en pensant aussi à la valoriser. « Nous savions dès le départ qu'il était impératif d'y développer une activité économique pour la financer. Ce n'était pas avec mon salaire de cadre dans la logistique qu'il était possible d'y arriver » avance, lucide, Erwan. Au moment du rachat en 2018, le manoir était une résidence secondaire, aux mains des

800 ANS D'HISTOIRE

ET QUELQUES MYSTÈRES...

Situé dans une boucle de la Seine, en aval de Rouen, le manoir de l'Aumônerie rassemble des bâtiments datés du 12e au 17e s. D'après un recueil de chartes de l'abbaye voisine St-Georges-de-Boscherville, le terrain sur lequel est bâtie la demeure fut donné au milieu du 12e s. par Henri II Plantagenêt, roi d'Angleterre, à son chambellan qui la vendit aussitôt aux moines de l'abbaye. La suite est plus trouble... Les Templiers, installés au Val de la Haye, ont-ils aménagé là, en 1214, une ferme-manoir pour étendre leur commanderie ? Les moines bénédictins ont-ils cédé, ou perdu, le domaine au 13e s. avant le récupérer au 15e s. ? Des écrits évoquent une « Maison des Templiers », tandis que la propriété porte le nom d'« Aumônerie » du 15e au 18e s. Une chapelle consacrée à saint Gorgon y est aussi élevée en 1500.

De ferme en villégiature

À la Révolution, la propriété est confisquée, puis reprise par des particuliers qui relancent l'activité agricole. Dans les années 1960, les terres sont vendues au fur et à mesure et l'exploitation s'arrête. Le manoir est racheté en 1970 et transformé en résidence secondaire. Il est ensuite acquis en 2018 par le couple Le Gouz de Saint-Seine. Depuis, hôtes de passage et visiteurs peuvent découvrir le jardin médiéval et la chapelle, ainsi que le logis, le pressoir, le fournil, le chenil, la crémerie, la longère et la charreterie.

Le salon du manoir

> « L'hiver dernier, nous avons aussi accueilli une clientèle individuelle professionnelle, une présence liée à la mise au vert de salariés en télétravail durant la pandémie. »

mêmes propriétaires depuis 50 ans. En 2017, l'incendie du pressoir – « la goutte de trop », selon Erwan – les avait décidés à vendre. Le jeune couple – chacun a alors 32 ans – s'attelle à la tâche. Il vend son appartement parisien et emménage sans délai « dans une dépendance, car le manoir n'était pas convenablement équipé ». Des travaux de toiture et d'assainissement sont engagés en urgence et un chantier est lancé en même temps pour aménager deux gîtes, dans l'ancienne crémerie et la grange à colombages du manoir. Le premier ouvre à l'été 2019. Le second en mai 2020.

LE PARI RÉUSSI DU TOURISME

Le choix du tourisme n'est pas anodin. Le couple a réalisé lui-même son étude de marché et est convaincu que la position du manoir, « à équidistance de Giverny, Étretat et Honfleur, sur la route des abbayes des bords de Seine » précise Sophie-Isabelle, leur ouvrira les portes d'une fréquentation soutenue. « Nous sommes aussi au cœur du Parc naturel régional des Boucles de la Seine normande, dans une région-marque connue dans le monde entier, à 1h30 de Paris. Et les monuments du 13e s. offrant des gîtes haut de gamme sont rares ici », justifie aussi Erwan.

Après deux ans d'activité, les résultats semblent leur donner raison. De mi-juin à mi-septembre, la clientèle des gîtes est majoritairement étrangère. Ce sont en priorité des Allemands, des Belges, des Anglais et des ressortissants d'Europe du Nord. Au printemps et à l'automne, place aux Parisiens pour des week-ends. « L'hiver dernier, nous avons aussi accueilli une clientèle individuelle professionnelle, une présence liée à la mise au vert de salariés en télétravail durant la pandémie », ajoute Erwan.

Bilan : entre 150 et 170 nuits sont louées par an et par gîte, et le remplissage est quasi total l'été, grâce à Booking.com et d'autres plateformes de réservation. « Avec deux gîtes, nous sommes à l'équilibre », précise Erwan, qui a conservé son emploi dans l'Est parisien et s'y rend deux à trois fois par semaine. Le reste du temps, il télétravaille.

RESTAURATION

LA MISSION BERN PORTE LE PRESSOIR

Un bâtiment brûlé au milieu d'une propriété, cela fait tache. Détruit par un incendie en 2017, le pressoir ne pouvait « pas rester dans cet état », commente Erwan Le Gouz de Saint-Seine. « Dès l'achat du manoir, nous avons été intéressés par la mission Bern pour en financer la restauration. » Le premier dossier, déposé en 2019, n'est pas assez abouti. Celui établi en 2020, en revanche, convainc le jury.

« Nous avons été beaucoup aidés par la Fondation du patrimoine de Normandie et l'ancien architecte des Bâtiments de France. La rencontre avec un charpentier spécialiste a été également déterminante. » La bonne nouvelle tombe

en janvier 2021 : la mission Bern a permis de collecter 187 000 € ! Une manne importante, mais pas suffisante pour réhabiliter l'ensemble du pressoir : le coût de la rénovation atteint près de 500 000 €. Les Saint-Seine obtiennent 53 000 € de la DRAC et 13 000 € grâce à du mécénat. Le reste sera financé par un emprunt bancaire.

Dédié à la location pour des événements professionnels et privés, le pressoir devrait aussi devenir « un lieu culturel proposant des expositions d'artistes ». Cela tombe bien. Avant de s'occuper du manoir à plein temps, Sophie-Isabelle travaillait dans le secteur événementiel et culturel.

Les fresques de la chapelle

01

02

01. Le manoir, les bâtiments annexes et le jardin de buis
02. Le chemin d'eau du jardin médiéval

« En gardant mon activité, nous avons évité de jouer les têtes brûlées. Mais un jour peut-être, le manoir nous occupera à plein temps tous les deux ? » Car l'idée est bien sûr de continuer à développer l'activité pour financer l'entretien et la restauration. Le jardin et la chapelle sont ouverts au public le week-end, de Pâques à la Toussaint (tous les jours en juillet et en août) et les Le Gouz de Saint-Seine organisent des visites guidées privatives, incluant la découverte du manoir. Mais il faut plus que les donations libres et les tickets d'entrée pour financer le reste des travaux. Le couple mise donc sur la restauration du pressoir pour le transformer en un lieu d'accueil événementiel. Il a pu compter

« En gardant mon activité, nous avons évité de jouer les têtes brûlées. Mais un jour peut-être, le manoir nous occupera à plein temps tous les deux ? »

pour cela sur une coquette somme récoltée grâce à la mission Bern. « C'est un pari sur l'avenir. On espère que le pressoir nous permettra de rembourser le crédit sur vingt ans que nous avons contracté pour boucler le financement de sa réhabilitation », explique Erwan.

RESTAURER 7 BÂTIMENTS EN 20 ANS

Autre chantier en prévision : la construction d'un troisième gîte, dont les travaux doivent commencer à la fin de l'année. L'ensemble du projet économique, liant location de gîtes, événements au pressoir et visites privées, doit continuer de rassurer le banquier, qui sera immanquablement mis à contribution pour les travaux futurs. « Ces trois gîtes et la salle du pressoir doivent permettre de restaurer les sept bâtiments du manoir en vingt ans », promet Erwan. Plusieurs rénovations sont déjà programmées pour les trois prochaines années : la jolie chapelle à colombages, qui souffre d'un problème d'humidité ; la longère, dont la toiture est à refaire ; le manoir et sa tour, qui nécessitent des travaux de maçonnerie.

Toute cette « intendance » n'enlève rien au plaisir du couple de vivre ici et d'y recevoir des hôtes. « Ils sont assez étonnés car ils ne s'attendent pas à cet environnement, ni à pouvoir profiter autant du jardin. La plupart des gens du village sont aussi contents. Le manoir est devenu un but de balade et la mairie nous soutient beaucoup », se réjouit Sophie-Isabelle.

« Nos clients apprécient que nous soyons une maison privée vivante », ajoute son mari. « Vivante », c'est bien la volonté de tous ces néo-châtelains.

INFORMATIONS PRATIQUES

MANOIR DE L'AUMÔNERIE
54, CHEMIN DE SAINT-GORGON
76840 SAINT-MARTIN DE BOSCHERVILLE
T. 06 64 33 27 48
MANOIRDELAUMONERIE.FR

DE PÂQUES À LA TOUSSAINT :
VISITES LIBRES DES EXTÉRIEURS,
VISITES PRIVÉES DU MANOIR

AGENDA

MAI : PIERRES EN LUMIÈRES, FESTIVAL DU PATRIMOINE NORMAND AVEC MISE EN LUMIÈRE ET ANIMATIONS

JUIN : RENDEZ-VOUS AUX JARDINS

SEPTEMBRE : FESTIVAL DE MUSIQUE POM'POM'POM'POOOM, CONCERTS AU CHÂTEAU. JOURNÉES EUROPÉENNES DU PATRIMOINE.

NOVEMBRE : EXPOSITION ITINÉRANTE DANS LE CADRE DE LA MANIFESTATION DES ABBAYES NORMANDES

UN RÉSEAU POUR LES PROS

VIVE L'AUDACE !

Les Audacieux du Patrimoine *(voir p. 236)* : tel est le nom d'un jeune réseau d'entrepreneurs des monuments historiques privés, fondé par l'association Demeure Historique. L'objectif : aider les propriétaires à développer leur site patrimonial. « Nous avons adhéré à ce réseau au début de 2021. Il regroupe des propriétaires comme nous qui ont besoin de créer des activités pour faire vivre leurs domaines », raconte Erwan Le Gouz de Saint-Seine.

Un laboratoire d'idées

Pourquoi y avoir adhéré ? « Parce que ce réseau permet de partager les modèles économiques rentables et d'accroître nos compétences en la matière. Je le vois comme un laboratoire d'idées. » C'est aussi, à ses yeux, une structure capable de faire évoluer l'image du « châtelain ». « Beaucoup nous voient encore comme des nantis. Le réseau démontre que notre métier est surtout celui de propriétaires-gestionnaires, voire de chefs d'entreprise », dit Erwan. Dispositif stimulant et challengeur, le réseau des Audacieux du Patrimoine prévoit par exemple de lancer prochainement un groupement d'achat.

SITE INTERNET

LISTE DES MEMBRES ET PACTE DES AUDACIEUX DU PATRIMOINE SUR : DEMEURE-HISTORIQUE.ORG/AUDACIEUX-DU-PATRIMOINE/

CENTRE-VAL DE LOIRE

LANCELOT DURAND

LE CHÂTEAU DU BOUCHET, LE VIRUS FAMILIAL

Perché sur le plus haut button de la Brenne, le château se dresse en belvédère au-dessus des étangs et revendique un bel héritage historique, avec le souvenir de Mme de Montespan. Racheté en 2018 par la famille Durand, amoureuse du patrimoine et gestionnaire d'autres demeures, il est géré par Lancelot – 28 ans – et son épouse Philippine. Le couple a rouvert le château au public et ne manque pas d'idées pour l'animer et faire briller le territoire, soutenu par les acteurs locaux dont le Parc naturel régional de la Brenne.

Lancelot Durand se souvient : « Pendant un an, j'ai harcelé mon père pour qu'il achète le château. Après avoir réussi à l'amener sur les lieux, je savais que c'était gagné ! » Fils de Gaëtane et de Jean-Louis – chirurgien manceau –, le cadet de cette famille de quatre enfants a de qui tenir. Jeune, son père rêvait de devenir architecte des Monuments historiques et consignait déjà dans ses carnets son amour pour les châteaux.

LE PATRIMOINE COMME ADN

Chez les Durand, le patrimoine est une sorte d'atavisme familial : les parents de Jean-Louis étaient férus de culture et d'œuvres d'art. C'est ainsi qu'à 20 ans, pendant ses études de médecine, Jean-Louis acquiert son premier château ! Il le revendra pour acheter et restaurer un manoir dans la Sarthe. Puis le chirurgien cède cette deuxième demeure et s'entiche du château de la Groirie, près du Mans, qu'il transforme en hôtel de charme et lieu de séminaires *(voir encadré p. 85)*. « Cela a été notre tremplin », confirme Lancelot, qui concède que son père « a un peu façonné notre mentalité ». Chaque année, les vacances étaient l'occasion pour la famille de partir sur les routes de France et d'Europe découvrir des demeures historiques. À baigner ainsi dedans, il n'est pas étonnant que Lancelot

01

« Un château ne doit pas être qu'un lieu où on organise des mariages. »

ait choisi de travailler dans le milieu de l'art. À Paris, il exerce dans le domaine des ventes aux enchères. Jusqu'en 2018, donc, date à laquelle les Durand rachètent à la famille Hérault de la Véronne le château du Bouchet. Ces « dingues » de patrimoine ne peuvent être que séduits par cette forteresse médiévale, remaniée aux 15e s. et 17e s., qui trône sur le plus haut button (tertre) de la Brenne. Exceptionnelle, la vue s'ouvre, depuis une grande terrasse, sur les étangs et notamment celui de la Mer Rouge, le plus grand du territoire (160 ha).

02

01. La cour d'entrée
02. La grande galerie du château

L'OUVERTURE AU PUBLIC

« Le château est le joyau de la Brenne, il a toujours existé un engouement autour de lui », dit Lancelot. Le Parc naturel régional de la Brenne a installé sa Maison d'accueil dans les dépendances du hameau du Bouchet. Dès lors, impossible pour les nouveaux propriétaires de ne pas insérer la bâtisse dans ce programme de valorisation du territoire. « À peine acheté, nous l'ouvrions déjà au public », souligne Lancelot qui, depuis 2020, se consacre à 100 % au château avec son épouse Philippine. Le couple a fait sienne cette devise de Viollet-le-Duc : « restaurer un château ce n'est pas seulement remplacer quelques tuiles et repeindre les fenêtres, mais c'est lui trouver une fonction ». Lancelot Durand ajoute même : « un château ne doit pas être qu'un lieu où on organise des mariages ». Les idées ne manquent pas. Elles sont d'autant plus foisonnantes que les professionnels locaux ont manifesté, dès le début, de l'intérêt pour

CHÈRE MADAME DE MONTESPAN…

COURTISANE ROYALE

En 1519, le château du Bouchet devient propriété de la famille Rochechouart de Mortemart. Elle le conservera durant trois siècles. Dans l'intervalle, Gabriel de Rochechouart, premier duc de Mortemart, aura donné naissance à trois filles, Gabrielle, Marie-Madeleine et Françoise-Athénaïs… la future Madame de Montespan, célèbre maîtresse de Louis XIV.

Dix ans auprès du roi

Née en 1641, Françoise-Athénaïs passe une partie de son enfance au château. Mariée à Louis-Henri de Pardaillan de Gondrin, elle devient en 1663 demoiselle d'honneur de la reine Marie-Thérèse. Louis XIV ne tarde pas à tomber sous son charme. Elle devient sa maîtresse et insuffle à Versailles un esprit de liberté. Intelligente et vive, elle règne pendant plus de dix ans sur le cœur du Roi Soleil, dont elle aura plusieurs enfants. Sa disgrâce intervient à la fin des années 1670, lorsque le roi lui préfère une nouvelle courtisane et qu'elle est accusée dans « l'affaire des poisons ». La visite du rez-de-chaussée du château du Bouchet dévoile, dans le cabinet, un tableau figurant la marquise de Montespan et ses sœurs. Chacune tient le symbole de son destin entre ses mains. La Montespan porte un arc, pour dire qu'elle a touché Louis XIV au cœur. Sa sœur lui tend une pêche, le fruit préféré du monarque. Tout un programme !

ZOOM SUR

LE BOUCHET, UN ÉCRIN DANS LES ÉTANGS

La situation dominante de cette imposante forteresse médiévale, sur le plus haut button de la Brenne – relief caractéristique des paysages de la région –, en a toujours fait un site défensif. Le premier propriétaire connu est le seigneur Guy Sénebaud, compagnon d'armes de Philippe-Auguste au 12e s. Occupé quelques années par les Anglais durant la guerre de Cent Ans, le château passe, au 16e s., entre les mains des Rochechouart de Mortemart. Cette riche famille, dont est issue Mme de Montespan, embellit la forteresse pour en faire une demeure de villégiature. Au lendemain de la Révolution, l'édifice est vendu au maire de Rosnay, Victor Hérault de la Véronne ; il restera dans cette famille jusqu'à son rachat par les Durand, en 2018. Après la découverte des abords de la forteresse, la visite conduit au rez-de-chaussée du logis « Louis XIV ». Là se trouve le cabinet où l'on peut voir le célèbre tableau représentant la marquise de Montespan et ses sœurs *(voir encadré p. 83)*. Le visiteur découvre ensuite la galerie du comte de Maure et une exposition retraçant l'histoire des sœurs. À l'étage, le public accède à la grande terrasse de laquelle la vue embrasse les marais de la Brenne et l'étang de la Mer Rouge.

monter des projets en partenariat. « Le Parc naturel régional de la Brenne, Destination Brenne, les offices de tourisme, les hébergeurs, la Réserve zoologique de la Haute-Touche, le château d'Azay-le-Ferron… il y a eu une vraie volonté de ces acteurs d'accompagner le projet », dit Lancelot Durand.

DES VISITES THÉMATISÉES

Au-delà d'une ouverture plus régulière qu'auparavant (du 1er week-end d'avril au 11 novembre) et de visites libres ou guidées, le château s'est ouvert également aux scolaires et organise des visites de groupes thématisées. Les sujets de prédilection ? Bien sûr la marquise de Montespan *(voir encadré p. 83)*; la guerre de Cent Ans; la famille Rochechouart de Mortemart… « Nous comptons 7 000 visiteurs par an. Notre objectif est de monter à 30 000 ou 40 000. » Pour y parvenir, le château organise déjà deux fois par an, en été, un marché de producteurs. « Nous aimerions faire quelque chose pour Noël, et aussi monter une animation autour des métiers d'artisans, lors des prochaines Journées européennes du patrimoine en septembre. »
Autre envie : proposer des visites à but naturalistes se déroulant en vigie sur la grande terrasse, avec observation des oiseaux ou écoute du brame du cerf; elles se feraient en lien avec le Parc naturel régional de la Brenne. « Nous réfléchissons aussi à organiser une grande fête médiévale en utilisant le château pour décor, avec une scénographie historique. » L'embryon d'un futur « Puy du Fou indrois » ?

ENTRE CHANTIERS PLANIFIÉS ET DÉBROUILLARDISE

En attendant, Lancelot et Philippine Durand s'attellent à la restauration du château. À deux, ce n'est pas une mince affaire ! « L'écrin global est en bon état mais il y a beaucoup de choses à reprendre », admet Lancelot. Restauration de la cour intérieure du château, réfection des toitures, réparation des fenêtres, rénovation de la grande cuisine… ces travaux ont été effectués et le planning des futurs chantiers est établi pour une dizaine d'années.
Si Lancelot Durand ne livre pas de chiffres, il concède que sa famille investit une part de ses fonds propres dans la restauration. Elle complète le financement par les recettes engrangées lors des visites ainsi que par des subventions, accordées par l'État et le département de l'Indre. « Il faut toujours trouver des solutions pour avancer. C'est assez compliqué. On doit jongler, être débrouillard, prendre des risques. On fait aussi beaucoup de choses par nous-mêmes. » Le couple s'appuie pour cela sur le bénévolat… et les conseils avisés du grand frère de Lancelot. « Plus cartésien, il me donne des éléments pour cadrer les finances et la comptabilité. Moi, je suis plus créatif », reconnaît-il, convaincu « [qu'avec] des moyens minimes, on peut aussi obtenir des résultats géniaux ». Passionné d'art, le couple déniche ainsi lui-même les objets pour décorer le château.
Mais il y a parfois des problèmes importants. Notamment d'ordre « philosophique », lorsque les interprétations architecturales de l'administration se heurtent à celles de l'architecte indépendant choisi par la famille Durand pour rénover le château. « Ici dans l'Indre, comme souvent dans le pays, l'architecte des Bâtiments de France est plutôt dans une démarche de conservation. Notre maître d'œuvre a une vision plus progressiste », juge Lancelot Durand. Des différences d'appréciation qui peuvent freiner l'avancée des dossiers…
Mais qu'est-ce que quelques mois au regard des huit siècles d'histoire du château du Bouchet ?

> « Il faut toujours trouver des solutions pour avancer. On doit jongler, être débrouillard, prendre des risques. »

Y ALLER

CHÂTEAU DU BOUCHET
36300 ROSNAY
T. 07 85 17 37 69
WWW.CHATEAU-BOUCHET.COM

LA GROIRIE ET LE PRIEURÉ DE VIVOIN

CAPITAL FAMILIAL

En matière de patrimoine, la famille Durand n'en est pas à son coup d'essai. Elle possède aussi, depuis une dizaine d'années, le château de la Groirie, dans la Sarthe, à 10 km au nord-ouest du Mans. Cette demeure du 18e s. a vu l'une de ses ailes transformée en hôtel de charme 4 étoiles, tandis qu'une partie des Grands Communs a été aménagée pour accueillir des séminaires et de l'événementiel. La Groirie abrite aussi une galerie des glaces, une chapelle, un musée, des salons, et est entourée d'un grand parc à l'anglaise.

Un prieuré artistique

Lancelot Durand gère aussi le prieuré de Vivoin, depuis 2020. Cet ancien monastère, également dans la Sarthe, doit ouvrir au public en 2021. Il comprendra un espace pour accueillir des événements et des expositions d'art contemporain. « Nous organiserons aussi des week-ends d'artistes. Les jardins monacaux, recréés, abriteront de leur côté un potager bio dont les produits seront destinés à des restaurants de la région », confie Lancelot.

NORMANDIE

GUILLAUME GARBE

CARNEVILLE, UN RÊVE D'ENFANT

Guillaume Garbe, jeune propriétaire du château de Carneville, non loin de Cherbourg-en-Cotentin, souhaite écarter tout malentendu. La presse s'est focalisée sur son nom, alors que, épaulé par toute une équipe, il est avant tout porteur d'un projet collectif. Celui de la valorisation d'un domaine mariant patrimoines architectural et naturel, comprenant les bâtiments, le parc et toutes les terres autour du château.

Qu'est-ce qui vous a poussé à acheter ce château ?

Guillaume Garbe – Lorsque j'ai découvert le château à l'âge de 14 ans, j'ai voulu être utile pour ce lieu. Puis, avec le temps, je suis devenu de plus en plus proche de la précédente propriétaire. Au bout d'un moment, j'ai repris le flambeau, et je me suis porté acquéreur en 2012, à l'âge de 21 ans. Après avoir été seul au début, ma famille s'est fédérée autour de moi, ainsi qu'un groupe d'amis. En 2014, nous avons créé l'association des Amis du château de Carneville. Cela a permis de réunir de nombreuses personnes autour du projet. Les premières petites activités touristiques que nous avons mises en place ont tellement bien marché que j'ai décidé de suspendre, en janvier 2017, mon commerce de vente d'antiquités, notamment de tableaux anciens, et de me consacrer à 100 % à Carneville. Aujourd'hui, on peut parler d'une entreprise amicale et familiale.

Comment s'est déroulée la restauration du château ?

On a découvert une invasion de mérule en juillet 2016. Au début, on n'avait pas conscience de l'ampleur du problème. En 2017, un examen sanitaire a conclu que

Rénovation de la charpente

le champignon s'étendait sur 1 000 m², autant dire que les dégâts étaient très au-delà de nos moyens ! On a donc lancé une campagne de financement participatif qui nous a permis d'effectuer les premiers traitements entre septembre 2017 et février 2018.

En avançant dans les destructions des parties infectées, on a découvert de très nombreuses infiltrations d'eau liées à des modifications et à des malfaçons datant des années 1930 : de la toiture, l'eau glissait dans la maçonnerie et se retrouvait comme enfermée dans le ciment qu'on avait alors plaqué sur les murs. Pour lutter efficacement contre la mérule, il fallait d'abord s'occuper de l'étanchéité de la maison, c'est-à-dire refaire les couvertures, revoir les charpentes et traiter les murs.

Comment avez-vous fait face à ces importantes dégradations ?

Nous avons une bonne étoile... Trois mois plus tard, la Fondation du patrimoine nous a contactés à propos de la mission Bern. On a monté un dossier, sans trop y croire. Et ça a marché ! En 2018, nous avons obtenu le titre de monument emblématique de la région Normandie et nous avons été lauréats du Loto du Patrimoine.

L'impact de ces nominations a été fondamental. Cela nous a permis de toucher une somme de 490 000 €, de quoi lancer l'impulsion de la première phase du colossal chantier de restauration de l'intégralité des façades et des toitures, et de réparer les dégradations occasionnées par la mérule. Mais le Loto du Patrimoine nous a également apporté une fabuleuse mise en lumière qui a profité à l'association des Amis du château en attirant de nouveaux adhérents. Aujourd'hui, elle regroupe un peu plus de 300 personnes, dont une trentaine de membres actifs réguliers, voire 40 très actifs lors de la haute saison.

> « Le Loto du Patrimoine nous a apporté une fabuleuse mise en lumière. »

Plusieurs fondations nous ont aussi apporté leur soutien financier, dont la Fondation Mérimée, et des institutions comme la French Heritage Society, ainsi que la DRAC, qui intervient à hauteur de 23 % du financement. Le coût total atteint 2 millions d'euros. Le département de la Manche devrait aussi bientôt nous aider.

Quelle est l'histoire du domaine de Carneville ?

La famille de Carneville reprend ces terres à partir de 1637. Elle construit un premier manoir, très rustique, avec rez-de-chaussée pour les animaux, et escalier hors œuvre desservant un appartement, aujourd'hui conservé. Le second, le manoir des Anoteux, est bâti en 1699. Il a lui aussi traversé les

PHYSIOCRATIE ET RATIONALISME

LES LUMIÈRES DE LA NATURE

« Gouverner par la nature », tel est le sens du physiocratisme, école économique et philosophique fondée par François Quesnay et le marquis de Mirabeau, empreinte de rousseauisme. Celle-ci prône une vie en harmonie avec la nature. Précurseur du libéralisme économique, le physiocratisme considère que la création de richesses repose essentiellement sur l'agriculture.

Carneville, observatoire de la nature

Construit ex nihilo en s'affranchissant de toute contrainte, le château de Carneville participe de ce rationalisme du 18ᵉ s. et de l'esprit physiocrate. Tout y est organisé avec précision, de la circulation des gens de service à celle du circuit hydraulique : dans la cave un ruisseau est détourné et un système de canalisation permet d'alimenter le château en eau courante. Dans le même esprit de « complicité avec le naturel », pour reprendre les mots de Guillaume Garbe, le jardin a valeur de pièce à part entière du domaine bâti. Partout le même souci du confort et de la rationalisation : le domaine possède une glacière reliée à l'entrée de la cave, des dépendances agricoles, sa boulangerie, ses potagers et ses vergers... Comme le résume Guillaume Garbe, Carneville est une maison de plaisance du 18ᵉ s., en forme d'observatoire de la nature.

siècles et a été transformé en gîte. En 1755, la famille commandite le château proprement dit. Les deux manoirs deviennent des dépendances. À Carneville, à la différence d'autres monuments où il faut s'appuyer sur des éléments antérieurs quand on souhaite agrandir, l'architecte est parti d'une « page vierge ». Quant au parc à l'anglaise, il s'inscrit dans une approche physiocratique *(voir encadré p. 87)*, avec des éléments utilitaires comme une glacière. Sa datation, de 1764 à 1770, est très précise, parce qu'elle correspond à la politique d'assèchement des marais menée sous Louis XV. Le plan de 1770 montre d'ailleurs à merveille l'organisation du domaine. Le parc est très vallonné, ce qui explique sa destruction à 80 % par la tempête de 1987. Les zones proches de l'étang, situées en vallées, ont été préservées. On peut encore y voir un chêne tortueux plus que millénaire, et l'allée de charmes taillés en tête de chat, plantée à la fin du 18e s.

Le parc à l'anglaise de 7 ha a pris sa forme actuelle au lendemain de la tempête, sous l'impulsion des Tocqueville, propriétaires du château de 1927 à 2012. Il comprend un jardin symétrique au pied de la façade du château, une roseraie, un conservatoire d'hydrangéas, un étang artificiel, un arboretum permettant de faire un tour du monde végétal, avec des jardins austral et asiatique. On a de très belles collections d'araucarias et d'érables du Japon. Le parc profite de l'omniprésence de l'eau grâce à près de 60 sources.

« Devenir propriétaire, c'est faire preuve d'une abnégation qui est loin d'être marginale. Il faut être passionné au-delà du raisonnable. »

Auriez-vous un conseil à donner à un futur acquéreur de monument historique ?

Quand on achète un domaine, on endosse une responsabilité. Devenir propriétaire, c'est faire preuve d'une abnégation qui est loin d'être marginale. Il faut être passionné au-delà du raisonnable. Comme disait mon père : « Être sage, ce n'est pas être raisonnable. » La mérule illustre bien cela. Elle m'a appris beaucoup de choses. Je ne suis pas responsable de sa présence, mais si je ne fais rien, et que le château devient une ruine dans quelques années, ce sera de ma faute. J'aime citer Maud Fauvel, autre figure du Cotentin : « Si l'histoire est celle qu'elle fut, le futur sera ce que vous en ferez. »

INFORMATIONS PRATIQUES

CHÂTEAU DE CARNEVILLE
50330 CARNEVILLE
T. 04 33 43 16 28
WWW.CHATEAUDECARNEVILLE.COM

VISITES DES JARDINS D'AVRIL À SEPTEMBRE.

AGENDA
DE MAI À OCTOBRE : APÉROS AU CHÂTEAU TOUS LES VENDREDIS (SF JUIL.-AOÛT).

ÉTÉ : MARCHÉS-CONCERTS TOUS LES VENDREDIS.

AUTOMNE : JOURNÉES EUROPÉENNES DU PATRIMOINE. CONFÉRENCES DÎNATOIRES TOUS LES VENDREDIS (THÈMES LIÉS À L'ENVIRONNEMENT OU AU CHÂTEAU).

DU PAIN COMME AU 18e S.

RENAISSANCE D'UNE BOULANGERIE

La boulangerie de 1725, inscrite à l'Inventaire supplémentaire des Monuments historiques, est, avec le parc, l'un des principaux joyaux de Carneville. Nombre de domaines possédaient une boulangerie, le pain étant autrefois la base de l'alimentation (on en mangeait 1 livre par jour et par personne).

La fabrique du pain

En 1923 encore, jusqu'à 75 employés y travaillaient : c'est pourquoi le four est très grand, atteignant plus de 2,20 m de diamètre. La boulangerie n'est pas un bâtiment purement utilitaire ; elle fait aussi office de fabrique (au sens du 18e s.). Elle représente autant un but de balade et une curiosité qu'un élément fonctionnel. De l'extérieur, elle paraît assez grande, mais l'intérieur est exigu.

Paysanne-boulangère

Depuis 2014, Clothilde Iung y produit du pain. Cette « paysanne-boulangère » cultive des espèces de blés anciens, et son pain est pétri avec la farine qui en est issue.

PARADIS DES OISEAUX

LE CHÂTEAU DE CARNEVILLE

L'avant-cour est bordée par des communs, notamment les écuries, datées de 1895, et une pittoresque boulangerie, de 1725, coiffée d'un toit de chaume. Le château, édifié en 1755 dans un style classique et sobre, se dresse au fond de la cour d'honneur. Le parc de 7 ha se compose d'une partie paysagère avec plan d'eau, d'un jardin à la française, d'un conservatoire d'hydrangéas, d'un jardin austral et d'un jardin asiatique. L'ensemble est classé « refuge ornithologique protégé » par la Ligue pour la protection des oiseaux (LPO) et fait l'objet d'un inventaire faunistique. On observe d'ailleurs au domaine de Carneville, depuis deux ans, une augmentation et une diversification de la population de rapaces, preuve que les monuments historiques jouent un rôle dans la préservation de la biodiversité.

Aude de Commarque

NOUVELLE-AQUITAINE

LES RACINES DE PIERRE DES COMMARQUE

Sur le flanc d'une vallée perdue, quelque 100 000 ans d'histoire gisent sous la végétation. Un lent ensevelissement auquel Hubert de Commarque met fin en 1962. Il a dix-neuf ans lorsqu'il donne les premiers coups de pioche sur le castrum laissé à l'abandon depuis le 16e s. Entre l'histoire qu'on sauve et le calme qu'on perturbe, la voie est étroite. Elle demande pour s'y faufiler l'inconscience de la jeunesse, le doigté de la maturité et la persévérance des vieux sages.

Pour acquérir le château de Commarque, il fallut à Hubert de Commarque négocier pendant dix ans avec les héritiers du prince de Croÿ, précédent acquéreur de la forteresse déchue : celle-ci servait de carrière de pierre au prince, à la fin du 19e s., alors qu'il édifiait non loin l'ajout néogothique du château de Paluel *(voir p. 106)*. Si l'histoire passionne le jeune Hubert de Commarque, en passe de renouer avec la terre de ses ancêtres, il se penche aussi sur la vie locale, les métiers traditionnels et les questions environnementales. Cet intérêt le portera à créer avec sa femme Christine, dans le village voisin de Sireuil, l'un des premiers Centres permanents d'initiation à l'environnement (CPIE) dont ils s'occuperont pendant 30 ans, ainsi qu'un projet de parc naturel régional de la vallée de la Vézère. Celui-ci n'aboutit pas, mais ouvrit la voie vers les classements d'aujourd'hui. On met en garde Hubert de Commarque contre l'ampleur, voire la démesure, de l'entreprise, mais il est tout à sa passion de sauver les monuments en péril. Après avoir défriché le castrum pendant dix ans, il parviendra enfin à l'acheter en 1972.

UN DÉFRICHAGE CONTESTÉ

En 1962, le site est dangereux. Il est escarpé, envahi d'une végétation qui n'est pas sans traîtrise et le rend illisible. Des brèches et béances se dessinent dans le donjon et les parties maîtresses. Des linteaux manquent. L'effondrement menace en maints endroits. Il faut étayer, dégager. Et accompagner les promeneurs, afin d'éviter les accidents.

01

02

01. Le castrum dressé sur son surplomb rocheux
02. Vestige de la chapelle Saint-Jean avec le donjon en toile de fond

À une époque où la norme n'avait pas tout aseptisé, les amoureux se retrouvaient volontiers dans les ruines romantiques de la forteresse abandonnée. Autour de Commarque, l'arrivée du jeune descendant du nom n'est pas du goût de tout le monde. De quoi se mêle-t-il ? On regrette les arbres coupés, on ne peut plus se promener tranquillement. La polémique se durcira en 1999 à la réouverture du site au public, sur un modèle payant. C'en est fini de l'hyper-disponibilité de la vallée perdue, et de sa grotte mystérieuse aux pouvoirs magiques. La source, qui est sans doute une des raisons d'être de la forteresse, divise la communauté. On craint les installations touristiques à venir. Ne vont-elles pas altérer la pureté de l'eau qui dessert cinq communes ? Les aménagements seront faits dans les règles de l'art, le différend s'apaisera. Vingt ans plus tard, devant l'indéniable réussite du castrum ressuscité, on comprend mieux.

« Lorsque j'ai voulu ouvrir au public, j'ai regardé ailleurs (…) s'il existait une pratique pour organiser la visite d'un site sans le dénaturer. Je n'ai rien trouvé. »

SAUVER À TOUT PRIX

À 19 ans, rien d'impossible. Entre 1962 et 1972, devant le désengagement des propriétaires du site, Hubert de Commarque ne se tourne pas les pouces pendant les dix ans de tractations qui conduiront à l'acquisition. Les premiers dégagements et travaux de

LE LIVRE DU TEMPS

DANS LES ENTRAILLES DE COMMARQUE

Parcourue par nos ancêtres il y a 80 000 ans, la vallée de la Beune caresse les flancs abrupts du rocher de Commarque. Des boyaux s'enfoncent dans le socle tellurique au pied duquel sourd l'eau pure. Avec ses lumières si particulières et sa nature antédiluvienne, il n'en fallait pas plus pour que les chamans et les adeptes d'ésotérisme voient ici un vortex, une réserve d'énergie, qui pour un peu vous propulserait entre deux mondes.

Le cheval de Commarque
L'entrée d'une grotte fut découverte à l'aplomb du donjon roman en 1915, par le préhistorien Henri Breuil, resté célèbre sous le nom d'abbé Breuil. Les études réalisées par André Leroi-Gourhan, puis Brigitte et Gilles Delluc, révèlent la présence de vestiges laissés par les chasseurs du paléolithique, et des représentations pariétales gravées il y a 15 000 ans. Point d'orgue de la grotte de Commarque : un cheval grandeur nature émerge de la pierre.

Fouilles prodigues
Au-dessus, la couche suivante du millefeuille de l'histoire fut occupée, avant les constructions du 12e s., de façon semi-troglodytique. Deux cluzeaux (abris) ont été dégagés et sont ouverts à la visite. Dans la partie basse, ces habitats font l'objet de fouilles. L'accès originel de la grotte a été exhumé en 2019 dans le grand cluzeau. Encore une découverte, parmi toutes celles à venir.

UNE VALLÉE SURNATURELLE

ATTENTION, SITE FRAGILE

Les images du duel final du film *The Duellists* nous plongent dans l'humidité de la forêt qui cerne le castrum en 1976. Une goutte d'eau, un rai de lumière blonde, des brumes vagabondes, un monde poétique à nul autre pareil. En quelques minutes, le réalisateur Ridley Scott saisit l'un des principaux atouts de la forteresse : sa situation solitaire dans la vallée de la Beune, épargnée par les constructions modernes. Dans le giron de sa grande sœur la Vézère, cette vallée est aujourd'hui protégée par les labels les plus prestigieux : patrimoine mondial de l'Unesco, zone de biosphère (ZNIEFF), Natura 2000… La vallée de la Beune regroupe à cet endroit nombre de sculptures préhistoriques d'intérêt mondial. Dès lors, comment sauvegarder le bâti, amener le public, sans troubler la quiétude de la vallée ? « Lorsque j'ai voulu ouvrir au public, j'ai regardé ailleurs, en France et en Europe, s'il existait une pratique pour organiser la visite d'un site sans le dénaturer. Je n'ai rien trouvé », raconte Hubert de Commarque en 2014. Dans le cadre du Centre permanent d'initiation à l'environnement (CPIE) de Sireuil, pour lequel Commarque servait de laboratoire-école, il a lancé avec le ministère de l'Environnement une étude sur la notion de « site fragile », qui a fait l'objet de publications et de formations. La méthodologie mise au point par des équipes de réflexion pluridisciplinaires fut appliquée à l'ouverture du site en 1999. Les aménagements de sécurisation et de conduite des visiteurs sont réversibles, par exemple. « En une semaine je peux tout enlever. » La forteresse a perdu ses arbres mais la magie demeure.

LE KRAK DES CHEVALIERS

UN RARE CAS DE COLOCATION

Un certain Comarc reçut en garde une tour sur la falaise dominant la Grande Beune, près d'une source abondante. Au 12e s., un de ses descendants, Garin de Commarque, abbé de Sarlat, érige un donjon destiné à défendre le passage entre Montignac et Sarlat. Au 12e s. sont aussi bâties sur la falaise les premières des sept maisons-tours que comptera le castrum ; une sorte de Krak des Chevaliers – l'emblématique château fort des croisades –, en beaucoup plus modeste.

L'union fait la force

Hubert de Commarque s'interroge. Des recherches sur archives, menées notamment par l'historien Christian Rémy, ainsi que plusieurs chantiers de fouilles organisés dans les années 2000, révèlent l'existence d'une coseigneurie de six familles, dont chaque unité disposait d'un enclos séparé et de ses accès propres. Le tout était ceint d'un fossé qui formait une défense commune.

Combat des chefs

L'ensemble seigneurial fut disputé par deux de ces familles : les Beynac et les Commarque. Puis, c'est le silence. Le site est abandonné à partir du 16e s. par ses résidents, qui préfèrent s'installer dans des châteaux voisins plus modernes. Il restera endormi jusqu'à ce qu'Hubert de Commarque le ressuscite.

Le donjon de Commarque

consolidation sont réalisés sans leur soutien, ni celui de l'État. Ils font suite aux interventions d'Yves-Marie Froidevaux, qui avait pris des mesures de consolidation d'urgence au début des années 1940, alors qu'il était architecte en chef des Monuments historiques en charge de la Dordogne. Pour sauver la forteresse, Froidevaux avait obtenu des crédits de l'État pour des campagnes de chantiers dès 1942, après avoir amorcé les démarches de classement du site – lequel est avalisé en septembre 1943.

L'ÉLAN DES TRACES

Avec l'achat du château en 1972 s'amorce la mise en valeur du castrum. Les mesures de sécurité sont prises, le site a gagné en lisibilité. Par où avancer ? « J'ai commencé tout seul, en repérant les pierres de taille », se souvient Hubert de Commarque. Le site possède de nombreux atouts. La grotte préhistorique, classée en 1924, est très étroite. On ne peut l'ouvrir au public. Les traces d'un habitat semi-troglodytique et les cluzeaux (abris creusés par l'homme dans le rocher) feront l'objet de plusieurs campagnes de fouilles. On peut les aménager et, avec quelques pièces de mobilier, évoquer la vie médiévale.
Entre 1970 et 1973, les murs de la chapelle St-Jean sont renforcés, la voûte est mise hors d'eau. Le castrum lui-même est composé de maisons seigneuriales encore difficiles à identifier. On y accède par une passerelle en bois, placée pendant la Seconde Guerre mondiale par Froidevaux. Il inclut une pièce maîtresse : le double donjon, seule partie émergée de l'iceberg lorsqu'Hubert de Commarque a commencé à dégager l'éperon rocheux. Il est en partie restauré. Charpentiers, géomètres, maçons, compagnons sont convoqués, tandis que se poursuivent les chantiers de jeunes et de scouts. Et les archives ? Sur quoi s'appuyer ? Tout en lançant une étude historique à partir des archives restées dans la famille, Hubert de Commarque crée un Centre international d'archéologie et d'histoire, qui sera présidé par André Chastel et Georges Duby. Une collection d'ouvrages, *Les Cahiers de Commarque*, en publie les actes des colloques et rencontres. Des relevés topographiques et des prises de vues aériennes sont en outre réalisés et des fouilles envisagées.

« Les architectes se succèdent et n'ont pas toujours le même avis. »

BATAILLES D'ARCHITECTES

À partir des années 1980, les tranches de travaux se déroulent avec l'aide de l'État. Face à l'administration, les difficultés sont grandes. Un cabinet d'archéologues est désigné par la DRAC. Les réunions de chantier avec les architectes en chef peuvent être tendues. « Certains architectes sont autoritaires, les conflits sont parfois difficiles. » On brandit la charte de Venise (1964), selon laquelle un monument se restaure selon son dernier état connu. Lorsqu'Hubert de Commarque a récemment envisagé de déboucher les canonnières d'une des courtines, par exemple, il s'est vu opposer un refus catégorique. « Les architectes se succèdent et n'ont pas toujours le même avis. » Ainsi, le projet de sauvetage et de restauration des corps de logis et de la tour d'escalier, entériné par l'architecte en 1990, puis stoppé en raison de mésentente entre les différents acteurs du financement, sera repris sous les auspices d'un autre maître d'œuvre. Changement d'école : il faut désormais rendre visibles les ajouts récents. On pose une couverture en

Coup d'œil sur la voûte céleste en attendant un nouveau toit…

La falaise a conservé des traces d'habitats semi-troglodytiques.

zinc sur la tour d'escalier octogonale, par exemple, alors qu'il était prévu une couverture en lauze. « Derrière les monuments historiques, il y a des personnes », résume Aude de Commarque, la fille d'Hubert qui reprend les rênes du château avec son frère, Jean. « Pour mieux avancer, il faudrait aussi que les rapports des historiens continuent à être croisés avec les projets des archéologues. »

LE NERF DE LA GUERRE

La passion coûte cher. Sans plan de financement, sans projet de rentabilisation, Hubert de Commarque acquiert le castrum en 1972 avec une seule idée en tête : le sauver. Cinquante ans plus tard, à cette mission s'en sont ajoutées bien d'autres, dont celles de le documenter et de le transmettre, au public et à ses enfants. Depuis l'ouverture aux visiteurs, les recettes de billetterie assurent l'entretien du site, mais dès l'origine, le coût des restaurations a reposé sur les fonds d'Hubert de Commarque.

À partir des années 1980, l'État finance les travaux, pour certaines tranches, à hauteur de 40 %. Pour le reste, des fondations privées américaines ont aidé un temps les fouilles archéologiques, avant de se retirer faute de collaboration entre les équipes américaines et françaises. Une société des Amis de Commarque va venir à la rescousse. Les emprunts ont fait le reste.

Désormais, les autorités scientifiques mènent une réflexion d'ensemble pour accompagner un travail de long terme, d'où sont déterminées les phases de fouilles programmées d'intérêt national, à hauteur de 30 000 € par an, financées en partie par Hubert et Christine de Commarque. Les projets d'avenir et les travaux indispensables nécessitent d'autres ressources.

LA RELÈVE

Aude et Jean de Commarque se mobilisent à leur tour : sous quelle forme, par quels moyens faire entrer des mécènes dans cette formidable entreprise ? C'est en soi un travail à temps plein. Mais l'avenir passe également par la médiation, car la richesse du lieu tient au formidable terrain de recherches qu'il constitue. « Il faut traduire la science et la mettre à la portée du public. » Ateliers et, sous une forme plus ludique, *escape games* comptent parmi les réponses à cette mission. « C'est important d'entendre le rire des enfants », dit Aude de Commarque, qui jouait, petite, dans les ruines instables, attachée par un harnais de sécurité. Le harnais a disparu mais le lien est toujours là, indéfectible, envers le castrum familial qui dévore toute son énergie. Et si un jeune acquéreur lui demandait un conseil ? « Pas de demi-mesure ! », répond la jeune femme, tout feu, tout flamme.

Y ALLER

CHÂTEAU DE COMMARQUE
24620 LES EYZIES
T. 05 53 59 00 25
WWW.COMMARQUE.COM

PROJETS D'AVENIR

CONSERVER LE MYSTÈRE

En 50 ans, les Commarque ont tiré l'ensemble seigneurial de ses ruines en restituant l'aspect du double donjon, des logis et de la tour d'escalier. Dans le castrum, la cristallisation des murs empêche l'érosion. Le four à pain d'une des maisons seigneuriales a retrouvé ses lauzes. À l'avenir, la chapelle pourrait à son tour retrouver son toit. « Il reste de nombreuses découvertes à faire. On pourrait aussi rénover des murs dans

le castrum, améliorer l'accueil », envisage Hubert de Commarque en regardant Aude. Chaque restitution apporte la connaissance et la vie, chaque ruine disparue emporte avec elle le pouvoir d'évocation inouï de l'éperon rocheux. Il faut financer, monter la jauge annuelle des visiteurs, estimée aujourd'hui à 50 000, tout en maintenant la beauté silencieuse de la vallée perdue. Ce délicat arbitrage est entre de bonnes mains.

Johan Tamer-Morael
et Anne-Laure Cros

HAUTS-DE-FRANCE

JOHAN TAMER-MORAEL
ESQUELBECQ, LA PASSION POUR L'ART

Engagé depuis 2015 dans la restauration et l'animation de ce château des Flandres, dans le nord de la France, cet ancien professionnel dans l'organisation de salons d'art contemporain s'est lancé corps et âme dans ce projet aux côtés de sa compagne, Anne-Laure Cros. Une passion et un devoir vis-à-vis de ce château acquis par ses grands-parents en 1946, et qui n'avait pas été ouvert au public depuis 34 ans. Un parcours du combattant, aussi, à la recherche des financements pour le réhabiliter.

Y aller à fond ou vendre. C'est en posant les choses en ces termes qu'un jour de 2015, Johan Tamer-Morael prend la décision lourde de s'engager sans retenue dans la restauration du château d'Esquelbecq. « J'avais un restaurant à Paris que j'ai vendu. J'ai aussi arrêté le salon d'art contemporain que j'organisais. Et j'ai décidé de faire d'Esquelbecq un projet de vie et professionnel », dit le quadragénaire.

LE CHOIX DE VIE DE LA MATURITÉ

Rien d'illogique. Ce château, il l'a toujours connu, et aimé. Ses grands-parents l'achètent à la fin de la Seconde Guerre mondiale, après que leur propriété, ex-QG des forces anglaises, ait été incendiée par les Allemands. « Mon grand-père était industriel. Comme pour tout notable du Nord qui avait un peu d'argent, être propriétaire d'un tel château avait un sens. » Sauf que la bâtisse, vaste et d'aspect féodal, demande beaucoup d'entretien. Et les aïeux, partageant leur vie entre le Nord, Paris et le Sud, ne sont pas toujours présents. Plus tard, les parents de Johan prendront le relais. « Ils n'ont jamais lâché le château. Ils avaient l'instinct de protéger le bâtiment mais, au fil des années, on voyait bien que cela devenait un fardeau », raconte Johan Tamer-Morael. Point d'orgue de cette lente

01

02

01. Le jardin à la flamande, la serre et L'Arrosoir d'Alice par Philippe Thill
02. Restauration de la toiture du pigeonnier

« Le jardin est un atout majeur du site. Il était relativement préservé et je sentais qu'on pouvait le restaurer ! »

dégradation, l'effondrement, en 1984, du donjon *(voir encadré p. 99)*, entraînant dans sa chute la destruction d'un pan de l'édifice. Entre-temps, Johan Tamer-Morael a grandi et achevé ses études, durant lesquelles il a beaucoup voyagé aux États-Unis et au Liban. Investi dans le secteur de l'art contemporain, il gère en parallèle un autre bien familial, un hôtel particulier à Paris, Le Molière, loué pour des événements. « Entre ces voyages et mon métier, j'ai eu un moment le sentiment de ne pas être chez moi, de ne pas pouvoir m'engager dans quelque chose de durable. C'est là que les liens familiaux reviennent au galop », se livre-t-il. Il file bien chaque été dans le Nord pour lancer de petits chantiers de restauration avec des bénévoles, « mais à chaque fois, il fallait recommencer ». On est en 2015, il est l'heure pour lui de reprendre à plein temps les rênes d'Esquelbecq, et de se pencher sur un premier gros chantier.

ENTRE JARDIN ET CHÂTEAU

« Le jardin est un atout majeur du site. Il était relativement préservé et je sentais qu'on pouvait le restaurer », se souvient Johan Tamer-Morael. Il retrouve dans les caves de l'hôtel Le Molière des archives familiales au milieu desquelles trône un rapport de 400 pages sur le jardin. Commandité par la DRAC et réalisé par l'École nationale

ANNE-LAURE CROS, L'ANIMATRICE

ÉPOPÉE CONTEMPORAINE

Elle anime l'association du château et le moins qu'on puisse dire est qu'elle prend cette activité à cœur ! Rien d'anormal, Anne-Laure Cros, journaliste et artiste, est tombée amoureuse d'Esquelbecq. « Ce lieu possède un côté magnétique. Dedans, c'est comme une bulle, on se sent protégé », dit-elle. Mais pas au point de musarder…

Chantier participatif

« On a mille idées à la minute. On a organisé des concerts, créé des produits dérivés… En 2020, nous avons lancé un chantier participatif pour restaurer une grange. Nous souhaitons aussi nous ouvrir aux enfants et aux scolaires », énumère-t-elle. L'engouement des gens est source de satisfaction. « L'Association du château d'Esquelbecq regroupe une centaine d'adhérents, avec des profils très différents. Beaucoup sont de la région et viennent participer aux chantiers. » Situé au cœur du village, le château appartient à la mémoire d'Esquelbecq. « Les habitants auraient pu se demander qui étaient ces jeunes qui débarquaient ! Mais pas du tout, ils sont très fiers de la réouverture », se réjouit Anne-Laure Cros. En témoigne le doublement du nombre de visiteurs, de 7 000 en 2018 à 14 000 en 2019. Les collectivités locales soutiennent aussi le projet, d'autant que, grâce à l'attraction du château, la commune bénéficie aussi d'une fréquentation accrue de ses commerces.

JOYAU DES FLANDRES

LE CHÂTEAU D'ESQUELBECQ

D'aspect féodal, avec sa conciergerie de 1590, son colombier de 1606, son hôtel du bailliage de 1615 et sa ferme, le château d'Esquelbecq, bâti en brique et pierre, a peu changé au fil des siècles. Si elle a subi quelques dégradations inévitables, son architecture typiquement flamande a surtout été impactée par l'effondrement en 1984 de la tour de guet *(voir ci-contre)*, qui a emporté avec elle une partie de l'aile nord de la demeure seigneuriale (rebâtie en 2005). Face à celle-ci, de l'autre côté des douves se déversant dans l'Yser, s'étend le jardin magnifiquement restauré en 2018. Sa visite est un moment de grâce. Après avoir emprunté le pont précédé de grilles rouges, on chemine entre les fruitiers palissés centenaires et les haies de buis. Datant du 17e s., ce jardin à la flamande à compartiments est l'un des très rares exemples subsistants de la Renaissance. Le potager et les plantes aromatiques et médicinales y sont cultivés selon les principes de la permaculture, tandis que dialoguent art contemporain et nature, notamment à travers l'œuvre monumentale *L'Arrosoir d'Alice* de Philippe Thill. La Fête des plantes, en avril, et l'ouverture à la visite des salons du château témoignent du réveil de ce joyau architectural des Flandres.

supérieure d'architecture de Versailles / Master « Jardins historiques », il confirme ce que disait déjà l'éminent historien français des jardins du 20e s., Ernest de Ganay : celui d'Esquelbecq est le plus ancien parc de France subsistant dans son quasi-état d'origine ! « C'est un jardin à la flamande, une forme post-médiévale caractérisée par des perspectives courtes et des arbres fruitiers palissés. Il remonterait à 1600. » Dès lors, le rapport devient livre de chevet. Il sert de support à la restauration du jardin, pilotée par une amie de Johan, Gwenn Pasco, et menée à travers une association créée en 2016. Mais le bénévolat associatif et l'appel aux bras villageois ne suffisent pas. Il faut embaucher un jardinier professionnel. C'est chose faite début 2020, grâce à la trésorerie engrangée par les événements organisés au château (voir plus loin). Le contrat est censé démarrer… le 17 mars, 1er jour du confinement lié à la Covid-19. Depuis, le recrutement a été différé…

Le second chantier, encore plus vaste, est celui de la restauration du château. Les parents de Johan ont bien reconstruit les murs et la toiture, après l'effondrement du donjon, mais il faut aller plus loin. « En 2016, j'ai achevé le travail sur cette partie de l'édifice pour pouvoir exploiter une salle d'exposition de 9 m de haut, aujourd'hui ouverte au public. Mais il reste encore 90 % à restaurer ! », rappelle le propriétaire. Johan bouillonne d'envies, se lance dans différents chantiers, reconnaît se disperser mais c'est pour mieux « transformer ce boulet en quelque chose de merveilleux », se justifie-t-il. La ligne directrice est claire : combiner l'ouverture au public à une présence familiale, en préservant la délicatesse et l'âme du château. « Il faut dire que si on s'est parfois éparpillé, c'est aussi lié aux rencontres. Comme lorsqu'un peintre-restaurateur s'est proposé de rénover le salon d'exposition », le défend sa compagne Anne-Laure, elle aussi investie dans l'aventure. « Le plus dur, c'est de fixer des priorités », admet Johan Tamer-Morael, conscient de la dimension pharaonique du projet.

> « Le plus dur, c'est de fixer des priorités. »

LA QUÊTE DES FINANCEMENTS

Et pour le mener à bien, l'argent est indispensable. Le couple semble être ainsi devenu expert dans l'art de trouver des fonds… quand bien même il en faudrait toujours plus ! Installation de 17 fenêtres sur l'aile nord en 2018 : subvention de la DRAC et 18 000 € récoltés *via* le *crowdfunding*, alors que seuls 12 000 € étaient sollicités. Restauration de la serre à vigne : nouvelle aide de la DRAC, et 15 000 € versés grâce au prix Villandry, attribué par le château et les jardins de Villandry en partenariat avec la Fondation Mérimée. Réfection du pigeonnier : la DRAC toujours et le prix de la French Heritage Society, un organisme philanthropique américain (9 000 €). Au total, Esquelbecq obtient six prix en quatre ans.

Mais la suite s'annonce plus difficile. « Nous avons lancé en 2020 le chantier de restauration des toitures, pour 250 000 €, retardé à cause de la pandémie. En parallèle, la DRAC [*qui ne finance que si un architecte est associé au projet, ndlr*] baisse sa quote-part de 50 à 40 %. Cela devient très dur de trouver de l'argent », regrette Johan Tamer-Morael. Toiture, menuiserie, réfection des douves envasées pour y circuler en bateau… ces gros travaux vont exiger d'autres pistes, comme le mécénat.

Mais ces contraintes n'ont pas émoussé le désir initial. « Là où nous sommes gagnants, c'est qu'on profite vraiment de cette demeure familiale et qu'on y passe des moments merveilleux », assure Johan Tamer-Morael.

Y ALLER

CHÂTEAU D'ESQUELBECQ
10 PLACE BERGEROT
59470 ESQUELBECQ
T. 06 73 44 06 66
WWW.CHATEAU-ESQUELBECQ.COM

ÉVÉNEMENT TRAGIQUE

ET, EN 1984, LE DONJON S'EFFONDRA…

Johan Tamer-Morael n'avait que six ans mais il s'en rappelle encore. « Enfant, j'ai connu cette tour de guet, quand j'allais au château avec mes parents. Elle s'est effondrée d'un coup, par vétusté et défaut d'entretien. Dans l'histoire d'Esquelbecq, chaque grande famille a souhaité marquer son temps en surélevant la tour. Après sa construction en 1470, elle a été rehaussée à deux reprises, en 1590 puis en 1820 », explique Johan.

Le donjon, avant 1984

On lui jure durant son enfance : « Pour tes 18 ans, tu verras, elle sera rebâtie… » Hélas, ce ne sera jamais le cas, et il faudra attendre 2016 pour que les dégâts collatéraux, une aile de la demeure abattue, soient totalement réparés. Dans un projet artistique mené avec le château, un photographe a archivé la mémoire d'habitants du village. Parmi eux, quelques anciens se souvenaient très bien être montés tout en haut de ce donjon…

CENTRE-VAL DE LOIRE

XAVIER LELEVÉ
CHÂTELAIN CRÉATIF À MEUNG

L'impressionnant château de Meung, dans le Loiret, a connu une histoire mouvementée avant d'être acquis en 2010 par Xavier Lelevé, un châtelain dynamique jamais à court d'idées pour donner vie à son domaine. Ici, les animations ne manquent pas et prennent parfois des formes surprenantes : il y a même un festival annuel de la sieste ! Pour réaliser ses projets, Xavier Lelevé utilise les techniques les plus innovantes et les plus inattendues, comme l'utilisation de show vidéo dans les souterrains ou un parcours en odorama.

D'où vous vient cette passion pour les châteaux ?

Xavier Lelevé – Nous sommes portés et guidés par un intérêt très fort pour la sauvegarde du patrimoine. Tout commence par là. Je pense que le patrimoine est un témoignage sociétal tout à fait exceptionnel. On lui doit un minimum de respect, à la fois pour le bâti lui-même, et pour ces hommes qui ont tant peiné à le construire, avec des moyens souvent rudimentaires. Au-delà du bâtiment, le patrimoine témoigne d'une vie sociale très spécifique. Un monument historique n'est pas une coquille vide. Au risque de l'anachronisme, c'est une sorte de PME, qui a regroupé tout un éventail de métiers et de savoir-faire. C'est tout cela qui m'intéresse de décrypter. D'un côté, il faut

UN POÈTE DANS LES GEÔLES DE MEUNG

SAUVÉ PAR LOUIS XI

Dans les souterrains du château de Meung-sur-Loire a été enfermé, pendant quatre mois, en 1461, le poète François Villon.

« Les dures conditions de la prison de Meung »
C'est ainsi que François Villon évoque, dans *Le Testament*, son œuvre majeure, son emprisonnement dans les souterrains de Meung. Ce n'est pas tant son comportement de débauché qui lui vaut d'être emprisonné, ni de s'être fait passer pour un « coquillard », Meung-sur-Loire se trouvant sur la route de St-Jacques-de-Compostelle. François Villon est soupçonné d'avoir volé un objet dans une église. L'évêque d'Orléans de l'époque le fait arrêter, emprisonner et torturer. Villon est soumis à la question à l'eau, parce qu'on n'a pas le droit de verser le sang dans la demeure d'un évêque. Bras et pieds attachés, on le cambre et on lui fait ingurgiter une considérable quantité d'eau jusqu'à ce qu'il avoue, puis on le laisse pourrir dans les geôles. Louis XI vient le délivrer en octobre 1461, au moment de son couronnement, sans doute à la demande de Charles d'Orléans, avec lequel François Villon avait eu des joutes poétiques.

Aujourd'hui, la visite des souterrains du château, qui servaient aussi de cellier et de refuge, propose un show vidéo présentant leur fonction.

restaurer le monument, le comprendre, le remettre « dans son jus » ; et puis, de l'autre, expliquer comment on vivait dans ces grandes demeures. Voilà ce qui a motivé mon désir d'être châtelain.

Quels sont les principaux atouts de votre château, en termes d'œuvres d'art ?

Meung était un château de fonction. Quand un évêque mourait, l'ensemble de ses biens revenait au roi et son successeur réaménageait l'intérieur à son goût. Cela permet de restituer toute la vie quotidienne d'époques très différentes (du 13e s. au 18e s.), depuis la salle des Gardes voûtée à son herboristerie, sa grande cuisine, sa salle à manger, et surtout ses merveilleux bains, avec leur bain de vapeur, leur cuvier, et leur machine hydraulique.

Combien coûte l'entretien de votre château ?

Avec le personnel, il faut compter plus de 200 000 € par an pour un château comme celui de Meung-sur-Loire.

« Le patrimoine est un témoignage sociétal tout à fait exceptionnel. On lui doit un minimum de respect, à la fois pour le bâti lui-même, et pour ces hommes qui ont tant peiné à le construire. »

01. Dans la cuisine du 18e s.
02. Grand escalier

02

03

01

02

03

01. Façade 18e s., côté cour
02. Tour du 15e s.
03. Façade médiévale.

À combien estimez-vous le coût des travaux restant à effectuer ?

On en est à la troisième phase de travaux urgents, laquelle s'élève à 908 000 €, pour le pavillon sud, incluant le ravalement, la toiture, la charpente, la pierre de taille. Après, il reste encore un programme de 5 millions d'euros à mettre en place... Parmi les prochains gros projets figure la recréation des jardins, comprenant la réhabilitation de deux petites folies, dont un pavillon de musique, avec le soutien de la DRAC. Puis viendront la réfection de la cour d'honneur, du logis central, et bien d'autres choses encore...

Comment allez-vous procéder pour la recréation des jardins ?

Pour ce faire, on a eu recours à une technique au nom un peu barbare, « lasergrammétrie », un mode de relevé topographique 3D. Ce procédé permet de réaliser des mesures précises à l'aide d'un dispositif de télémètre à balayage également appelé « scanner laser » ou « LiDAR » [*Light detection and ranging, ndlr*]. En clair, on embarque un laser sur un drone qui bombarde la propriété de 90 millions de points avec chacun leurs coordonnées GPS. Ainsi, on obtient une topographie extrêmement précise du sol. Le procédé est génial, couramment utilisé en archéologie : il offre l'avantage de n'être en rien destructif, car il n'y a pas de fouilles. La topographie révèle tous les artefacts. En comparant ces données avec les plans historiques, nous nous sommes aperçus que tous les jardins avaient été réalisés. En associant les relevés LiDAR et les études menées sur les jardins, nous en avons maintenant une connaissance parfaite, avec leurs cours d'eau et les parterres.

Le château a lui aussi été numérisé. C'est incroyable : avec la technologie moderne, on obtient un niveau de lecture du bâti et des sols absolument exceptionnel !

Vous avez été lauréat de la mission Bern, en 2020. Comment cela s'est-il passé ?

Pour être tout à fait honnête, je n'ai pas tout à fait compris comment ça se passait ! Nous avons fait feu de tout bois : nous avons mobilisé les élus, les députés, l'acteur Samuel Labarthe, qui vient faire des lectures chez nous et qui parraine l'opération « Soirée blanche » ; il a glissé notre dossier en mains propres à Stéphane Bern, et lui en fait la promotion. On a réussi à mobiliser Maryvonne de Saint-Pulgent, qui a été la grande patronne du Patrimoine en France, et qui a également appuyé notre dossier. Bref,

MEUNG-SUR-LOIRE À TRAVERS L'HISTOIRE

L'histoire du château de Meung-sur-Loire débute en 861, quand est signé, dans ce qui n'est alors qu'un lieu fortifié comprenant un monastère, un traité entre Robert le Fort, grand-père de Hugues Capet, et Charles II le Chauve, petit-fils de Charlemagne. Le moment est d'importance, car il marque le passage de la dynastie carolingienne à la dynastie capétienne.

Un nouveau château, résidence des évêques d'Orléans, naît au 12e s. La forteresse accueille des personnages illustres, comme Louis XI ou François Ier, ainsi que le poète François Villon, enfermé dans ses sinistres cachots *(voir encadré p. 101)*. Pendant la guerre de Cent Ans, la forteresse passe aux mains des Anglais, qui en sont délogés par Jeanne d'Arc et son compagnon d'armes, le duc Jean II d'Alençon, en 1429. Après l'ajout de différents bâtiments au 16e s., l'édifice est abandonné durant les guerres de Religion, jusqu'au début du 18e s. À cette date, l'évêque d'Orléans Louis-Gaston de Fleuriau d'Armenonville remanie Meung pour en faire une résidence d'agrément. On lui doit la façade ouest de style classique, avec son corps de logis coiffé d'un fronton triangulaire entouré de deux pavillons, le tout encadrant la cour d'honneur, ainsi que l'aile sud. L'élégance de cette façade contraste avec l'allure médiévale puissante et austère de celle donnant sur le parc. À partir de 1771, l'évêque Louis Sextius Jarente de la Bruyère investit toute sa fortune pour recréer ici un petit Versailles. Il décore le château avec faste, ajoute une chapelle néoclassique et fait dessiner un parc à l'anglaise. À la Révolution, le château est vendu comme bien national et acheté par le baron Jacques-Jean Le Couteulx du Molay, par ailleurs propriétaire du château de la Malmaison qu'il revendra à Joséphine de Beauharnais. Le château de Meung demeurera dans cette famille jusqu'en 1859.

ZOOM SUR

« INSCRIS TON NOM DANS L'HISTOIRE »

Du 16 septembre 2020 au 1er octobre 2021, Xavier Lelevé a mené avec la Fondation du patrimoine une action originale de mécénat participatif pour restaurer la toiture de son château, un chantier s'élevant à 900 000 €. Chaque visiteur pouvait acheter une ardoise (à partir de 30 €) et y écrire son nom (ou tout autre texte), pour entrer ainsi dans l'histoire du château. Celle-ci était ensuite posée aux côtés des 26 000 autres ardoises.

01

comme je le disais, nous avons vraiment fait feu de tout bois! Nous avons également fait des opérations de sensibilisation politique auprès des élus. Nous avons sollicité la Fondation du patrimoine, qui nous a soutenus. Nous avons finalement obtenu une aide tout à fait essentielle, qui s'élève à 148 000 €.

En quoi consistent les « Soirées blanches » ?

C'est un grand événement estival. Les gens s'habillent en blanc et pique-niquent dans le parc. Il y a un orchestre, une soirée dansante et un spectacle de feu.

J'ai rencontré un peu par hasard le comédien Samuel Labarthe. Il a accepté de parrainer l'événement. Il nous a proposé de faire une lecture, la veille, de *L'usage du monde*, de Nicolas Bouvier. C'était formidable, parce qu'il est un très bon lecteur. Il nous a fait rencontrer Anne Rotenberg, ancienne responsable du festival de lectures de Grignan. Ces personnes nous apportent une aide précieuse, en termes de visibilité auprès du public et de relationnel pour attirer des comédiens et quelques grands noms. Grâce à Samuel Labarthe et à Anne Rotenberg, on a même pu monter un festival de lecture à Meung avec Thibault de Montalembert et Clémentine Célarié. La première édition a eu lieu l'été 2021.

02

01. Soirée blanche au château
02. Spectacle de mousquetaires en costumes d'époque

Y ALLER

CHÂTEAU DE MEUNG
16 PLACE DU MARTROI
45130 MEUNG-SUR-LOIRE
T. 02 38 44 36 47
CHATEAU-DE-MEUNG.COM

4 SAISONS À VIVRE À MEUNG-SUR-LOIRE

01
Printemps
Venez fêter Pâques en famille : ferme pédagogique, traite de la chèvre… et même la possibilité de donner le biberon aux agneaux !

02
Été
À la belle saison, les soirées de Meung sont animées ! Festival de lecture, soirée blanche et concerts sont organisés en plein air.

Meung sert de décor à des reconstitutions : campements de Jeanne d'Arc en 1429 et du maréchal d'Empire Berthier.

03
Été - Automne
Présentation de costumes et d'accessoires d'époque. Pour plus de frissons, ne manquez pas la soirée d'Halloween.

04
Hiver
En décembre, c'est Noël au château ! Le domaine se pare de mille décorations : sapins, guirlandes, bougies, et autres illuminations donnent au lieu une atmosphère magique.

NOUVELLE-AQUITAINE

ÉTIENNE CLUZEL
REDRESSEUR DE FORTS À SIREY ET PALUEL

Le regard clair, le verbe direct, Étienne Cluzel a remué à 34 ans plus de pierres qu'il n'en faudrait pour construire trois fois le château de Paluel. Cette forteresse éventrée, une des plus imposantes du Sarladais, il l'a acquise aux enchères en 2017, acte de bravoure d'un parcours semé de murs et de châteaux remontés. Ce fils d'agriculteur partage avec son père l'amour de la construction, celle qu'on pratique sur l'échafaudage, à l'œil et à la main.

D'où vous vient cet intérêt pour la pierre ?

Étienne Cluzel – De mon père. Quand j'avais 10 ans, il a restauré ses premiers corps de ferme. Au retour de l'école, je faisais le petit manœuvre, je portais les seaux. Il avait 40 ans quand il a commencé à toucher à la pierre ; il a appris sur le tas, attrapé le virus, et me l'a transmis. À deux, on forme une bonne équipe. Il m'amène la sagesse et le conseil et moi « j'envoie la patate ». On a construit les halles de Souillac ensemble. Sans grue, sans Manitou [*marque de chariots élévateurs, ndlr*]. Juste un tracteur et une « chèvre » [*petite structure de levage, ndlr*] bricolée. C'était un peu rudimentaire…

Comment vous considère-t-on dans la région ?

Les gens ne comprennent pas toujours : je fais beaucoup de choses, j'aime avoir une vie bien remplie. Pour l'essentiel un plaisir intérieur.

Comment faites-vous pour dégager du temps ?

J'ai deux activités. C'est grâce à ça que je ne m'ennuie pas. L'une finance l'autre. L'été je gagne de l'argent pour voir arriver l'hiver et le dépenser. Mon activité principale est la cuisine. J'ai fait l'école hôtelière et j'ai un restaurant à Carlux, où je suis cuisinier. Ma femme travaille avec moi. Je gère aussi un hôtel que j'ai racheté, avec vingt chambres et un restaurant. Mais là j'ai une équipe.

Étienne Cluzel et la chapelle semi-troglodytique qu'il a restaurée au-dessus de Carlux

Paluel n'est pas votre première acquisition. Comment avez-vous acheté le château de Sirey ?

J'avais sympathisé avec le propriétaire auquel j'ai acheté des lauzes pendant que je construisais ma première maison, en rentrant des cours, quand j'avais 18 ans. Cinq ans plus tard, quand il a voulu se défaire du lieu, il est venu me voir. Comme beaucoup d'Anglais, il rêvait d'avoir un château, mais celui-ci était un peu trop volumineux. L'édifice avait été éventré en 1993 par une explosion de gaz, et le chantier était lourd. Lorsque le propriétaire m'a vendu le bien pour une somme modique, nous savions que c'était un cadeau empoisonné car il fallait un travail énorme pour remonter les murs et la toiture. Si vous recherchez ce type de lieux, il vaut mieux les acheter déjà restaurés plutôt que de s'embarquer à faire des réparations. Si vous passez par des entreprises, c'est hors de prix. Mais moi, ça me plaît de restaurer.

Vous n'y habitez pas ?

Nous avons construit un petit commun à côté, qui nous procure un revenu en location et s'entretient plus facilement. Dans le gros bâtiment, il y a tout à refaire : électricité, plomberie, déco… Pour le moment, Sirey est hors d'eau, hors d'air. Il ne s'abîme pas. Depuis l'achat en 2008, nous avons réparé, à trois, pendant presque quatre ans, les toitures et toute la façade, après avoir consolidé la voûte au premier niveau. Professionnellement, j'ai dû m'arrêter un peu quand nous avons racheté l'hôtel-restaurant que j'ai réhabilité à Carlux. Je ne voulais m'attaquer à l'intérieur du Sirey qu'avec la perspective d'une disponibilité d'un ou deux ans complets pour ne pas risquer de commencer sans finir. Entretemps, eh bien !… Paluel est arrivé. Et là, au Paluel, il y a aussi des travaux d'urgence : il est sur le

« Si vous recherchez ce type de lieux, il vaut mieux les acheter déjà restaurés plutôt que de s'embarquer à faire des réparations. Mais moi ça me plaît de restaurer. »

À CHACUN SA FAÇON

DE SAUVER LE PATRIMOINE

Le 21 septembre 2017, à Bergerac, le château dePaluel est mis aux enchères. Quatre enchérisseurs participent à la vente, dont Étienne Cluzel et Julien Marquis – délégué général de l'association Adopte un château qui œuvre à la sauvegarde du patrimoine et pratiquait le *crowdfunding* *(voir p. 220)*.

Quand on demande à Étienne Cluzel s'il a pensé à s'associer à l'initiative d'Adopte un château, il répond : « Nous avons tous des rêves de château. Mais sur le mode de fonctionnement et dans la réalité, je suis l'antithèse. Nous, nous sommes une famille. Nous n'allons pas chercher l'argent ailleurs. Adopte un château est une association, gérée par un groupe de personnes qui ont trouvé un moyen extraordinaire de lever des fonds, appuyé sur la technologie et les usages contemporains. Pour moi, il y a un défaut sur la longueur. Un propriétaire doit pouvoir laisser sa marque. Là, la dilution est incroyable, un lieu partagé par 2 000, 3 000, 5 000 contributeurs… En possédant une part infime d'un lieu, vous n'êtes pas vraiment propriétaire. »

S'il a une vision plus exclusive et personnelle de la propriété et de la gestion du patrimoine, le Périgourdin souligne toutefois l'intérêt du financement participatif : « On peut vouloir sauver un bâtiment en s'impliquant financièrement, même à petite échelle. C'est une façon intelligente de dépenser son argent. C'est un beau geste. »

01

02

01. Château de Sirey
02. Un des gîtes loués par la famille Cluzel, à Calviac-en-Périgord
03. Château de Paluel

03

point de s'effondrer. Vous avez vu le donjon écroulé ? C'est un avertissement. Je suis un peu freiné par l'administration qui ne lâche les autorisations que petit à petit. Et moi aussi, il m'arrive de ne pas tout lâcher d'un coup.

Le Paluel n'a-t-il pas été vendu trop cher pour un château en ruines ?

Exact ! J'ai emporté l'enchère à 853 000 €. En fait, le Paluel s'est vendu terriblement cher pour son état. Seulement, il était encore entouré de végétation, un peu mystérieux. Un lieu en perdition et de ce calibre-là, dans tout le Sarladais, c'est unique. C'était une occasion. Peut-être aussi que l'enchère est montée parce qu'Adopte un château *(voir p. 220)* avait mis les pleins feux sur la vente. Et puis, le Paluel est à deux pas du Sirey. C'est la première fois dans l'histoire que les deux châteaux sont réunis par un même propriétaire. Le fait, aussi, que je sois bien accueilli par la mairie de St-Vincent a beaucoup compté. Alors, j'ai fait en sorte d'avoir les provisions et de créer le schéma de financement. Je suis allé à la limite de ce que je pouvais emprunter. C'est vraiment mon travail qui le paye et tous mes bâtiments sont hypothéqués, ainsi que la ferme de mon père. Mais ça ne m'inquiète pas. Je suis jeune !

Vous ne vous sentez pas seul de temps en temps ?

Non, non, parce que finalement, on y arrive très bien comme ça. Et à la fin, c'est aussi beau d'y arriver en restant autonome.

Quel état souhaitez-vous restituer au Paluel ?

On va essayer de lui redonner l'état qu'il avait quand il a brûlé en 1944. On ne va pas remonter plus loin, puisqu'il a subi des modifications en 1895.

Si un très beau château venait à se vendre dans le coin, l'achèteriez-vous ?

Certains me disent : « Avec le Paluel tu as trouvé le projet de ta vie et tu en as pour 30 ans. » J'espère que le projet de ma vie ne se réduira pas au Paluel. J'ai d'autres ambitions dans la tête. Mais c'est LE gros projet. J'ai toujours rêvé de posséder un château

« J'adore la phase de sauvetage, de construction, et me dire qu'après mon passage, il y aura eu un changement. »

important. Le Sirey, magnifique, est mon petit bébé parce que c'est mon premier château. Mais, il n'a pas l'allure du Paluel, pas de souterrain, pas d'éperon rocheux. Un gros château, « ça a de la gueule » ! Les choses, je ne les prévois pas. Mais, j'avais prévu que mon entreprise aurait une santé financière qui m'autoriserait un gros achat. Je ne cherche pas à acquérir mais j'ai des envies et j'ai toujours bien réagi pour saisir une occasion.

L'optimisme de la jeunesse ?

Quand on est jeune on n'a peur de rien. Je crains la sagesse. Le jour où j'aurai atteint l'âge de sagesse, je risque de vouloir profiter des lieux. Celui qui travaille le plus n'est pas forcément celui qui en jouit. Par contre, c'est très agréable. J'adore la phase de sauvetage, de construction, et me dire qu'après mon passage, il y aura eu un changement. Pour payer mes échéances, même avec les aides de l'État, j'ai besoin de faire de bonnes saisons, et en ce moment c'est difficile. Je sais que c'est du boulot, mais avec de l'énergie, beaucoup d'énergie, du bon cœur et du courage, ça passe. Je vois que les enfants grandissent, que je suis content d'être jeune papa. Et quand un lieu arrivera... j'en pèserai un peu plus les tenants et aboutissants.

RESTAURER EN SE RESTAURANT

POUR SÉJOURNER, PRENDRE UN REPAS, EN AIDANT À RESTAURER LE PALUEL :
À CARLUX :
HÔTEL-RESTAURANT LE ROUFFILLAC
LE RELAIS DU PAYSAN
À SOUILLAC :
LA TABLE DU PAYSAN
...OU ACHETER DES PRODUITS DU TERROIR :
LA HALLE PAYSANNE

WWW.HOTELROUFFILLACDORDOGNE.COM

LA PASSION H24

GARDER LE SENS

Étienne Cluzel a commencé jeune. À 17 ans, il était papa et construisait sa première maison. « Après j'ai toujours assumé. Ça vous lance dans la vie ! » Il n'a pas 35 ans et déjà s'enchaînent halles, ferme, deux châteaux, « plein de bicoques »... Parmi elles, une série de cabanes en pierre sèche et une chapelle semi-troglodytique qui jalonnent un superbe parcours au-dessus de son hôtel-restaurant à Carlux, en surplomb de la Dordogne. Au passage, il a acheté pour 5 000 € à la mairie de Souillac l'église de Bourzolles, vouée à la démolition, qui mérite le coup d'œil depuis qu'il l'a restaurée.

Le métier saisonnier au restaurant, « ça massacre, parce qu'on est H24 dans la cuisine. Et ma passion dévorante pour la pierre fait que, l'hiver, je suis aussi 24h/24 sur la pierre. Et après, il y a des contreparties : j'ai eu un petit rappel sur le dos, et sur la vie de couple. Parfois ce n'est pas facile. Ma plus belle petite réussite, ce sont mes enfants et ma dernière fille. Elle a un sourire magnifique. Il n'y a pas que la pierre... Tout faire sans une famille, ça n'a pas de sens. »

PALUEL MARTYRISÉ, MAIS PALUEL SAUVÉ !

« **Mais c'est pas pour ça que vous m'avez fait signer ?!!** s'exclame de Funès, richissime marchand d'art, yeux écarquillés en s'adressant à Gabin, un aristocrate sans le sou.
– Mais c'est vous qui avez voulu signer ! rétorque celui-ci.
– Mais, il fallait m'en empêcher ! reprend De Funès, crucifié par la nouvelle.
– Mais vous êtes fou et c'est dangereux de contrarier les fous.
– Regardez ça, c'est une ruine !
– Ah ben ! il a brûlé quatre fois ! La dernière fois en 44. »

En effet, à la fin de la Seconde Guerre mondiale, les Allemands ont brûlé la forteresse médiévale, alors composée d'un corps de logis, de deux tours d'angle, d'une tour d'escalier et d'un donjon du 12e s., le tout cerné de courtines. Ils réduisaient ainsi en cendres les efforts du prince de Croÿ qui avait acheté et restauré l'ensemble au début du 20e s., lui adjoignant une aile néo-gothique. Le film *Le Tatoué*, réalisé par Denys de La Patellière en 1968, montre l'état de Paluel et, en filigrane, le pari chevaleresque d'une telle restauration. Étienne Cluzel, en 2017, a relevé le défi.

NORMANDIE

NICOLAS NAVARRO
DU PAVILLON DE BANLIEUE AU CHÂTEAU DU TAILLIS

Le château du Taillis appartient à un jeune et dynamique châtelain : Nicolas Navarro, qui vit là avec sa famille. Adolescent, il est littéralement tombé amoureux du domaine. Aujourd'hui quadragénaire, l'enthousiasme du propriétaire n'a jamais faibli. Toute l'année, le château sert de cadre à des animations variées ; le domaine est devenu non seulement autosuffisant, mais bénéficiaire !

Au domaine du Taillis, perle des rives de la Seine en aval de Rouen, la vie de château est une affaire de famille. Ce sont les parents de Nicolas Navarro qui ont quitté la région parisienne pour acheter ce domaine, en 1998. Nicolas Navarro a désormais pris lui-même la relève. Il a pu compter sur le soutien indéfectible de son épouse et d'une bande de copains. Même ses enfants ont mis la main à la pâte !

Comment êtes-vous devenu châtelain ?

Nicolas Navarro – À l'origine, mes parents et moi vivions dans une banlieue parisienne pavillonnaire. On possédait une petite chaumière sur la côte normande. Mon père voulait s'installer en Normandie, une région qu'on adorait, mais on cherchait un endroit pas trop loin de Paris, où ma mère travaillait. On aimait les vieilles pierres. Alors, on a écumé les abords de Rouen, visité des corps de ferme… Puis on est tombé un peu par hasard sur le château du Taillis, qui était en vente et dans nos prix. Et on est tombé amoureux du lieu : le corps central du Taillis est une « symphonie musicale ». Avec ses reliefs, ses corniches, et ses encorbellements, sa façade change de couleur selon l'inclinaison du soleil.

UNE VISITE RICHE EN SURPRISES

LES GI'S AU CHÂTEAU

Le Taillis, classé Monument historique en 1994, est l'unique exemple, en Seine-Maritime, de château adoptant le style de la fin de la Renaissance italienne. Sa construction débute en 1532. Deux ailes de style Louis XIII sont ensuite ajoutées de part et d'autres du corps central. Dans la seconde moitié du 18e s., deux pavillons en brique jaune sont greffés au bâtiment, sans que cela nuise à l'harmonie de la façade principale, qui donne sur la splendide allée de tilleuls.

Un propriétaire collectionneur

Le musée « Août 1944, l'enfer sur la Seine » a été créé au-dessus des anciennes écuries du château. Abritant du matériel militaire d'époque, dont des armes et quelque 80 pièces de véhicules et de blindés, il retrace les ultimes épisodes de la bataille de Normandie et la sanglante retraite des Allemands. Il reflète l'une des passions de Nicolas Navarro, qui collectionnait déjà des objets militaires de la Seconde Guerre mondiale alors qu'il n'avait que 10 ans.

01

02

01. Salle à manger
02. Détail du décor peint du château

« Mon père, qui avait alors 50 ans, était très réaliste : il avait conscience de la difficulté que représentait l'entretien d'un tel château. »

Quand mes parents l'ont acheté, en 1998, l'idée était d'en faire une maison de famille. À aucun moment, on avait imaginé les difficultés qui allaient se présenter.

Comment s'est passé ce changement de vie ?

J'avais 16 ans quand mes parents ont acheté le Taillis. Pour moi, c'était génial, c'était extraordinaire ! Je voyais la vie comme l'adolescent que j'étais alors : j'étais enthousiaste, plein d'idées, avide d'expériences nouvelles.
Mon père, qui avait alors 50 ans, était très réaliste : il avait conscience de la difficulté que représentait l'entretien d'un tel château. Le chantier était immense. Moi, j'étais plus insouciant, rien ne me faisait peur, j'avais un tempérament à aller de l'avant. J'ai tout fait pour l'aider. J'ai relevé les manches, et j'ai pris le relais. Je me suis intéressé à des secteurs que j'ignorais complètement. Je suis devenu fiscaliste, guide, couvreur, maçon, bûcheron, jardinier… et même videur de fosse septique ! Je n'ai jamais capitulé.
Je suis exigeant sur la qualité d'exécution, intransigeant sur le respect et l'authenticité des lieux… quitte à me mettre moi-même des bâtons dans les roues !

01

02

03

01. Façade du château côté perspective
02. Reconstitutions historiques pour les commémorations du 8 mai 1945
03. Orangerie du domaine

« On a failli plusieurs fois mettre un terme à notre rêve, tout simplement parce qu'on n'arrivait pas à joindre les deux bouts. Cela a duré plus d'une décennie. »

Faut-il être fortuné pour devenir propriétaire d'un château ?

À la différence d'autres propriétaires de châteaux, on fait beaucoup par nous-mêmes au Taillis. Énormément. Parce que nous aimons faire les choses par nous-mêmes, et tout simplement parce que nous n'avons pas des fonds illimités. Nous ne sollicitons les entreprises que pour des travaux très qualifiés.

Pour répondre à votre question : non, il n'est pas du tout nécessaire d'être fortuné pour devenir propriétaire d'un château comme le mien. En revanche, faute de fortune personnelle, nous avons été confrontés à d'importants problèmes financiers. Par exemple, il a été impossible de financer à la fois le crédit d'acquisition du château et les travaux. En grandissant, une question me taraudait : comment pourrais-je maintenir seul la propriété à flot, sans l'aide de mes parents ? On a failli plusieurs fois mettre un terme à notre rêve, tout simplement parce qu'on n'arrivait pas à joindre les deux bouts. Cela a duré plus d'une décennie.

Aujourd'hui, pour pouvoir financer les travaux et mener à bien des projets de restauration, on a dû faire une croix sur notre confort personnel. Au château, il fait parfois seulement 8 °C au plus fort de l'hiver... Et ce n'est pas le seul sacrifice. Dès qu'on part en vacances, celles-ci sont toujours empiétées par un drame : une tempête, un gros arbre qui tombe...

ESCAPE GAME ET MURDER PARTY

ENQUÊTES AU CHÂTEAU

Il se passe toujours quelque chose au Taillis : fêtes des plantes, marché de Noël, visites nocturnes à la bougie... mais aussi, enquêtes criminelles et espionnage ! Nicolas Navarro et son épouse sont des créatifs, jamais à court d'idées !

Des pros du système D

Le Taillis est non seulement autosuffisant, mais il engrange même des bénéfices ! Son secret ? Multiplier les animations et baisser les coûts en s'occupant de tout. Pour l'*escape game*, Nicolas Navarro a rencontré des sociétés spécialisées qui demandaient entre 10 000 et 15 000 €. Son épouse a réalisé le scénario, les textes et les décors. Du coup, l'*escape game* a seulement coûté 1 500 € et a été rentabilisé dès la première année ! L'objectif du jeu ? Retrouver des documents stratégiques pour la préparation du Débarquement de 1944.

Des visiteurs actifs

Plusieurs fois par an, une *murder party* est organisée au château du Taillis, notamment à la Toussaint. Ces enquêtes grandeur nature rencontrent un gros succès. Les participants sont amenés à retrouver l'auteur d'un crime en fouillant les pièces du château à la recherche d'indices. Pour baisser les coûts, Nicolas Navarro s'appuie sur des bénévoles et sur une bande d'amis qui endossent différents rôles avec beaucoup de professionnalisme.

HISTOIRE D'UNE RÉSURRECTION

LA SERRE DU TAILLIS

Le parc du Taillis, que précède une allée de tilleuls longue de 800 m courant vers la Seine, mélange esprit français et fantaisie anglaise. Il est agrémenté de bosquets, de massifs, d'arbres plus que centenaires, d'une orangerie en forme de temple grec et d'une serre métallique.

Sauvée in extremis

Construite vers 1870, la serre du parc est un petit trésor. Longtemps, Nicolas Navarro, toujours contraint de parer au plus pressé, n'a pu qu'assister à son inexorable dégradation. Jusqu'en 2010 où, devant l'urgence, il se rapproche de la Fondation du patrimoine et présente un devis s'élevant à 100 000 €, un coût qu'il ne peut assumer.

En 2018, la Fondation du patrimoine s'intéresse de nouveau à la serre du Taillis. Quelques semaines plus tard, la mission Bern lance un appel. Bingo ! Le dossier de Nicolas Navarro, très complet, est accepté. Il reçoit 60 000 € d'aides, auxquels s'ajoutent 20 000 € issus du mécénat. Nicolas n'a plus qu'à débourser les 20 000 € restants pour sauver le monument. C'est désormais chose faite !

Maintenant, un jeune collaborateur de 25 ans, que j'ai formé, prend le relais quand nous sommes absents. Avant cela, pendant 22 ans, on n'avait jamais pris de congés !

Comment avez-vous trouvé les indispensables sources de financement ?

J'ai compris que l'argent pouvait provenir de l'exploitation du domaine et de son riche potentiel. J'ai alors imaginé un éventail d'activités toujours plus large, jusqu'à proposer un calendrier très suivi dépassant le cadre de la région Normandie. D'abord, nous avons accueilli des réceptions privées et des séminaires professionnels. On a ensuite ouvert le domaine au public, organisé des visites guidées ou de groupes, puis nous sommes devenus une escale pour les croisiéristes américains descendant la vallée de la Seine. L'augmentation substantielle des recettes de billetterie nous a permis de faire face à des dépenses imprévues, inhérentes à la gestion d'un tel domaine. Parmi les événements que nous avons organisés, j'ai tout lieu d'être fier que certains soient devenus emblématiques du Taillis. Sans parler de la reconnaissance du lieu auprès d'un public toujours plus large, cela génère d'importants volumes financiers, à l'instar de la commémoration du 8 mai 1945, le domaine se trouvant au cœur de la bataille de Normandie. Cette seule manifestation nous apporte 20 % de notre chiffre d'affaires en seulement deux jours !

> « J'ai compris que l'argent pouvait provenir de l'exploitation du domaine et de son riche potentiel. J'ai alors imaginé un éventail d'activités toujours plus large. »

INFORMATIONS PRATIQUES

CHÂTEAU DU TAILLIS
76480 DUCLAIR
T. 02 35 37 95 46 OU 06 83 82 22 89
WWW.CHATEAUDUTAILLIS.COM

AGENDA

PRINTEMPS
EN MAI : RECONSTITUTIONS HISTORIQUES POUR LES COMMÉMORATIONS DU 8 MAI 1945, AVEC 400 PARTICIPANTS.
EN JUIN : RENDEZ-VOUS AUX JARDINS (ARTISANAT, VENTE DE PLANTES, ANIMATIONS).

ÉTÉ
VISITES NOCTURNES À LA LUEUR DES BOUGIES.
« VENDREDIS AU TAILLIS » (MARCHÉ CONCERT FOOD TRUCK).

AUTOMNE
EN SEPTEMBRE : JOURNÉES EUROPÉENNES DU PATRIMOINE.
EN OCTOBRE : MURDER PARTIES ET CHASSES AUX ÉNIGMES.

HIVER
NOËL AU CHÂTEAU (MARCHÉ D'ARTISANS ET DE CRÉATEURS LOCAUX, ATELIERS POUR ENFANTS ET ILLUMINATIONS).

RESTAURATIONS EN COURS

LA MAISON DU CHAPELAIN ET LA FERME DU CHÂTEAU

Fin 2017-2018 débute la réhabilitation de l'une des ailes du château, la maison du chapelain, qui doit accueillir un gîte. Le coût des travaux est faramineux : 350 000 € pour une maison de 150 m^2 ! Nicolas Navarro, membre du réseau des Audacieux du Patrimoine *(voir encadré p. 236)*, apprend qu'il peut compter sur le soutien de l'Union européenne. Il s'adresse aussi aux collectivités publiques en France, mais sans succès. Par chance, les fonds européens offrent 100 000 € pour encourager la création d'hébergements en milieu rural.

Le projet est donc maintenu, et l'ouverture du gîte est prévue pour l'été 2021. La maison, en très mauvais état, a été sauvée in extremis de l'effondrement. Avant les travaux, des « capsules temporelles » ont été cachées dans les murs : elles renferment des lettres et toutes sortes d'objets placés par la famille du propriétaire. On y a même caché un masque anti-Covid !

L'autre projet du moment, c'est la ferme du château. Séparée du château en 1982 et laissée à l'abandon, elle a été rachetée par l'épouse de Nicolas Navarro. L'édifice exige un assainissement d'urgence et une mise hors d'eau. Coût estimé des travaux : 1,5 million d'euros. Les propriétaires ont prévu de les réaliser eux-mêmes.

Nicolas Navarro souhaiterait aussi restaurer l'étable et la charretterie, beaux exemples d'architecture rurale du 18e s. : le propriétaire rêve de faire de ce lieu bucolique, construit en torchis et colombages, son « petit hameau de la Reine », peuplé d'animaux.

Basin-Jules et Jean-Pierre Potet

BOURGOGNE-FRANCHE-COMTÉ

POTET PÈRE ET FILS
LA RELÈVE ASSURÉE À VILLERSEXEL

L'aventure commence en 1977, lorsque Jean-Pierre Potet décide sur un coup de tête d'acheter le château de la famille de Grammont, à Villersexel. Un défi à relever, mais aussi un moyen d'échapper à la superficialité de la vie parisienne. Après une vie consacrée à sa propriété, Jean-Pierre Potet en a confié la gestion à son fils Basin-Jules. Chronique d'une résurrection.

Lorsque Basin-Jules reprend les rênes du château de son père, en 2015, l'affaire est un gouffre financier. Mais le jeune homme de 22 ans a une ambition : passer d'un mode d'exploitation familial à une entreprise professionnelle. Il va lui falloir déployer des trésors d'ingéniosité.

UNE ENFANCE HORS NORME

« Certaines années, l'argent manquait pour se chauffer et, c'est bête à dire, certains soirs pour manger » se rappelle Basin-Jules. Passer son enfance dans un immense château, dans des pièces de plus de 5 m de hauteur de plafond, frigorifié l'hiver et voyant l'été son père courir après l'argent pour payer les factures, n'a rien eu d'un conte de fées. À l'école, Basin-Jules évitait soigneusement d'avouer à ses camarades qu'il habitait Villersexel. Vivre dans un château, n'est-ce pas, c'est être un riche rentier partageant son temps entre réceptions mondaines et parties de chasse. Et lorsque plus tard, il invita un copain au château et qu'il lui proposa de faire un tour du jardin… en voiture, il mesura, à l'étonnement de son ami, la distance qui le séparait du commun des mortels. De quoi se forger un caractère et une destinée.

D'ABORD SE FAIRE CONNAÎTRE

Fort de son master en droit des affaires, le jeune châtelain se tourne tout d'abord vers une entreprise de *crowdfunding* américaine. On l'écoute poliment, puis vient la question fatidique : « Où vous trouvez-vous ? » Lorsqu'il répond naïvement « entre Belfort, Vesoul et Montbéliard », silence... puis on lui raccroche presque au nez en lui souhaitant bonne chance.

Il s'y prendra donc autrement. Premier objectif : communiquer pour faire connaître le château. Pour cela, Basin-Jules imagine plusieurs opérations qui ne coûteraient presque rien... C'est tout d'abord une chasse aux œufs de Pâques. « Tu auras vingt personnes » prophétise son père. Le jour dit, environ 2 000 visiteurs se pressent à la grille. Vient ensuite un marché artisanal qui va attirer jusqu'à 10 000 personnes. Suivent des soirées Halloween, autant d'événements relayés par le bouche-à-oreille et la presse locale.

ROCK AU CHÂTEAU

Un début de notoriété acquise, Basin-Jules doit imaginer des événements pour attirer du public au château. « Nous avons essayé une programmation de concerts classiques. Ça n'a jamais marché. Nous avons monté des expositions d'art. J'ai dû vendre deux tableaux en deux ans. » Il fallait trouver autre chose. Survient alors la rencontre hautement improbable entre Jean-Pierre Potet et Francis Descamps. Le châtelain et le fondateur du groupe Ange, un OVNI dans le paysage musical français des années 1970. « Les deux sont à demi-fous, ils étaient faits pour s'entendre », s'amuse encore Basin-Jules. De fait, un projet est né : organiser un festival de rock progressif à Villersexel. Le public est au rendez-vous, avec une moyenne de 3 000 spectateurs par jour à chacune des éditions, depuis 2015.

« Nous avons essayé une programmation de concerts classiques. Ça n'a jamais marché. Nous avons monté des expositions d'art. J'ai dû vendre deux tableaux en deux ans. »

SE RÉINVENTER

Enfin, la situation géographique devait devenir un atout. La Haute-Saône ne se distingue pas particulièrement par l'abondance de son offre touristique. Villersexel se trouve à la frontière du Grand Est, à proximité de l'Allemagne et de la Suisse. Aujourd'hui, les étrangers représentent une grande partie des visiteurs et de la clientèle des cinq chambres d'hôtes. Des mariages aussi, régulièrement organisés au château. « De deux mariages par an, on est passé aujourd'hui à une trentaine » annonce

L'imposante façade néo-Louis XIII du château de Villersexel

ZOOM SUR

LE CHÂTEAU DE VILLERSEXEL

L'actuel château est le troisième à occuper le site. De la première demeure médiévale ne restent que les soubassements du donjon. Le deuxième fut construit au 18e s. : un colosse aux 365 fenêtres incendié en 1871 lors de la guerre franco-prussienne. Il fut entièrement rasé pour édifier à sa place l'actuel château de style néo-Louis XIII. Avec sa décoration et ses meubles d'époque, c'est un véritable conservatoire de l'art de vivre de la fin du 19e s.

LE NEC PLUS ULTRA DE SON ÉPOQUE

CHÂTEAU TOUT CONFORT

Lors de sa construction à la fin du 19e s., le château de Villersexel était considéré comme le plus moderne de son époque. La structure métallique qui le soutient est sans doute due aux ateliers Eiffel. Il semble que Charles Garnier, le père de l'Opéra de Paris, ait également été convoqué sur le chantier, notamment pour concevoir le système de piliers qui fondent l'édifice, posé sur une nappe phréatique.

Chauffage d'origine

S'il ne disposait pas de l'eau courante, le château possédait en revanche un système d'évacuation des eaux usées. Il était entièrement chauffé grâce à un système de circulation d'air chaud, comme on en trouvait jadis dans les églises. La restauration du chauffage d'origine est un des grands projets des Potet père et fils. Quant à l'électricité, elle est en grande partie encore d'époque, souligne Jean-Pierre. De nouveaux travaux en perspective...

01

« Ce n'est pas toi qui prends le château, c'est le château qui te prend. »

Basin-Jules avec gourmandise.

Pour cela, le jeune diplômé a dû se réinventer. S'il savait rédiger des contrats, calculer la TVA, établir des factures, il n'entendait rien à l'organisation d'événements. Rien non plus à l'entretien d'un parc de 30 ha.

Autre innovation de taille : l'organisation des visites. Jusque-là, elles étaient conduites par son père, selon un calendrier établi. Désormais, les visites sont libres : on déambule de pièce en pièce où des textes explicatifs et des flash codes sont mis à disposition. Sans doute, le souvenir d'un regret de jeunesse. Basin-Jules enfant vivait dans un immense château dont la plupart des pièces restaient soigneusement fermées à clé après le passage des visiteurs. Désormais, tout reste ouvert. Résultat de ce déploiement d'énergie et d'innovations : en 2019, pour la première fois, les comptes d'exploitation étaient à l'équilibre. La crise sanitaire est passée par là. Mais ce n'est pas suffisant pour décourager celui qui avait été pressenti pour être nommé jeune repreneur de Demeure Historique en 2018. La Covid est seulement une épreuve de plus sur le long chemin semé d'embûches qu'a suivi son père.

LE COUP DE CŒUR D'UN PARISIEN

« J'étais jeune, riche, beau, intelligent. Aujourd'hui je ne suis plus rien de tout ça » ressasse Jean-Pierre Potet, un pli d'amertume au coin de la lèvre, dissimulé par la fumée de sa cigarette. Tout avait commencé pourtant comme une formidable aventure, ou plutôt un insensé coup de poker. À la tête d'une prestigieuse école de communication, Jean-Pierre Potet connaît l'existence d'un

02

01. Galerie du château
02. Villersexel, une aventure familiale depuis 1977

Parisien branché, vivant sur une péniche entre Iéna et Tour Eiffel, avec un carnet d'adresses bien rempli qui lui assurait relations et soirées mondaines. Jusqu'à ce jour où il apprend qu'en Franche-Comté, un château historique est sur le point d'être vendu à un Hollandais… qui projette de le démonter pierre à pierre pour le reconstruire dans son pays. Le sang du jeune Potet, alors âgé de 35 ans, ne fait qu'un tour ; il saute dans sa voiture de sport, direction la Haute-Saône. « Je n'avais jamais mis les pieds dans la région. Notez que j'avais un cousin notaire à Vesoul mais j'étais alors bien incapable de situer la ville sur une carte. » Arrivé devant le château : c'est l'évidence. « Je le veux ! »

TRANSMISSION RÉUSSIE

Commence alors une aventure dont 2021 a marqué le 45e anniversaire, autant d'années durant lesquelles Jean-Pierre Potet n'a jamais quitté Villersexel. Lorsqu'il rachète le château à la famille de Grammont, « l'édifice était au début de la décrépitude et l'intérieur vivait les débuts de l'abandon » se rappelle-t-il. Le nouveau châtelain obtient de conserver une partie du mobilier. Pour le reste, il a un formidable coup de chance : il découvre une collection de cartes postales d'avant 1940 montrant l'intérieur du château et son mobilier. Il court alors brocanteurs et antiquaires, ses photos en main, pour tenter de retrouver les meubles de Villersexel. Surprise, la pêche est miraculeuse et il parvient à racheter l'essentiel des pièces importantes. Une fortune qu'il a dû puiser dans ses réserves, également mises à mal par les restaurations et aménagements ultérieurs. « Ce château m'a tout mangé. Pendant des années j'ai vivoté en m'arrangeant pour organiser quelques réceptions qui payaient les impôts. Je gagnais trois sous et j'étais content avec ça » assure Jean-Pierre Potet qui se compose volontiers la figure du patriarche grognon.

Pourtant une grande fierté se lit dans son regard lorsqu'il évoque les réussites de son fils. « C'est pour moi une grande récompense. Mais en lui souhaitant beaucoup de courage, je l'ai mis en garde. Ce n'est pas toi qui prends le château, c'est le château qui te prend. »

Y ALLER

CHÂTEAU DE VILLERSEXEL
63 PLACE DE L'HÔTEL DE VILLE
70110 VILLERSEXEL
T. 03 84 20 51 53
WWW.VILLERSEXEL.COM

3 GRANDS ÉVÉNEMENTS À VILLERSEXEL

(01)
Pâques
Pendant le dimanche du week-end pascal, une gigantesque chasse aux œufs est organisée dans le parc du château. Des centaines d'œufs sont cachés sur les 30 ha du domaine. Des prix spéciaux sont décernés aux meilleurs chasseurs !

(02)
Rock au Château
Du rock progressif dans le parc d'un château privé, il fallait oser ! Chaque année, au mois d'août, Villersexel sert de décor à deux jours de concerts endiablés. Dédicaces, expositions et restauration sont également au rendez-vous. Et c'est un succès !
www.rockauchateau.fr

(03)
Halloween
Frissons garantis le soir d'Halloween, fin octobre, avec une visite scénarisée du château, dans la pénombre… L'occasion de découvrir les lieux sous un angle différent.

Château de La Ferté-Saint-Aubin, propriété de la famille Guyot

3

LES CHEVALIERS DU PATRIMOINE

PATRIMOINE ENTREPRENEURIAL

Il en est des Chevaliers du patrimoine comme des capitaines d'industrie : ils ont la fibre entrepreneuriale et le goût du risque… mais aussi celui de l'histoire et des vieilles pierres. Certains sont même en passe de créer de véritables dynasties comme les familles Guyot ou Rossillon. Nombre d'entre eux sont d'ailleurs issus du monde de l'entreprise et considèrent les châteaux comme des PME – ce qu'ils étaient d'une certaine manière à l'origine. Ils envisagent le patrimoine comme un mode de production collectif, une opportunité de développement économique et local, de création d'emplois et d'activités culturelles, au point d'investir des sommes considérables dans des châteaux menaçant ruine. Pour ces Chevaliers, assurément, « le patrimoine est le pétrole de la France » !

NOUVELLE-AQUITAINE

KLÉBER ET GENEVIÈVE ROSSILLON

CASTELNAUD, MARQUEYSSAC, JAMAIS DEUX SANS... DOUZE

L'aventure a débuté par un rêve d'enfant : voir renaître de ses ruines le château de Castelnaud que Kléber Rossillon avait en point de mire quand il était en culottes courtes. Plus de trente ans après, la passion du patrimoine est toujours là, ainsi que le désir de la partager avec un vaste public, dans un esprit tout à la fois ludique et pédagogique.

« Je suis passé d'Ariane à la catapulte ! » Polytechnicien et ingénieur, Kléber Rossillon intègre à 23 ans le CNES (Centre national d'études spatiales) et travaille notamment sur le projet européen de fusée. Il ignore encore qu'il va mettre sur orbite un des principaux groupes français en gestion de sites patrimoniaux – Kléber Rossillon –, avec douze lieux en France et en Belgique.

LE BERCEAU FAMILIAL

Kléber Rossillon passe une partie de son enfance dans le village de Beynac-et-Cazenac, en Dordogne. C'est le berceau de la famille depuis que son arrière-grand-père, Marius Rossillon, s'y est installé en 1904. Connu sous le pseudonyme d'O'Galop, il fut un caricaturiste et illustrateur célèbre à la Belle Époque, créateur du Bibendum Michelin en 1898. Le père de Kléber, Philippe Rossillon, a été maire de la commune de Beynac de 1965 à 1984. Au-dessus du bourg et dominant les méandres de la Dordogne, le château de Castelnaud dresse ses ruines imposantes. Philippe Rossillon décide de l'acheter en 1965... pour ne pas qu'il tombe entre les mains d'un Anglais qui s'y intéressait, raconte la légende familiale. Pendant la guerre de Cent Ans, Castelnaud avait fait déjà l'objet de luttes féroces entre Anglais et Français… Dès 1966, le château est classé Monument historique; le chantier de restauration débute. Il ne s'achèvera qu'en 2005 avec le relèvement du dernier bastion. Avec ses murailles, son donjon, son corps de logis, Castelnaud semble prêt à accueillir à nouveau chevaliers en armures et gentes dames.

APPRENDRE EN S'AMUSANT

Dès 1983, Kléber Rossillon assume la gestion du château avec une idée en tête: faire du lieu un émerveillement pour les enfants, comme lui s'était émerveillé petit en découvrant l'épaisseur des murs du château. L'idée est rapidement venue de créer un musée des armes, comprenant notamment une reconstitution fidèle d'engins de siège que l'on pourrait faire fonctionner. L'ingénieur refait surface pour réaliser les rêves de l'enfant. « Quand ça me fait plaisir, ça ne fait de mal à personne. » En 1995, il franchit le pas et décide de se vouer entièrement à sa passion du patrimoine. En 1996, il achète le manoir de Marqueyssac, cette fois pour ouvrir ses fastueux jardins au public. Dix ans plus tard, Kléber Rossillon décide d'agrandir son terrain de jeu. En 2005, l'Institut de France lui confie la gestion du château de Langeais. D'autres lieux suivent, faisant de Kléber Rossillon l'un des premiers acteurs privés du patrimoine en France. Dernière réalisation en date: la reconstitution de la grotte Cosquer à Marseille.

01

01. **Taille des buis dans les jardins de Marqueyssac**
02. **Château de Castelnaud**

02

LES JARDINS SUSPENDUS DE MARQUEYSSAC

PANORAMA EXCEPTIONNEL

À quelques kilomètres de Castelnaud, le manoir de Marqueyssac est la seconde aventure dans laquelle s'est lancé Kléber Rossillon en 1996. Planté sur un éperon au-dessus de la vallée de la Dordogne, le site est impressionnant. Non moins exceptionnels, les 15 ha de parcs et de jardins en terrasse, dessinés au 19ᵉ s. dans le goût italien et entièrement réhabilités par les équipes de Kléber Rossillon. Au total, ils comptent 150 000 buis, taillés deux fois par an, et répartis en plusieurs espaces au long de 6 km d'allées. Autre tour de force, la restauration de la toiture en lauze du manoir: 700 m² de pierre pour un poids de 500 tonnes. Les travaux ont duré 5 ans.

Des animations toute l'année

Parmi elles, une gigantesque chasse aux œufs (6 000 !), dissimulés dans les jardins pour Pâques, ou, tous les jeudis en juillet-août, les soirées aux chandelles. Pour les amateurs de frisson, une via ferrata a été aménagée sur le domaine. Le manoir accueille également un invité plutôt encombrant: le squelette d'un dinosaure long de 7,50 m, haut de 2,5 m et vieux de 150 millions d'années, acheté aux États-Unis en 2016.

Y ALLER

JARDINS DE MARQUEYSSAC
24220 VÉZAC
T. 05 53 31 36 36
WWW.MARQUEYSSAC.COM

ARMES ET MACHINES DE GUERRE

LE CHÂTEAU DE CASTELNAUD

Avec son donjon carré, ses mâchicoulis et ses enceintes aveugles, il semble tout droit sorti d'un livre de contes. Aux éléments défensifs du 13e s. se sont ajoutés une barbacane et un corps de logis au 15es., une tour d'artillerie et un châtelet au 16e s. Dans ce décor impressionnant, Kléber Rossillon a déployé toute son imagination pour faire revivre les mœurs et les tactiques des combats médiévaux. Outre les reconstitutions et démonstrations de machines de guerre, déployées sur le bastion (trébuchet, bricole, etc.), le château abrite le musée de la Guerre au Moyen Âge qui présente armures, armes d'hast, épées et arbalètes, soit une des plus belles collections privées d'armes, qu'elles soient de jet, à feu, ou de poing. Des surprises émaillent le parcours et enrichissent la visite : fresques sur le thème des Neuf Preux réalisées en 2016 selon les techniques anciennes ; reconstitution de scènes familiales au temps de Magne de Castelnaud (14e s.) dans la salle haute du donjon ; maquette sonorisée qui retrace le siège de Castelnaud en 1442 lorsque le roi de France Charles VII entreprit de chasser les Anglais. Enfin, de la terrasse du château se déploie un vaste panorama sur la vallée de la Dordogne.

Y aller : 24250 Castelnaud-la-Chapelle - T. 05 53 31 30 00 - www.castelnaud.com

CHÂTEAU DE CASTELNAUD

UNE LITANIE D'OCCUPANTS

Ayant embrassé la foi cathare, les premiers occupants du château de Castelnaud, Bernard de Casnac et sa famille, sont chassés par Simon de Montfort en 1214. Un demi-siècle plus tard, Saint Louis cède le château au roi d'Angleterre Henri III. Pendant la guerre de Cent Ans, alors que le château de Beynac, tout proche, reste fidèle à la fleur de lys, celui de Castelnaud change de mains, tantôt anglais, tantôt français, jusqu'à ce que Charles VII chasse définitivement les Anglais en 1442. Pendant les guerres de Religion, le château est confié au capitaine Geoffroy de Vivans, né à Castelnaud. Il est surnommé « le batailleur », une réputation qui le fait craindre dans tout le Périgord et éloignera les éventuels ennemis du château durant cette période.

Au 17e s., le château est rarement occupé et sera abandonné à la Révolution. Transformé en carrière de pierre au 19e s., il servira d'abri à quelques résistants pendant la Seconde Guerre mondiale.

ENTRETIEN AVEC GENEVIÈVE ROSSILLON

En 2017, Kléber Rossillon passe le relais. Sa fille Geneviève, son diplôme d'HEC en poche, prend la direction du groupe familial et de son effectif de 200 salariés. Du château de Suscinio, en Bretagne, à un train à vapeur, en Ardèche, Geneviève Rossillon gère aujourd'hui un réseau de douze sites patrimoniaux qui attirent près de 1,6 million de visiteurs par an et génèrent un chiffre d'affaires de l'ordre de 17 millions d'euros. Nous l'avons rencontrée.

À l'exception de Castelnaud et Marqueyssac, propriétés de votre famille, tous les autres sites appartiennent à des collectivités ou des institutions. C'est un choix ?

Geneviève Rossillon – Non, nous sommes tout à fait disposés à gérer un monument privé, même s'il est vrai que c'est plus complexe. Un propriétaire a généralement un attachement affectif au lieu et des idées sur sa mise en valeur… Et il n'est pas toujours prêt à lâcher la main. Or, lorsque nous intervenons sur un site, c'est avec un projet total.

Lorsque vous répondez à un appel d'offres, quels sont vos critères de choix ?

Le lieu doit être une référence sur son territoire, présenter une valeur patrimoniale exceptionnelle, avoir une histoire à raconter et être susceptible d'accueillir au moins 150 000 visiteurs par an. En deçà, le projet n'est pas viable financièrement.

Nos plans d'investissement vont de 300 000 € pour le projet le plus modeste à 2 millions d'euros – plus encore pour la grotte Cosquer à Marseille –, entièrement financés sur nos fonds propres et par des emprunts bancaires. Le Crédit Agricole est notre plus fidèle partenaire. Nous ne percevons aucune aide publique pour boucler nos projets, même si nous pouvons recevoir le soutien ponctuel des régions ou des départements sur des interventions précises.

Nous avons, par exemple, bénéficié d'une participation de la collectivité territoriale concernée pour le renouvellement de la scénographie du mariage de Charles VIII avec Anne de Bretagne, dans une salle du château de Langeais.

La liste des lieux que vous gérez semble plutôt éclectique. Y a-t-il un fil conducteur ?

Notre volonté est de faire découvrir le patrimoine sous toutes ses formes : bâti, paysager avec les jardins, ou même industriel comme le train à vapeur de l'Ardèche. Avec le souci constant de respecter l'histoire des sites. Nous accordons également une grande importance au jeune public. Il faut que le château que l'on découvre enfant soit celui dont on se souviendra plus tard : l'endroit où l'on a vu fonctionner un trébuchet, ou enfiler une armure. Nous avons mis en place une politique « famille » avec la gratuité pour les moins de dix ans. Nous recevons aussi beaucoup de scolaires à qui nous proposons des animations spécifiques.

« Le lieu doit être une référence sur son territoire, (…) avoir une histoire à raconter et être susceptible d'accueillir au moins 150 000 visiteurs par an. En deçà, le projet n'est pas viable financièrement. »

Comment fonctionne la gestion d'un site Kléber Rossillon ?

Les lieux que nous gérons font l'objet d'un bail qui va de dix à cinquante ans, comme pour le musée de Montmartre. Notre action s'inscrit dans le cadre d'une délégation de service public. Cela nous impose certaines contraintes, comme l'obligation d'ouverture : nos lieux sont généralement ouverts 365 jours par an. Et la destination du lieu est précisée, ce qui, sauf clause explicite, limite nos possibilités d'organisation d'événements. Les tarifs sont fixés par la collectivité délégante.

Les jardins de Marqueyssac

LE RÉSEAU
KLÉBER ROSSILLON

DOUZE SITES DU PATRIMOINE

Outre le château de Castelnaud et les jardins de Marqueyssac, en Dordogne, le groupe Kléber Rossillon gère aujourd'hui dix autres sites patrimoniaux :

Le château de Langeais (Indre-et-Loire, propriété de l'Institut de France)

Le train de l'Ardèche (Ardèche, propriété du département pour la ligne, et de Kléber Rossillon pour le matériel roulant)

Le musée de Montmartre (Paris, propriété de la Ville)

Le vélorail des Gorges du Doux (Ardèche, propriété du département)

La grotte Chauvet 2 - Ardèche (Ardèche, propriété de la région et du département)

Le château de Murol (Puy-de-Dôme, propriété de la commune)

Le domaine de Suscinio (Morbihan, propriété du département)

La tour de Crest (Drôme, propriété de la commune)

Le site de la bataille de Waterloo 1815 (Belgique, propriété intercommunale)

La grotte Cosquer, ouverture en 2022 (Marseille, propriété de la région)

01

02

01. **Chasse aux œufs de Pâques au train de l'Ardèche**
02. **Spectacle nocturne au château de Suscinio**

Quelles sont vos contraintes ?

Avant tout, notre politique est de respecter l'intégrité et l'esprit des lieux historiques. Nous avons par exemple refusé à plusieurs reprises l'exposition de voitures de luxe au pied de la butte de Waterloo. Pour nous, le souci de l'authenticité et le respect du site priment.

> « L'autre projet (…) est la construction d'une ville romaine près du pont du Gard. Nous allons créer une véritable cité avec son forum, son théâtre, ses temples... »

Des projets en cours ?

Le grand défi actuel est l'ouverture de la grotte Cosquer à Marseille. Avec le soutien de la Région Sud, nous avons reconstitué ce site préhistorique sous-marin, avec ses peintures pariétales. L'ouverture est prévue en 2022. L'autre projet, qui est encore dans les cartons, est la construction d'une ville romaine près du pont du Gard. En partant de rien, nous allons créer une véritable cité avec son forum, son théâtre, ses temples, ses maisons avec leurs intérieurs peints. Un chantier vivant où ouvriers et artisans utiliseront les moyens de l'époque. C'est un dossier qui nécessite beaucoup d'études préalables en termes d'impact sur l'environnement local, d'exigence scientifique et de partenariat avec les acteurs régionaux. Nous espérons pouvoir débuter en 2024 pour un chantier qui devrait durer... de 30 à 50 ans !

INFORMATIONS PRATIQUES

SOCIÉTÉ KLÉBER ROSSILLON
20 RUE DE L'HÔTEL-DE-VILLE
92200 NEUILLY-SUR-SEINE
T. 01 56 39 81 92
WWW.KLEBER-ROSSILLON.COM

ZOOM SUR

LE CHÂTEAU DE LANGEAIS

Dressé en plein centre-ville, le château de Langeais a tout d'une forteresse médiévale : hautes murailles, tours, chemins de ronde à créneaux et mâchicoulis, pont-levis enjambant les anciennes douves. Pourtant, sa façade côté cour évoque plutôt un beau manoir, avec ses fenêtres à meneaux et ses lucarnes ouvragées. Lors de sa construction en 1465, le Moyen Âge s'achève, la Renaissance annonce un nouvel art de vivre. Les intérieurs, meublés et ornés de tapisseries des 15ᵉ et 16ᵉ s., en témoignent. Propriétaire du château, l'Institut de France en a confié la gestion à la société Kléber Rossillon. Celle-ci a ajouté sa patte avec une scénographie restituant la vie quotidienne d'un grand seigneur à la fin du 15ᵉ s. Elle propose également la reconstitution du mariage de Charles VIII avec Anne de Bretagne, qui fut célébré au château le 6 décembre 1491 : un spectacle audiovisuel renouvelé en 2021, avec mannequins de cire et Stéphane Bern pour narrateur. Dans le parc ont été reconstitués des engins de levage qui permettent de comprendre les méthodes de construction médiévales.

Y aller : Place Pierre-de-Brosse - 37130 Langeais - T. 02 47 96 72 60 - www.chateau-de-langeais.com

BRETAGNE

MANUEL ROUSSEL

LE ROCHER-PORTAIL, JOYAU D'UN PASSIONNÉ

Le Rocher-Portail, ouvert au public depuis juin 2017, surgit comme un mirage au cœur de sa vallée. Il est l'un des plus beaux domaines de Bretagne. Le château de la fin de la Renaissance (1596-1617) a toujours été occupé. Certaines parties sont restées inchangées, comme la galerie Renaissance. Partout, l'édifice a conservé son irrésistible patine. C'est là que réside une part de sa magie. Le dynamique et sympathique Manuel Roussel est fier de présider à la destinée du « Chenonceau breton ». On le comprend !

Le Rocher-Portail, édifié à la fin du 16e s. en place de l'ancien Rocher Sénéchal, doit son nom à sa localisation aux portes de Bretagne, entre Rennes et le Mont-St-Michel. La forteresse médiévale, aujourd'hui disparue, verrouillait la frontière entre les duchés de Normandie et de Bretagne. L'aspect imposant de l'actuel château Renaissance reflète l'importance de son commanditaire, Gilles Ruellan (1545-1627), personnage clef de son temps, proche du roi Henri IV et du cardinal de Richelieu. Le maître d'œuvre du bâtiment pourrait être Salomon de Brosse (1565/71-1626), architecte de Marie de Médicis, à l'origine de créations aussi prestigieuses que le palais du Luxembourg à Paris et la façade du Parlement de Bretagne, à Rennes.

D'où vient votre passion pour ce château ?

Manuel Roussel – Acheter ce château était mon rêve d'enfance ! Né dans la commune, je venais ici tout petit à vélo, et je demandais à être photographié devant l'édifice à chacun de mes anniversaires…

Très jeune, je me suis passionné pour l'histoire des bâtis, des menuiseries – je collectionnais les vieilles portes. Je rêvais de reprendre le château pour le restituer dans son état de la fin du 16e s.

Était-il encore meublé lorsque vous l'avez acquis ?

Oui, et c'est une chance très rare ! La baronne de Boutray, l'ancienne propriétaire, avait refusé dans les années 1960 le classement aux Monuments historiques, car elle considérait que cela déboucherait sur une intrusion dans sa vie privée. Personne ne connaissait l'intérieur, ni les richesses qui s'y trouvaient. Je l'ai découvert quand ses héritiers m'ont fait visiter le château, et il était tel que je l'avais imaginé ! J'étais d'accord pour l'acheter, à condition qu'il me soit vendu en l'état, et que personne ne touche à rien. C'était une chance inestimable, une vraie richesse.
Quand je l'ai ouvert pour la première fois aux fonctionnaires des Monuments historiques, Henri Masson, conservateur régional à la DRAC, a déclaré que l'ensemble des intérieurs seraient classés. Et la motion a été votée à l'unanimité ! Les tapisseries ont même été classées « trésor national » ! Il y a aussi une splendide galerie Renaissance, la « pépite de Bretagne », et le trône d'Anne de Bretagne. Le château possède un passage secret, donnant accès aux caves et à un long couloir menant jusqu'au pavillon du

« J'étais d'accord pour l'acheter, à condition qu'il me soit vendu en l'état, et que personne ne touche à rien. C'était une chance inestimable. »

Le Rocher-Portail vu du ciel.

VISITE AU ROCHER-PORTAIL

TRÉSOR RENAISSANCE

Dressé au-delà d'un étang, l'imposant édifice en granit se déploie en forme de U. Ses hautes cheminées de pierre et ses toits d'ardoises pentus lui donnent fière allure. La cour carrée est agrémentée d'une belle galerie aux arcades cintrées.

Un décor préservé

À l'intérieur, la salle de garde, la salle à manger, la chambre seigneuriale, entre autres, sont richement décorées d'objets et de meubles d'époque. Dans chaque pièce une ambiance sonore a été imaginée...
La famille de Boutray, propriétaire du lieu de 1666 à 2016, a également marqué les murs de son empreinte. Ainsi, le cabinet de curiosités recèle des merveilles (un crocodile du Nil !), retrouvées là après la vente du château.
La salle des jeux, ou fumoir, déjà existante à l'époque de Gilles Ruellan, a été restaurée au 19e s. Quant aux combles, ils mettent en scène la vie des domestiques au 19e s., au travers d'animations sonores qui rappellent, notamment, les trois règles à respecter alors : « travail, rigueur, discrétion ». Sous les arcades, ornées d'anciennes photos de la famille de Boutray, la petite chapelle s'offre aux yeux du visiteur dans toute la splendeur de ses murs fraîchement restaurés.
À l'extérieur, le jardin, le pigeonnier et le potager sont un joli prétexte à une promenade bucolique.

RENAISSANCE POTAGÈRE

LES JARDINS DU ROCHER-PORTAIL

« **J'adore les jardins de style Renaissance,** j'en ai visités beaucoup en Europe. En dessinant ceux du Rocher-Portail tels que je les imaginais, j'ai reçu le prix Villandry [*attribué par Henri Carvallo, propriétaire du château et des jardins de Villandry, et la Fondation Mérimée, ndlr*] en 2017 ! Un jour, Henri Masson, le conservateur, me convoque à la DRAC pour m'imposer des fouilles archéologiques. J'étais dépité ! Mon projet, bien qu'il ait été primé, partait à la poubelle... Peu après, mes archivistes ont découvert un parchemin de 1700 montrant les jardins tels qu'ils étaient à la Renaissance. Il décrit les 16 carrés du potager clos de murs avec précision : il y avait des asperges, des artichauts, des abricotiers, et même des amandiers. En parallèle, les archéologues en géophysique ont pu reconstituer le plan des 16 carrés du parterre seigneurial... Les jardins peuvent ainsi être intégralement recréés à l'identique » explique Manuel Roussel.

L'inauguration a eu lieu lors de l'édition 2021 des Rendez-vous aux jardins.

5

ANIMATIONS À NE PAS MANQUER AU ROCHER-PORTAIL

(01)

Visites nocturnes

En été sont organisées, tous les mercredis, des visites aux chandelles, avec illuminations et feu d'artifice final. Magique!

(02)

Art et artisanat

Les jardins, écuries et salle des calèches accueillent régulièrement des expositions d'artistes et artisans locaux.

(03)

Potager historique

Recréé selon son plan originel, il a donné ses premiers légumes et accueille des activités pédagogiques et artistiques.

(04)

Féeries de Noël

À l'occasion des fêtes de fin d'année, le château et le parc sont illuminés de mille feux.

(05)

Pauses gourmandes

Les anciennes cuisines, transformées en salon de thé, sont ouvertes certains dimanches. On peut même y déguster le chocolat « Rocher Portail »!

Spectacle historique dans la cour du château

jardinier, d'où l'on pouvait s'échapper en cas de danger. L'ambiance est très différente dans l'autre aile du château, avec ses appartements bourgeois et les chambres des domestiques, à l'étage. Là, on est comme propulsé dans la série *Downtown Abbey*...

Votre passion semble se traduire dans le soin apporté à votre site Internet!

Je voulais qu'il traduise mon dynamisme et mon enthousiasme. J'adore partager mon expérience! Je suis un acteur du patrimoine. Pour moi, il y a une vraie différence entre un château appartenant à une commune, et un domaine acquis par un passionné comme moi, tourné vers l'avenir. C'est le point commun des membres du réseau des Audacieux du Patrimoine *(voir encadré p. 236)*, dont je suis l'un des initiateurs avec Lancelot Guyot ou Alexandre de Vogüe. Olivier de Lorgeril, qui est un voisin et un ami, actuel président de la Demeure Historique, m'a beaucoup aidé, moi qui n'y connaissais rien et qui venais du monde industriel et du recyclage.

Être châtelain et industriel, est-ce conciliable?

Étant pionnier et leader dans le domaine du recyclage, j'ai encore un pied dans l'économie circulaire. Quand je disais aux politiques qu'un déchet était une ressource, il y a 20 ans, on me regardait avec étonnement. L'achat du Rocher-Portail, en 2016, n'était pas du tout prévu. C'était trop tôt pour moi. J'étais en plein développement sur un secteur porteur. J'aurais préféré que cela arrive 10 ans plus tard. Comme c'était maintenant ou jamais, j'ai pris ma décision. J'ai cumulé au départ une double casquette, mais, comme je suis un hyperactif et que j'aime m'investir à fond, j'ai dû faire un choix de vie. Je me suis gentiment désengagé d'avec mes associés, comme mon groupe tournait vraiment bien. Mon activité principale, c'est désormais le Rocher-Portail. Et j'ai mille projets pour lui!

> « Un monument ne doit pas être un gouffre financier, on doit le gérer comme une petite entreprise. »

Comment gérer un monument aujourd'hui?

La question n'est pas de s'enrichir, mais de transmettre. Mais un monument ne doit pas être un gouffre financier, on doit le gérer comme une petite entreprise: c'est peut-être une déformation professionnelle! Il faut prendre en compte et valoriser les atouts spécifiques du monument que l'on possède.

LA STABULLE

TIERS-LIEU MULTICULTUREL

La stabulation était le lieu où les vaches laitières étaient parquées et traites. Situé en périphérie du domaine, l'énorme bâtiment-hangar des années 1970-1980 peut se prévaloir d'une superficie de 3 000 m². Il a entièrement été nettoyé et vidé.

Créer un tiers-lieu

« Mon épouse et moi-même organisons très régulièrement des expositions d'art contemporain dans les jardins, la salle des calèches et les écuries, rappelle Manuel Roussel. C'est notre façon à nous de perpétuer le mécénat des seigneurs d'autrefois.

Le concept de la Stabulle date de 2021. L'idée est de créer un "tiers-lieu" accueillant des activités hybrides, pas forcément liées à un monument historique, mais qui peuvent lui apporter une autre image, défendre la ruralité et l'écologie, et redonner vie à l'histoire économique du château.

Dans cet environnement industriel étonnant, se sont tenus par exemple des défilés de mode et des expositions. On peut y organiser les événements les plus variés. La Stabulle n'est en rien une verrue moderne sur le domaine. Partie intégrante de son histoire, elle est un atout pour le Rocher-Portail. Elle permet d'ancrer le domaine dans une nouvelle ère, d'attirer les nouvelles générations, et de vivre avec son temps, sans bien sûr dénaturer les lieux en aucune manière. »

01

« Je voudrais inscrire le château dans l'économie locale, et que les gens se l'approprient ; j'aimerais fournir les cantines des écoles des environs en produits bio. »

J'essaie aussi de faire bouger les lignes. Je milite pour que les billets d'entrée des châteaux privés soient exemptés de TVA (ou du moins abaissée à 5,5 %), car ces 10 % de taxes seraient de toute façon reversées pour conserver et entretenir le patrimoine national.

Avez-vous eu des déceptions ?

J'ai cru que l'ouverture du château de Rocher-Portail soulèverait beaucoup plus d'engouement. J'espérais qu'au moins la presse régionale allait en faire ses gros titres... Et finalement non ! Quand j'ai contacté des médias et tenté de les sensibiliser à l'importance de l'événement, j'ai senti comme un manque d'allant.

Les visiteurs ont pourtant été au rendez-vous...

La première saison d'ouverture, en 2017, le site a attiré 10 000 visiteurs, mais pour moi, ce n'est pas assez ! Le Rocher-Portail mérite mieux ! Selon une étude commandée par la région Bretagne, le château pourrait attirer 50 000 visiteurs par an, car il est à moins de 20mn du Mont-Saint-Michel. En fait, j'ai péché par impatience, car la fréquentation augmente gentiment. Cette relative déception a eu un effet positif : pour attirer du public, j'ai compris qu'il fallait sortir des sentiers battus, trouver des idées neuves qui soient attractives, à la hauteur d'un tel château, c'est-à-dire relevant du meilleur.

Avez-vous de nouveaux projets ?

Par milliers ! Enfoui au sein du domaine, il y a un château antique qu'un jour je fouillerai. Je projette aussi d'écrire un livre sur Gilles Ruellan, personnage proche de Henri IV et conseiller de Marie de Médicis. Je voudrais inscrire le château dans l'économie locale, et que les gens se l'approprient ; j'aimerais fournir les cantines des écoles des environs en produits bio. J'ai aussi favorisé le balisage de randonnées alentour. Il y a un concours paysager où chacun peut présenter son projet dans un carré, avec élection du plus beau. Nous sommes en train de restaurer la bibliothèque ; on y a trouvé un poème de Victor Hugo ! Et je voudrais réhabiliter les caves... En 2022, nous allons produire du vin, sur 10 ha, à partir du cépage historique de Bretagne, le berligou, développé dans le pays nantais par Anne de Bretagne. J'y ai goûté, et ça vaut du Pessac !

Y ALLER

CHÂTEAU LE ROCHER-PORTAIL
35460 ST-BRICE-EN-COGLÈS (MAEN ROCH)
T. 02 99 97 26 83
LEROCHERPORTAIL.FR

02

01. Détail des façades sur cour
02. Visiteurs dans la cour du château
03. Noël au Rocher-Portail
04. Feu d'artifice clôturant les visites nocturnes

03

04

Édouard et Lancelot Guyot

CENTRE-VAL DE LOIRE ET GRAND EST

LANCELOT ET ÉDOUARD GUYOT

DEUX FRÈRES, DEUX CHÂTEAUX, SAINT-BRISSON ET VAUX

En achetant les châteaux de St-Brisson-sur-Loire et de Vaux à l'âge où d'autres poursuivent encore leurs études, Lancelot et Édouard Guyot prolongent chacun l'œuvre familiale engagée depuis la fin des années 1970 par leurs parents, eux aussi propriétaires de demeures historiques. Une saga intime et un changement de génération qui témoignent de l'évolution du secteur, poussé à la valorisation du patrimoine pour financer entretien et restauration.

D'avoir classé les Guyot dans les « chevaliers du patrimoine » dit bien l'esprit de conquête qui anime cette famille depuis plus de 40 ans. À partir de 1979 et le coup de cœur de Jacques Guyot et de son frère Michel pour le château de St-Fargeau, dans l'Yonne, la famille n'a cessé de s'intéresser aux demeures historiques. Jusqu'à en détenir aujourd'hui… six, et presque sept ! *(voir La saga Guyot p. 144)*. Respectivement aîné et cadet de Jacques et Catherine, Lancelot et Édouard Guyot ont usé leurs culottes courtes sur les vieilles pierres du château de La Ferté-St-Aubin, dans le Loiret, autre demeure acquise par leurs parents en 1987. Ils grattent, poncent, nettoient… et font la visite aux touristes, quand leurs copains jouent aux jeux de leur âge. Le virus des châteaux et de l'Histoire ne les quittera plus…

PREMIER PRÊT DE 500 000 €

C'est ainsi qu'à 25 ans, Lancelot se prend de passion pour le château de St-Brisson-sur-Loire, non loin de La Ferté-St-Aubin. « Il possède un côté médiéval, du 12e s., et un autre plus romantique, du 19e s. C'est un château à taille humaine avec une âme, à 500 m de la Loire. J'ai flashé tout de suite », avoue Lancelot Guyot. Flashé, d'accord, mais encore faut-il pouvoir l'acheter ! Le jeune homme peut compter sur le soutien de sa banque. Les Guyot ont fait la preuve de leur engagement patrimonial en Centre-Val de Loire et le maire de St-Brisson-sur-Loire est venu en personne solliciter Lancelot pour continuer l'œuvre de restauration du château. « Il pensait que j'avais le profil », avoue Lancelot, formé à l'EDHEC, une école de commerce réputée de Lille. Rassurée, la banque lui octroie un prêt de 500 000 €, remboursable sur 20 ans. Nous sommes en 2015, le voilà propriétaire.

Quand il arrive à St-Brisson, sa philosophie, mûrie à l'aune de l'expérience parentale, est arrêtée : « respecter le lieu en proposant des animations familiales », dit-il. Restauré par la commune avec l'aide d'une association et le soutien du département du Loiret, le château n'est pas en ruine. Ce travail préalable permet à Lancelot Guyot de se concentrer

01. Vue générale du château de St-Brisson

02. Restauration des tomettes et de la charpente de la tour ouest de St-Brisson

02

01

« TOUS AU CHÂTEAU »

BUSINESS AS... UNUSUAL

Afin de coordonner la gestion et l'animation des châteaux de la famille, Lancelot Guyot a lancé en 2014 la société Tous au Château. Le but : mutualiser les ressources et piloter les animations, avec l'idée permanente de réconcilier le public et le patrimoine, et de conserver l'authenticité des demeures.

Un secteur plus « pro »

« Ce type d'entreprise est devenu indispensable aujourd'hui pour piloter le management des châteaux. Le secteur s'est fortement professionnalisé ces quinze dernières années. Avant, l'artisanat était la règle ; mais les châteaux ne peuvent plus survivre seulement grâce à leurs recettes foncières », constate Lancelot Guyot, lui-même acteur de cette nouvelle génération. S'il reste proche de l'association « mère », la Demeure Historique – fondée en 1924 pour accompagner les acteurs du patrimoine dans leur parcours de gestionnaires –, le propriétaire des châteaux de St-Brisson-sur-Loire et de La Ferté-St-Aubin utilise Tous au Château pour développer des projets d'animation et être mieux armé pour naviguer dans un cadre juridique français de plus en plus contraignant. « Les normes d'accessibilité et d'accueil sont faites pour des bâtiments modernes, pas pour des demeures historiques comme les nôtres », regrette Lancelot Guyot.
www.tousauchateau.com

Salon du château de Saint-Brisson

sur l'aménagement d'une partie des pièces visitables, histoire d'en rendre la découverte plus attrayante. L'enjeu : raconter l'histoire du lieu à travers un jeu et des énigmes impliquant les familles. « Cela me désespère de voir des enfants pleurer quand ils visitent un château avec leurs parents. Alors que tous recèlent des histoires formidables. C'est par le côté ludique que j'essaie de les intéresser et de créer de l'interaction », explique Lancelot Guyot. Il n'a pas oublié les fois où lui-même a été pris au piège de guides soporifiques ou dotés de connaissances aléatoires…

UN CHÂTEAU CONSIDÉRÉ COMME UNE PME

La sensibilisation des jeunes générations s'accompagne d'un schéma entrepreneurial pensé pour pérenniser l'activité. Dès sa sortie de l'école de commerce, Lancelot Guyot crée « Tous au château ». Cette société gère les propriétés de La Ferté-St-Aubin (transmise par ses parents), de St-Brisson-sur-Loire et de Beaumesnil, un troisième château dans l'Eure dont le jeune homme conduit aussi la destinée. L'entreprise pilote également l'activité des châteaux de Marzac – propriété des parents –, de Bridoire – aux mains de la fille Alice – et de Vaux – géré par Édouard *(voir encadré p. 144)*. Ce modèle fait de Lancelot Guyot un manager de son temps. « Ma formation m'a donné les codes pour parler aux banquiers et aux politiques. Et faire en sorte que nous ne soyons plus considérés comme des châtelains mais comme des chefs d'entreprise. » Il insiste sur la plus-value que représente un château. « Nous générons des emplois directs et indirects. Nous faisons travailler les entreprises locales. Parfois, les politiques considèrent les châteaux par leur coût, plutôt que pour les retombées qu'ils peuvent produire », regrette Lancelot Guyot.

« Ma formation m'a donné les codes pour parler aux banquiers et aux politiques. Et faire en sorte que nous soyons considérés comme des chefs d'entreprise. »

Avec 40 000 à 50 000 € de frais par an et encore 500 000 € de restauration à financer, « il est impératif que les recettes, provenant essentiellement des visites, couvrent les dépenses courantes », dit le propriétaire. Depuis trois ans, un petit surplus est réinvesti dans des travaux vitaux.

ZOOM SUR

SAINT-BRISSON, L'ESPRIT LUDIQUE

Posé sur un promontoire au pied duquel passait un bras de la Loire – avant d'être asséché pour alimenter le canal de Briare –, ce château du 12e s. situé à 100 km à l'est d'Orléans présente encore les vestiges d'un donjon et d'une muraille crénelée qui lui servaient de défenses. Au 16e s., la forteresse médiévale est transformée en demeure de plaisance par les nouveaux propriétaires, la famille Séguier, qui la garderont dans leur giron jusqu'à la fin du 20e s. Le château est remanié au 19e s. et adapté au confort des générations successives. Légué à la commune en 1987 par la dernière descendante des Séguier, le château est ensuite géré par une association locale qui entreprend des travaux de restauration et ouvre pour la première fois le domaine au public. L'arrivée en 2015 de Lancelot Guyot et de sa société Tous au Château lui donne un nouveau souffle. Le public expérimente depuis 2016 un parcours ludique, avec copies grandeur nature de machines de guerre médiévales dans les douves, tir à l'arc, échiquier géant et énigmes à résoudre dans une vingtaine de pièces réaménagées (cuisine, boudoir, salle à manger, cave, greniers...). St-Brisson est aussi le théâtre d'animations qui valorisent ce terroir situé entre Gien et Briare.

Château de Ferté-St-Aubin

UNE PASSION INTERGÉNÉRATIONNELLE

LA SAGA GUYOT

« **On tombe éternellement amoureux** d'un monument en péril (...) et nous ne sommes pas à l'abri d'un autre coup de cœur. » Par cette phrase, Catherine Guyot, épouse de Jacques et mère de Lancelot, Édouard, Alice et Louis, dit tout de la passion familiale pour les demeures historiques. Cela fait plus de 40 ans que Jacques et son frère Michel, originaires de Bourges, ont jeté leur dévolu sur le **château de St-Fargeau** (Yonne). C'est le premier d'une longue série. Restauration, ouverture au public, grand spectacle historique... En 35 ans, St-Fargeau, désormais aux mains de Michel, est devenu une référence.

Cela aurait pu suffire au bonheur des Guyot. Sauf qu'on ne se débarrasse pas comme cela du virus du patrimoine. En 1987, Jacques rachète le **château de La Ferté-St-Aubin**, en Sologne. Il est en piteux état. À force de ténacité, il devient en 30 ans le château le plus visité du Loiret. C'est là que grandissent les quatre enfants du couple. En 2011, les parents sont émus par le destin du **château de Bridoire**, en Dordogne, abandonné par ses propriétaires. Ceux-ci sont finalement expropriés. Quand l'État lance un appel d'offres pour restaurer Bridoire et l'ouvrir au public, les Guyot sont là. Depuis, le château s'est imposé comme un modèle d'animation autour de jeux anciens reconstitués.

Fin de l'histoire ? Non, car la relève arrive ! En 2015, Lancelot achète le château de St-Brisson-sur-Loire tandis que son frère Édouard acquiert celui de Vaux. La même année, l'aîné des Guyot prend en gestion le **château de Beaumesnil**, dans l'Eure, propriété de la Fondation Furstenberg. Et en 2018, il rachète à ses parents celui de La Ferté-St-Aubin. De quoi donner de l'air à Jacques et Catherine qui, pas rassasiés, achètent en 2019 le **château de Marzac** (Dordogne), où ils vivent désormais, après y avoir aménagé un parcours d'*escape game*. Bridoire, lui, a été repris en 2021 par Alice, la fille.

« Partout il y a des travaux, mais tous ces châteaux sont sauvés », dit Catherine. Entre générations, la synergie semble fonctionner. « Nous leur apportons notre expérience, surtout en termes de restauration. Eux sont plus dans le management et le côté entrepreneurial » éclaire la maman. Qui s'inquiète un peu pour l'avenir. « Les châteaux sont devenus des Établissements Recevant du Public, avec des normes administratives et des charges de plus en plus importantes. Par ailleurs, on laisse aller les monuments vers la ruine avant de s'apercevoir au dernier moment qu'il faudrait faire quelque chose », regrette Catherine Guyot. Point positif : « l'attrait réel de la population pour ce patrimoine », se réconforte-t-elle. Pour eux en tout cas, la « rencontre amoureuse avec les châteaux » n'aura pas été un feu de paille. La preuve, Louis, le « petit dernier », pas encore 25 ans, cherche lui aussi un château à acheter...

01

02

03

Pour Lancelot Guyot, l'avenir n'est pas dans la location d'espaces mais dans l'évolution des visites vers un tourisme plus expérientiel. « Cela est lié aux nouvelles envies des visiteurs. Avec la crise de la Covid-19, les gens ont besoin d'un retour à l'authenticité et à la nature. Cela devrait profiter à nos biens historiques », veut croire Lancelot Guyot. Il tente ainsi de monter des partenariats avec d'autres châteaux et des viticulteurs, afin de proposer, par exemple, des dégustations à St-Brisson.

GÎTES ET SALLES DE RÉCEPTION

À 200 km de là, au sud de Troyes, son frère cadet Édouard a « craqué » pour le château de Vaux. Une splendide demeure du 18e s., de facture classique, mais dans un état de délabrement intérieur proche de l'effondrement. Qu'à cela ne tienne, Édouard, 22 ans, l'acquiert en 2015 pour 500 000 €, grâce à un emprunt bancaire. « Un coup de cœur terrible. Je me suis lancé aussi par atavisme » admet Édouard Guyot. Par chance, les dépendances avaient été restaurées dans

01. Château de Vaux
02. Dans la cour du château de Vaux
03. Rénovation de la charpente du château de Vaux

LE CHÂTEAU DE VAUX

NOUVELLE AUBE

Situé à 20 km de Troyes, ce château de facture classique à été édifié dès 1721 pour la famille d'Aubeterre, sur des plans de l'architecte Germain Boffrand, à qui l'on doit l'hôtel de Soubise, à Paris, et le château de Lunéville, en Lorraine.

Le préfet Maupas

En 1854, Vaux devient la propriété de Charlemagne-Émile de Maupas, député de l'Aube et préfet de police de Napoléon III. Il rénove le château et y organise des réceptions mémorables. L'homme est connu pour avoir mené de multiples enquêtes sur les hauts fonctionnaires et les députés, en s'entourant d'espions, dont le fameux Vidocq (thème aujourd'hui de la visite du château). Les héritiers de la famille Maupas conservent le domaine jusqu'en 1969, date à laquelle il est vendu à une association pour l'enfance handicapée.

Déclin et renaissance

Le château et ses dépendances, inoccupés depuis 1937, sont alors dans un état de délabrement total. L'association restaure les communs et protège le château par un large parapluie de tôle. Dévastés, en partie écroulés, les intérieurs ont raison de toutes les tentatives de restauration, jusqu'à ce que les derniers résidents de l'association soient transférés et que le château soit vendu, en 2015, à Édouard Guyot. L'entrepreneur, alors âgé de 22 ans, se lance pour défi de restaurer cette immense demeure et son parc de 60 ha.

les années 1970-1980. Puis, 200 000 € d'investissement supplémentaire permettent d'y aménager quatre gîtes (dont un de groupe, avec près de 100 couchages) et des salles de réception. De quoi faire vivre la propriété, entre clientèle des gîtes, organisation de mariages (3 en 2016… 30 en 2018, Vaux n'étant qu'à deux heures de Paris) et visite thématique du domaine, sous l'angle des « Enquêtes de Vidocq ». « La trésorerie dégagée nous a permis de démarrer les travaux du château en 2020 », se réjouit-il.

La tâche est colossale. L'ensemble du toit a été recouvert de tôles par les anciens propriétaires. Le plafond du premier étage, étayé, risque de s'écrouler. « J'ai investi 700 000 € pour réhabiliter le corps central qui menaçait l'équilibre de la structure. Ce n'est qu'une partie de la somme dont j'ai besoin pour restaurer la toiture, la charpente, la maçonnerie. En ajoutant les travaux d'électricité, d'eau et les boiseries, on monte à 3 millions d'euros. Et même à 4 millions d'euros si on compte l'aménagement de toutes les dépendances », calcule Édouard Guyot. En 2019, il a reçu 50 000 € de la mission Bern pour la rénovation du corps central. « Cela a été un bon coup de projecteur médiatique mais j'ai été un peu déçu par la somme, alors qu'un autre projet dans le département a obtenu 10 fois plus, pour des travaux qui n'ont pas encore commencé », déplore le jeune homme.

Titanesque, l'ampleur du travail ne fait pourtant pas peur à celui qui a déjà emprunté 1,5 million d'euros sur 20 ans et qui avoue avoir « été nul à l'école » – il n'a pas son baccalauréat. Mais il a quand même dirigé pendant trois ans une petite entreprise de restauration de parcs et jardins… Comme quoi la valeur de l'entrepreneuriat n'attend pas le nombre des années.

> « Dans notre éthique familiale, nous essayons de ramener la vie dans les demeures. Mes parents nous ont sensibilisés à l'authenticité des choses. »

Dans quel état d'esprit est-il aujourd'hui ? « Dans notre éthique familiale, nous essayons de ramener la vie dans les demeures. Mes parents nous ont sensibilisés à l'authenticité des choses. S'il y a cinq ans, je me voyais plutôt dans un projet entrepreneurial, je me considère maintenant comme un conservateur de monument historique », dit-il. Au point de ne pas vouloir valoriser outre mesure le château, une fois restauré. « Les gens viennent pour voir un projet, découvrir une histoire et se divertir, c'est plus intéressant que des parquets bien cirés. Et nous ne sommes que les maillons d'une chaîne », juge Édouard Guyot.

INFORMATIONS PRATIQUES

CHÂTEAU DE ST-BRISSON-SUR-LOIRE
9 RUE DU CHÂTEAU
45500 ST-BRISSON-SUR-LOIRE
T. 02 38 36 71 29
WWW.CHATEAU-SAINT-BRISSON.COM

CHÂTEAU DE VAUX
10260 FOUCHÈRES
T. 03 25 40 17 47
WWW.CHATEAU-VAUX.COM

–

AGENDA
ÉTÉ : APÉROS AU CHÂTEAU DE ST-BRISSON
JUILLET : FESTIVAL ELECTRO AU CHÂTEAU DE LA FERTÉ-ST-AUBIN
AOÛT : FESTIVAL CHASSE & CAMPAGNE AU CHÂTEAU DE VAUX

Château de St-Brisson-sur-Loire

AUVERGNE-RHÔNE-ALPES

EMMANUEL PÉNICAUD

SAINT-SATURNIN, « POUR 800 ANS ENCORE » !

En 2006, l'ancien cadre dirigeant et son épouse succombent au charme de cette forteresse bâtie dès le 13e s. près de Clermont-Ferrand. Quinze ans plus tard, ils l'ont transformée en lieu touristique et culturel, avec chambres d'hôtes, visites guidées, animations culturelles et lieu de réceptions. Une envie d'ouverture, mais aussi une nécessité pour couvrir les charges fixes de la bâtisse, tout en multipliant les démarches pour financer la restauration. Malgré les embûches, la passion pour l'histoire et la transmission reste intacte.

Quels sentiments éprouve-t-on à se coucher chaque soir dans un château où dormirent la reine Margot, Charles IX et Catherine de Médicis ?

Emmanuel Pénicaud – C'est pour moi une occasion unique de plonger dans l'histoire et de comprendre ce qui nous a précédés. C'est une fierté mais aussi une responsabilité et une charge considérables. Ici, nous sommes entourés de beauté, dans un site absolument remarquable qui fait face, depuis 800 ans, au sommet du village, à l'église romane. Vivre là permet de grandir.

Dans quelles circonstances en êtes-vous venu à acquérir cette demeure historique ?

Ce n'était pas un rêve, contrairement à d'autres. Plutôt une opportunité qui s'est présentée à nous à un moment de notre vie où il y a eu un faisceau favorable. Nos quatre enfants avaient quitté la maison, mon épouse et moi étions plus disponibles. Notre vie professionnelle à l'étranger nous avait aussi donné le goût de l'échange, du partage et de l'accueil. Et nous avions déjà restauré une première maison. Pour moi, un autre déclencheur a probablement été le décès prématuré d'Édouard Michelin

« Si vous voulez vous enrichir, il ne faut surtout pas acheter un château ! »

auprès de qui je travaillais étroitement et la perspective de ne plus avoir à relever de défis à ses côtés – ce qui m'avait guidé pendant 30 ans. J'ai ressenti alors la nécessité de m'investir dans d'autres challenges.

Au point de quitter votre métier?

Au point d'engager un projet un peu fou autour de l'histoire, de la transmission, de l'accueil, de la beauté architecturale et de la nature!

Comment s'est passée l'acquisition?

Nous avons acheté le château de St-Saturnin au premier propriétaire qui s'était soucié de sa restauration. Il l'avait acquis dans un état avancé de délabrement et avait réalisé des travaux fondamentaux, comme la restauration de la toiture du corps central d'époque Renaissance et le nettoyage de tous les ajouts effectués au fil du temps. Il avait aussi créé un embryon d'activités. Cela nous a aidés à accélérer notre projet.

La valorisation économique était-elle l'une des bases du projet?

Si vous voulez vous enrichir, il ne faut surtout pas acheter un château! L'ambition

Château de St-Saturnin

n'était pas de le valoriser mais de lui donner les moyens de vivre, de le restaurer et de l'entretenir. Et de créer, dans un premier temps, les conditions pour financer cet entretien *(voir ci-dessous)*.

Par quel bout avez-vous pris ce « dossier » restauration?

Un château de cette importance, avec une cour d'honneur et trois jardins [*médiéval, Renaissance et 17*[e] *s., ndlr*], exigeait, par sa complexité et son classement aux Monuments historiques, que l'on soit modeste et réaliste. Nous nous sommes entourés de spécialistes, en nous fixant des priorités selon l'urgence.
Nous nous sommes rapprochés de la DRAC, sachant qu'elle pouvait accorder des autorisations de travaux et des subventions, sous réserve d'avoir un architecte. Nous avons aussi sollicité deux associations remarquables: la Demeure Historique et le Comité des Parcs et Jardins d'Auvergne. Tous ces contacts nous ont permis de trouver les bons architectes pour le bâtiment et les jardins, et d'effectuer les diagnostics majeurs. Un an après, nous engagions des travaux.

En 15 ans, quels ont été les chantiers les plus importants?

Nous avons donné la priorité aux éléments de structures les plus fragiles. L'un des gros chantiers a été la restauration de l'ensemble du clos militaire situé à l'extérieur, de ses remparts et de ses tours du 14e s. très dégradés. Nous avons aussi recréé le jardin Renaissance disparu qui s'y trouvait. Ces deux projets ont nécessité 700 000 €. L'autre chantier important a été la restauration de la tour des Reines, là où ont dormi la reine Margot et Catherine de Médicis. La

RECETTES ET CHARGES : LE BON ÉQUILIBRE

Emmanuel Pénicaud a fait ses comptes. L'entretien du château lui coûte, bon an mal an, 90 000 € en charges fixes (impôt foncier, jardins…). « Il fallait créer les conditions pour les financer. Nous avons donc aménagé cinq chambres d'hôtes, qui représentent 50 % des recettes avec jusqu'à 600 nuitées par an, dont plus de la moitié d'étrangers. Le reste est assuré par les visites (4 000 personnes en 2019), les réceptions et les événements d'entreprises. » Si ces recettes couvrent aujourd'hui les charges, le propriétaire reconnaît que quelqu'un de plus jeune aurait certainement l'énergie pour lancer une autre activité permettant de financer une part de la restauration. Mais lui et son épouse misent désormais sur la future transmission du château pour mener à bien ce travail. « L'Auvergne s'ouvre. À l'avenir, elle va recevoir plus de touristes », assure Emmanuel Pénicaud.

La tour sud après restauration

UN CHÂTEAU ROYAL EN AUVERGNE

Bâtie au 13e s. et remaniée deux siècles plus tard, l'imposante forteresse de St-Saturnin, située à 20 km au sud de Clermont-Ferrand, témoigne de l'architecture militaire du Moyen Âge. Tout concourt à plonger dans les « riches heures » de l'Auvergne et du royaume de France : la triple enceinte, les remparts, les tours à créneaux et mâchicoulis, les douves (aujourd'hui en partie comblées), la cour d'honneur et les grandes terrasses, déployées de part et d'autre du corps de logis de style Renaissance (15e s.). Ce dernier réunit deux ailes antérieures (13e et 14e s.), dont l'organisation des étages a été revue dans un souci d'harmonisation. Les visites guidées invitent à découvrir les donjons, la charpente monumentale, la cour d'honneur, la Salle royale où se tenaient les réunions du conseil d'Auvergne, les terrasses aménagées face au jardin à la française (17e s.), les escaliers à vis et le salon des Tomettes. Cette pièce à vivre côtoie la chambre à coucher, où dormit Catherine de Médicis. Le chemin de ronde mène au sommet d'une tour depuis laquelle on découvre un beau panorama sur le village et les collines environnantes. Autant d'éléments remarquables que les propriétaires ont le plaisir de dévoiler, soucieux de transmission et « de faire découvrir des raisons de respecter nos anciens », rappelle Emmanuel Pénicaud.

01

02

01. Visite théâtralisée du château
02. Chambre d'hôtes au château

DRAC l'a subventionnée à hauteur de 40 %, la région Auvergne-Rhône-Alpes, 15 %, le département du Puy-de-Dôme, 10 %, et comme nous ne pouvions pas financer le reste en totalité, nous avons contracté un emprunt et fait appel à du financement participatif. Nous nous sommes rapprochés d'une jeune start-up spécialisée, Dartagnans *(voir p. 224)*. Nous étions parmi ses premiers clients! Et nous avons récolté 53 000 € sur un total de 320 000 €.

Cela devrait permettre d'envisager d'autres travaux plus sereinement…

Dans le contexte actuel de la Covid-19, c'est difficile. Nous avons dû décaler d'un an le chantier de restauration de la terrasse nord du château, pour un coût de 110 000 €. Nous sommes suffisamment endettés comme cela, aussi l'avons-nous repoussé à l'hiver 2021-2022.

Quel regard portez-vous sur les différents systèmes d'aide proposés aux propriétaires de châteaux?

C'est une chance extraordinaire qu'ils existent mais il n'est pas facile d'y accéder. L'administration a ses règles, alors il faut tout anticiper, les études, les autorisations de travaux, les appels d'offres, les demandes de subventions… jusqu'à deux à trois ans à l'avance. Mais cela devient difficile quand ces règles changent brusquement. Comme lorsque la Région a décidé en 2014 de ne plus accompagner les propriétaires privés. Heureusement, avec l'arrivée d'une nouvelle équipe à sa tête et l'aide de la Demeure Historique, nous avons réussi à la faire changer d'avis en 2018. Je voudrais dire aussi combien cette association effectue un travail remarquable pour identifier les bailleurs de fonds potentiels. Il y a plus d'opportunités que l'on imagine! Comme le programme européen LEADER, qui peut aider pour les investissements d'accueil du public.

Vous avez 68 ans, avez-vous déjà pensé à qui prendra votre suite?

Nous avons demandé à nos quatre enfants qu'ils se positionnent avant nos 70 ans. Nous verrons en fonction. Si nous devons vendre, nous serons très attentifs à ce que le lieu reste ouvert et qu'il puisse continuer d'exister… au moins encore 800 ans!

Y ALLER

CHÂTEAU DE SAINT-SATURNIN
PLACE DE L'ORMEAU
63450 ST-SATURNIN
T. 04 73 39 39 64
WWW.CHATEAUDESAINTSATURNIN.COM

TRANSMISSION

DES COMTES AU ROI

C'est à la famille de La Tour d'Auvergne, puissante lignée originaire du village éponyme (dans le Sancy), que St-Saturnin doit sa belle forteresse, sauvée au début du 17e s. par Marguerite de Valois, la reine Margot. Son intelligence, son esprit d'indépendance et sa liberté de ton avaient suscité, à l'heure des guerres de Religion et de ses démêlés avec son époux Henri de Navarre, le courroux de sa mère, Catherine de Médicis, et de son frère Henri III. Aussi la firent-ils enfermer au château de St-Saturnin, puis à Usson où elle demeura dix-neuf ans, de 1586 à 1605.

Don à Louis XIII

Rentrée à Paris, Marguerite de Valois se réconcilia avec Henri de Navarre, devenu entre-temps Henri IV, roi de France, et se prit d'affection pour le fils né de sa nouvelle union avec Marie de Médicis: le dauphin Louis, futur Louis XIII. En signe d'amitié et pour cristalliser la réconciliation, Marguerite de Valois fit don à ce dernier du château de St-Saturnin et de toutes ses possessions d'Auvergne. Passant sous la tutelle royale, le domaine fut alors estampillé d'un sceau protecteur: ainsi, quand Richelieu fit démanteler les châteaux d'Auvergne afin d'asseoir l'autorité royale, celui de St-Saturnin fut épargné. Avant sa mort, Marguerite de Valois y revint; elle aurait offert à l'église du village le maître-autel de la chapelle du château (aujourd'hui disparue).

PROVENCE-ALPES-CÔTE D'AZUR ET AUVERGNE-RHÔNE-ALPES

VIANNEY D'ALANÇON

LA BARBEN ET SAINT-VIDAL, L'HISTOIRE EN ORIFLAMME

Propriétaire depuis 2016 de la forteresse de St-Vidal, en Haute-Loire, ce jeune entrepreneur en joaillerie et spectacles historiques a racheté en 2019 le château de La Barben, dans les Bouches-du-Rhône. Limité en surface dans le Velay, où il a cependant ouvert un hôtel et une brasserie artisanale en 2021, il déploie en Provence un projet culturel à grande échelle. L'été, des représentations sont proposées au public, autour d'un marché provençal, d'un restaurant et d'une exploitation agricole bio.

Une grue au-dessus de la forteresse. Des Algeco au pied du château et des contremaîtres en pleine discussion, casques de chantier sur la tête. En ce jour de printemps 2021, cette double image dit bien l'effervescence qui règne à La Barben. D'un côté les travaux de restauration du château, qui se poursuivent. De l'autre, la préparation des espaces pour accueillir les spectacles historiques de l'été. Une rampe d'accès mène à l'entrée du bastion. À droite, une double rangée de platanes précède les jardins à la française, dessinés par Le Nôtre. Un immense séquoia domine l'ensemble.

UN VASTE CHANTIER DE RESTAURATION

Une grue se dresse dans la cour de La Barben. En raison de la fragilité du terrain, une partie de cet espace a dû être renforcé. La porte du château s'ouvre sur le grand escalier de pierre de style Henri IV. Celui-ci débouche sur la terrasse joliment rénovée en calcaire régional, qui forme un belvédère sur la campagne alentour. Encore quelques marches avant de pénétrer dans la bâtisse, à la façade 17e s. Puis un dernier escalier, une ultime porte à déverrouiller et ce sont les appartements. Vianney d'Alançon se tient là, en compagnie de son chien.

01

02

01. Façade du château de La Barben
02. Décor peint du château de La Barben

« Il existe ici un important bassin de population, avec un vivier de compétences très intéressant. »

La question est de savoir où en sont les travaux, sachant que le jeune entrepreneur a promis d'ouvrir la forteresse et de lancer ses spectacles historiques dès l'été 2021… « S'agissant du château, nous avons déjà restauré 11 terrasses sur 12, refait des murs d'enceinte et 2 000 m² de toiture. Le clos couvert est achevé. La prochaine étape va démarrer cet automne, avec la réfection de 160 menuiseries » énumère le propriétaire. Ajoutant le geste à la parole, il désigne une fenêtre : le haut bâille et laisse entrer l'air. « Il faudra reprendre aussi tous les intérieurs, la maçonnerie, l'étanchéité, les enduits, les peintures… Mon souhait est que tout soit achevé à la fin de l'année 2022 », espère Vianney d'Alançon.

SEPT SPECTACLES HISTORIQUES

Si le chantier de restauration se poursuit à bon rythme, l'urgence du jeune entrepreneur est d'accélérer la préparation des espaces extérieurs prévus pour recevoir sept spectacles historiques. Car là se situe l'originalité des projets, ici comme au château de St-Vidal : ranimer culturellement les sites en leur donnant une ambition telle qu'ils drainent des financements importants. « La presse a utilisé l'expression de Puy du Fou provençal, mais je ne l'ai jamais employée. Mon projet n'est pas de cet ordre, mais il ne s'agit pas non plus d'une entreprise confidentielle », précise-t-il. Le positionnement de La Barben : un « parc culturel et environnemental autour de la

UNE FERME AU PIED DU CHÂTEAU

BIO PROVENCE

C'est une partie intégrante du projet de Vianney d'Alançon à La Barben : créer, sur le domaine du château (400 ha), une exploitation agricole. La reprise des terres du château de La Barben en culture est un juste retour des choses. Par le passé, elles avaient toujours été exploitées, avant de traverser un siècle entier à l'état de friches. Certains produits de la ferme se retrouveront sur le marché provençal, organisé chaque jour dans un pré au pied du château.

Du miel et des brebis

« Nous avons déjà installé 150 ruches et allons notamment planter des amandiers, des pistachiers et des oliviers. Nous élèverons aussi des brebis Mérinos d'Arles et des chèvres du Rove [*race provençale, ndlr*]. L'idée, à terme, est d'arriver à cultiver 80 ha », précise Vianney d'Alançon.

Cuvée La Barben

Le vallon de la Touloubre qui se déploie au pied du château dispose de terres fertiles. Sur les hauteurs, la garrigue prend le dessus, offrant des parcelles idéales pour l'élevage et la viticulture. En septembre 2021, Vianney d'Alançon a prévu de faire des essais et de planter 9 ha de vignes. D'ici quatre à cinq ans, La Barben devrait donc produire sa propre cuvée. Un fermier a déjà été installé pour s'occuper de cette activité qui sera développée exclusivement en agriculture biologique.

ZOOM SUR

LA BARBEN, BASTION PROVENCAL

Dressé sur un éperon rocheux au-dessus de la vallée de la Touloubre, près de Salon-de-Provence, le château actuel a succédé à une forteresse antérieure à l'an mille. Il est propriété du roi René, avant d'être cédé à la famille des Forbin, qui a fait fortune au 14e s. dans le commerce maritime à Marseille. Les Forbin habitent le château pendant près de 500 ans. Ils le remanient, l'agrandissent, et le transforment en demeure de plaisance. Par un escalier Henri IV à double volée, les visiteurs accèdent à une terrasse précédant une belle façade du 17e s. La vue s'ouvre alors sur les jardins dessinés par Le Nôtre. À l'intérieur du château sont conservés des plafonds à la française, des tapisseries d'Aubusson, des Flandres et de Bruxelles (16e-17e s.) et de superbes cuirs de Cordoue qui décorent les murs de la grande salle. On découvre aussi la chambre de Pauline Borghèse : la sœur de Napoléon Ier y abrita ses tumultueuses amours avec un Forbin. La restauration entreprise par Vianney d'Alançon depuis 2019 redonne tout son lustre à l'édifice.

01

02

01. Danses provençales traditionnelles au parc Rocher Mistral, château de La Barben
02. Les Arlésiennes du parc Rocher Mistral, château de La Barben

Provence ». La marque: « Rocher Mistral ». « J'ai choisi ce nom car l'origine de ce château, qui date d'il y a plus de 1 000 ans, est bien ce rocher sur lequel il est construit. Et Mistral, c'est en référence au vent qui souffle dans la région et à Frédéric Mistral, poète provençal qui a porté haut les couleurs du territoire, en France et au-delà ». Les spectacles tournent en effet autour d'une sublimation de la Provence et de sa culture.

Ce n'est pas un hasard pour Vianney d'Alançon qui, s'il est originaire de Haute-Loire par sa branche maternelle, vient du Vaucluse du côté de son père. « Contrairement à ce que l'on pourrait croire, d'Alançon est un nom du Sud. Mon grand-père avait une propriété près de Carpentras où j'allais souvent en vacances enfant », dit-il. De là viendrait son attachement au territoire, et l'envie de célébrer son passé et son présent. Les spectacles présentés à La Barben le prouvent: « La révolte des Cascavèu », rébellion de Provençaux contre la cour et ses impôts, au 17e s.; « Claude de Forbin », épopée autour de l'officier de la marine Royale dont la famille possédait le château; « Le château il y a 1 000 ans », au temps des moines bâtisseurs; « La Provence vue par les yeux de l'aigle de Bonelli », film en 3D sur les joyaux de la région; « L'inauguration des jardins par André Le Nôtre », évocation du travail à La Barben du célèbre jardinier de Versailles et de Louis XIV.

Pour monter ces représentations, que Vianney d'Alançon écrit lui-même, l'entrepreneur mise sur les technologies adaptées aux spectacles vivants et s'appuie sur une soixantaine de comédiens. « Il existe ici un important bassin de population, avec un vivier de compétences très intéressant. J'ai beaucoup travaillé avec Pôle emploi à La Belle de Mai, à Marseille, pour le recrutement des intermittents du spectacle, et à Salon-de-Provence pour trouver d'autres profils, en commerce, communication, marketing, design… » Aux 200 emplois directs prévus s'ajoutent 200 emplois indirects estimés. Les spectacles vivants s'appuieront aussi sur un fort contingent de bénévoles.

Mais pas en 2021, la crise de la Covid-19 ayant fait décaler à 2022 la « fresque » historique imaginée sur une scène extérieure de 3 ha, face à une tribune de 2 000 places. « Nous avons déjà 650 bénévoles inscrits venant de toute la Provence », se félicite Vianney d'Alançon.

DES PARTENAIRES SOLIDES

L'ampleur du projet nécessite un investissement colossal de 30 millions d'euros. « 7 millions d'euros concernent la restauration du château; 23 millions d'euros la

Restauration de la chambre bleue, au château de St-Vidal

> « Le projet a généré une adhésion maximale des élus et des chefs d'entreprise. Ici, je travaille parfaitement avec les institutions locales. »

partie animation », détaille le propriétaire, qui n'a pas dévoilé le montant d'acquisition du château. Pour boucler un tel financement, il fallait des partenaires solides. Trois investisseurs, séduits par le projet, y ont contribué : Vincent Montagne, président du groupe Média-Participations ; Benoît Habert, président d'Habert Dassault Finance ; et la famille Deniau, qui a compté dans ses rangs l'homme politique Jean-François Deniau. « Nous avons aussi contracté de la dette bancaire et touché 6 millions d'euros de subventions des institutions régionales », complète Vianney d'Alançon. Son modèle économique repose sur les entrées de la billetterie – il visait 150 000 visiteurs pour la saison 2021 – et les recettes issues du marché provençal (où l'on retrouve la savonnerie Marius Fabre, ou les calissons Le Roy René), du restaurant et de la vente de produits dérivés. Celui qui, autodidacte, avait fondé en 2010 l'entreprise Laudate, spécialisée dans la confection de bijoux – il a gardé une part de l'activité – vit désormais à La Barben à plein temps. Et se sent bien dans ce lieu « absolument fabuleux, pas figé, que je me suis totalement approprié », dit-il. Il semble aussi satisfait par l'accueil reçu. « Le projet a généré une adhésion maximale des élus et des chefs d'entreprise. Ici, je travaille parfaitement avec les institutions locales, le comité régional du tourisme et Provence Tourisme, qui sont très enthousiastes », se félicite Vianney d'Alançon, qui fait quand même face à quelques résistances, mais « c'est inhérent à tout projet », indique-t-il.

Si l'actualité de 2021 met les projecteurs sur La Barben, il ne faut pas oublier St-Vidal. La forteresse auvergnate, achetée il y a cinq ans dans le but de fédérer le public autour des racines historiques d'un territoire, fonctionne sur un modèle un peu différent. Elle associe un pôle culturel bénévole, chargé d'animer les spectacles vivants, et un pôle commercial, avec l'ouverture d'un hôtel et d'une brasserie. « J'ai achevé en mai le chantier de restauration. Trois ans de travaux intensifs pour remettre en état cette demeure médiévale très abîmée, devant laquelle je passais lorsque j'étais enfant. » Limité par l'espace à St-Vidal, c'est donc à La Barben que Vianney d'Alançon a trouvé le château idéal pour assouvir son ambition. Les touristes sont dans les starting-blocks !

INFORMATIONS PRATIQUES

CHÂTEAU DE LA BARBEN
2376 RTE DU CHÂTEAU
13330 LA BARBEN
T. 04 90 55 25 41
WWW.ROCHERMISTRAL.COM

FORTERESSE DE SAINT-VIDAL
43320 ST-VIDAL
T. 09 81 43 68 00
WWW.SAINTVIDAL.COM
–

AGENDA
DE JUIN À SEPTEMBRE :
SPECTACLES HISTORIQUES À LA BARBEN
ET À ST-VIDAL,
MARCHÉ PROVENÇAL À LA BARBEN.

ST-VIDAL

UN FORTIN INVAINCU

Dominant de ses tours massives le village de St-Vidal, groupé sur une éminence au-dessus de la vallée de la Borne, ce château du 13e s., agrandi au 14e s., fut le fief du baron Antoine de La Tour, gouverneur du Velay et du Gévaudan au 16e s. Ce dernier renforça le monument pour le transformer en une forteresse, équipée pour l'artillerie. Lors des guerres de Religion, Henri IV ordonne de le raser, en réaction à la rébellion d'Antoine de La Tour, un des chefs de la Ligue catholique. Mais jamais l'armée du roi ne réussira à pénétrer l'enceinte de la forteresse, restée imprenable. Au 17e s., Richelieu décide toutefois son désarmement. Au 18e s., fait divers notable, Jean-Joseph, marquis d'Apchier et baron de St-Vidal, organise la battue qui tuera la célèbre Bête du Gévaudan. Après la Révolution, les propriétaires se succèdent et permettent à St-Vidal d'être entretenu, ce qui en fait de nos jours une des forteresses les mieux conservées de la région.

Après des années de fermeture, le château, racheté par Vianney d'Alançon en 2016, a rouvert ses portes au public en 2018. La bâtisse est restaurée, les jardins redessinés. Les visiteurs y découvrent désormais plusieurs spectacles-déambulations. De « Vercingétorix » à la « Bête du Gévaudan » en passant par « La Mémoire d'un Peuple » et « Forteresse Imprenable », le public revisite au fil de quinze salles (bibliothèque, cuisine sarrasine du 16e s...) les événements marquants de la région.

ÎLE-DE-FRANCE

FABRICE LEVESQUE
LE CHEVALIER BLANC DU CHÂTEAU DE VIGNY

Tombé en admiration devant ce « château de la Loire en Île-de-France », cet expert judiciaire, amoureux d'histoire, l'a acquis en 2016. Mais le coup de cœur pour l'édifice des 16e et 19e s. s'est vite transformé en parcours du combattant. En cause, la mérule, un champignon ravageur des structures en bois. Après avoir pris quatre ans de retard, il entrevoit enfin le bout du chantier « clos et couvert ». Le moment est venu d'entreprendre la troisième phase, qui vise à sauver l'ensemble des communs, inscrits aux Monuments historiques, également attaqués par la mérule. L'objectif: la création d'un hôtel et lieu de séminaires aux portes de Paris.

Aurait-il acheté ce château du Val-d'Oise s'il avait su qu'un champignon gangrenait toute la structure de bois de l'édifice? Lui seul le sait, mais on peut supposer que oui, au vu des élans passionnés qui emportent le personnage, sous un phrasé posé, face aux splendeurs du patrimoine. Fabrice Levesque n'est pas un « fils de » qui aurait hérité de biens familiaux, mais un ingénieur agronome de formation, « qui vient du monde paysan », aime-t-il rappeler. Et même si son parcours professionnel l'a conduit à orienter sa carrière vers l'expertise maritime, il a toujours vibré pour l'histoire. La preuve, avant de se lancer dans la « folie » du château de Vigny, il s'est pris de passion pour Lyons-la-Forêt. Ce beau village de l'Eure aux maisons à pans de bois possédait deux anciens relais de poste du 17e s. en piteux état. Il les a rachetés, a relancé leur activité d'hôtellerie-restauration au point que l'un d'eux, La Licorne Royale, possède une étoile Michelin depuis 2014.

TRAVAUX D'URGENCE

Alors quand un beau jour de 2016, Fabrice Levesque découvre le château de Vigny, le coup de foudre est immédiat. « Avec sa double architecture du 16e et du 19e s., l'édifice ne laisse pas de marbre. J'ai été d'autant plus sous le charme que ma famille est originaire des villages alentour et que même en passant plusieurs fois dans les environs, sur la nationale, je ne l'avais jamais aperçu, à cause de sa position en contrebas. » Alors, bien sûr, ce fameux champignon, il sait bien qu'il est là. Mais le mal est plus profond que ce qu'il imagine. « Les travaux d'urgence devaient s'achever au bout de six mois. Il ont duré jusqu'en 2020. La mérule menaçait de faire s'écrouler l'ensemble de l'intérieur, il a fallu tout étayer », explique-t-il. Coût des travaux : 600 000 €.

La façade arrière du château de Vigny.

Finalement, ce n'est qu'en septembre 2020 qu'il peut entamer la deuxième phase, le chantier du clos et du couvert, c'est-à-dire l'étanchéité du bâtiment à l'air et à l'eau. Car pour éviter que la mérule ne revienne attaquer poutres et planchers – certains vont être changés, d'autres traités –, il faut absolument préserver la demeure de l'humidité. Pour prévenir ce nouveau drame, il fait appel notamment à la société Le Bras Frères, spécialiste des travaux de charpente, couverture, menuiserie et pierre – la même qui intervient sur le chantier de Notre-Dame de Paris *(voir encadré p. 161)*. Ce chantier de pérennisation de la demeure – 4 000 m² et 176 pièces, tout de même ! – se chiffre à 6,7 millions d'euros. « J'ai obtenu 162 000 € de la mission Bern. Pour le reste, en comptant les phases un et deux, j'ai reçu des subventions, mais le solde n'est que de l'apport personnel et beaucoup d'emprunts. Tout cela n'est pas un long fleuve tranquille », admet Fabrice Levesque, confirmant que son soutien bancaire est conditionné à l'hypothèque de tous ses biens. Il a aussi bénéficié d'un peu de mécénat de particuliers amoureux de patrimoine et de locaux séduits par la revitalisation du château, et « cela est remarquable symboliquement ». Regrette-t-il alors son élan initial pour Vigny ? « J'ai eu un coup de cœur... ou un moment d'égarement, appelez cela comme vous voulez », élude-t-il.

DANS LA DERNIÈRE LIGNE DROITE

Ce qu'il confirme en revanche, maintenant qu'il est engagé dans l'aventure, c'est sa volonté de continuer à aller de l'avant. Car la phase deux, même si elle n'est pas encore entièrement financée, est bien entamée et devrait être achevée en septembre 2022, si de nouveaux aléas ne se présentent pas. Fabrice Levesque est donc dans les starting-blocks pour faire avancer la troisième et dernière phase de son projet : le sauvetage des communs, inscrits au titre des Monuments historiques. Attaqués par la mérule, ils sont dans un état de dégradation encore plus avancé que le château. Leur restauration est un préalable à la création d'un hôtel et un espace de séminaires. « Il est bien évident que, pour un domaine de cette envergure, on ne peut pas couvrir les charges d'entretien et de maintenance avec de simples visites », dit-il. Au vu des difficultés rencontrées, la première esquisse du projet a dû être repoussée. « Les problèmes techniques n'ont pas plaidé en faveur du capital confiance des banquiers. Mon partenaire habituel me suit mais je dois en trouver d'autres. » La somme

UN DÉCOR DE CINÉMA

Le château de Vigny a accueilli le tournage d'une quarantaine de films depuis le 20e s. Pourquoi un tel succès ? « Je vous défie de trouver en Île-de-France un autre château qui ait une telle allure et une ressemblance avec celui de Chaumont-sur-Loire, sans compter son aspect du 19e s. à l'arrière », dit, sans forfanterie, Fabrice Levesque. Selon le principe que lorsqu'un réalisateur s'empare d'un lieu, d'autres lui emboîtent le pas, Vigny est devenu en quelques décennies un *hot spot* du décor de cinéma. Parmi les longs-métrages les plus connus, citons *Les Barbouzes*, de Georges Lautner (1964), quasi entièrement tourné au château de Vigny, avec Lino Ventura, Bernard Blier, Francis Blanche et Mireille Darc ; *Le Capitaine Fracasse* (Abel Gance, 1943) ; *La Vie est un roman* (Alain Resnais, 1983) ; *La Fille de d'Artagnan* (Bertrand Tavernier, 1994) ; *Les Aristos* (Charlotte de Turckheim, 2006)... En 2010, la chanteuse Rihanna y a tourné le clip *Te Amo*, avec Laetitia Casta. « Le château est dorénavant un pan de l'histoire cinématographique. Et j'ai encore des demandes tous les ans », rappelle Fabrice Levesque, qui n'a pas tourné le dos à cette activité.

DEUX STYLES, DEUX ÉPOQUES

LE CHÂTEAU DE VIGNY

Bâti par le cardinal d'Amboise (1460-1510), ministre de Louis XII et grand propagateur de la Renaissance italienne en France, le château voit le jour à partir de 1504. L'homme accompagne dans le même temps la reconstruction du château de Chaumont-sur-Loire. De là viendrait la ressemblance entre les deux édifices, puis le surnom de « château de la Loire en Île-de-France » donné à Vigny. De 1555 à 1694, il est entre les mains de la famille Montmorency. Des écrits témoignent de l'attachement du roi Louis XIII pour le domaine, également fréquenté par le cardinal de Richelieu. Par jeu de succession, il entre ensuite dans le giron des Rohan, qui en reste propriétaire jusqu'en 1846. Cette famille en fait un lieu de résidence, en particulier Charles de Rohan-Soubise, ministre et maréchal de France, ami de Louis XV.

Au 19e s. apparaît le « second grand homme » de Vigny, après le cardinal d'Amboise : Philippe Vitali. Issu d'une famille vénitienne exilée en France suite aux conquêtes napoléoniennes, cet ingénieur et entrepreneur ferroviaire s'est enrichi dans les chemins de fer en Europe, au Moyen-Orient et en Afrique. Il rachète le château en 1867 et entreprend alors une profonde restauration dans le style néogothique-troubadour qui le caractérise aujourd'hui. Après sa vente en 1922, Vigny connaît plusieurs propriétaires. Une société japonaise y ouvre même une école de cuisine de 2001 à 2009. Puis le château reste abandonné quelques années jusqu'à son rachat par Fabrice Levesque. Depuis 1984, il est classé Monument historique, ainsi que ses dépendances, parmi lesquelles la jolie maison de la Comté et de superbes serres.

nécessaire à l'aménagement de la totalité du domaine en hôtel est astronomique, bien plus élevée que dans les phases précédentes. On imagine alors la nécessité de se tourner vers d'autres sources de financement, comme le mécénat d'entreprise, mais la piste semble étroite. « Ce n'est pas facile en ce moment. Notre-Dame de Paris a épuisé une partie de cette manne et la crise du Covid-19 a bloqué beaucoup de dossiers », regrette le propriétaire, bien décidé toutefois à jouer cette carte. Pour l'heure, son équipe – un architecte et un bureau d'études – travaille « à reconceptualiser le projet par rapport à l'idée de départ. Quand les choses seront ficelées, sans doute en fin d'année, je pourrai à nouveau aller voir les financeurs », projette-t-il. Dans le schéma initial, il était prévu d'aménager 50 chambres dans le château et 40 dans les dépendances, en faisant aussi profiter les clients des 20 ha du parc.

HÔTEL ET OUVERTURE AU PUBLIC

Car celui qui gère déjà deux établissements hôteliers en est convaincu, le château de Vigny présente tous les atouts pour faire fonctionner un tel projet. « Nous sommes à une quarantaine de kilomètres de Paris, et de son vaste parc d'entreprises, dans le parc naturel régional du Vexin où il n'y a aucune structure hôtelière de ce type. »

Reste qu'il devra concilier ce projet commercial avec une ouverture culturelle au public. Le château et le parc, classés, ont un statut d'ERP, Établissement Recevant du Public. C'est la condition nécessaire pour pouvoir obtenir des subventions. « Cela nécessitera des adaptations réglementaires mais les deux peuvent tout à fait s'articuler de manière intelligente. Le classement implique une ouverture *a minima* d'une vingtaine de jours par an. Cela peut être décliné de plusieurs manières, à travers une série d'événements culturels proposés au château, ou en faisant du domaine un lieu que les gens du coin s'approprient », estime le propriétaire. Le château se situe, avantage certain, juste en face de la mairie du village de Vigny. Mais pour Fabrice Levesque, ce questionnement semble encore lointain. Sorti du bourbier de la mérule, il aimerait d'abord débuter l'aménagement de l'hôtel pour se dire que tous ses efforts n'ont pas été vains.

> « Il est évident que, pour un projet de cette envergure, on ne peut pas couvrir les charges d'entretien et de maintenance par de simples visites. »

INFORMATIONS PRATIQUES

CHÂTEAU DE VIGNY
1 RUE BEAUDOUIN
95450 VIGNY
WWW.CHATEAUVIGNY.COM

LES FORTS-À-BRAS EN RENFORT

DE NOTRE-DAME À VIGNY

Fondée en 1954, l'entreprise lorraine Le Bras Frères, spécialiste en charpente, menuiserie, couverture, taille de pierre et échafaudage « est la seule en France à posséder ces cinq compétences », précise son président, Julien Le Bras. Une expertise recherchée au point que l'entreprise familiale a été choisie au lendemain de l'incendie de Notre-Dame de Paris, en 2019, pour intervenir sur le sinistre. Ce sont les salariés de Le Bras qui ont monté l'incroyable échafaudage à l'intérieur de la cathédrale et installé les énormes pièces de menuiserie pour soutenir les voûtes. Certains sont compagnons, d'autres Meilleurs Ouvriers de France.

Une restauration de qualité

Vigny est « l'un de nos trois plus gros chantiers privés », déclare Julien Le Bras. Le travail est bien entamé avec la pose de 300 t d'échafaudage, « l'installation d'un parapluie de tôle sur une partie du toit, la dépose intégrale de la couverture et la réfection de la charpente ». Les façades ont été lavées et des pierres de taille remplacées. Un chantier comme les aime Julien Le Bras, « car il y a une volonté de restituer tous les éléments de décor et de faire une restauration de qualité, sur un édifice architecturalement exceptionnel. Pour que cela marche, il faut que l'entente soit parfaite entre le propriétaire, son architecte et l'entreprise. C'est le cas ici ».

Jardins de Château Gaillard

4

LES MÉCÈNES ET ESTHÈTES

« JE SUIS BELLE, Ô MORTELS ! COMME UN RÊVE DE PIERRE »
(*La Beauté*, Charles Baudelaire)

Ils sont parfois collectionneurs et ont trouvé dans les demeures aristocratiques un écrin digne de leurs œuvres d'art ou objets anciens. Pour certains, ce sont ces bâtiments eux-mêmes qui sont exceptionnels et composent avec leur environnement une véritable œuvre d'art. D'autres refusent l'arrogance de la modernité et de faire table rase du passé ; ils abhorrent la rupture et veulent renouer le lien historique, retrouver le temps long, dessiner un imaginaire pour les générations futures. Les guerres, la Révolution et les successions ont détruit et vidé châteaux et abbayes de leur mobilier, de leurs décors, tableaux et sculptures ; eux les remplissent et les restaurent, ils recréent des jardins et replantent des parcs. Un même amour de la beauté et de l'histoire les anime, mêlé à une même passion de les faire partager.

La chapelle décorée des vitraux dits « cisterciens », de Gilles Audoux (2006) et du *Christ d'Auberive*, par Marc Petit (2004).

GRAND EST

JEAN-CLAUDE VOLOT
LE 63e ABBÉ D'AUBERIVE

Quand un patron qui a fait fortune dans l'industrie aéronautique rachète avec son épouse une abbaye cistercienne perdue dans la haute vallée de l'Aube, c'est tout un coin de campagne qui décolle ! Réveillée par les travaux qui lui ont rendu sa splendeur, Auberive abrite les collections d'art des propriétaires. Même le village a retrouvé des couleurs, tout comme les magnifiques forêts qui l'entourent, désormais protégées par un parc national.

Les voies qui mènent au patrimoine sacré sont parfois impénétrables. Pour Jean-Claude Volot, 72 ans, figure iconoclaste du patronat français, elles sont passées par les squats du Paris des années 1970. Un patron dans les lieux interlopes parisiens ? Mais oui ! Le jeune ingénieur lorrain n'était pas encore le PDG de Dedienne Aerospace, cette florissante société française spécialisée dans les outillages de maintenance aéronautique. Mais il était déjà cette figure singulière (il l'est resté), attirée par les franges du monde de l'art : « Mon épouse Dominique et moi-même fréquentions les artistes libertaires, qui réfutaient les codes de l'art contemporain en vogue à l'époque. Nous emmenions même nos enfants dormir le samedi dans les squats ! » Quelques décennies plus tard, le patron s'est (un peu) assagi, les enfants ont bien grandi. Son fils Karel, prénommé en hommage à l'artiste Karel Appel, co-fondateurs du groupe CoBrA, a pris la tête de Dedienne Aerospace ; sa fille Alexia gère la collection Volot, l'une des plus importantes de France en matière d'art contemporain figuratif et singulier *(voir encadré ci-contre)*. Mais où l'exposer ? « Pour être franc, c'est uniquement dans ce but que nous sommes arrivés à Auberive. » Autrement dit, pas par passion patrimoniale, mais bien au nom de l'art.

« TOUT PART DANS L'ABBAYE »
Dénicher le site idéal n'est pas si facile : « Nous cherchions un lieu industriel en briques. Nous avons visité plus de cent sites sans qu'aucun dossier n'aboutisse. » Et puis… Auberive, l'abbaye haut-marnaise arrivée par la grâce d'un journal national acheté… en Provence ! Cet été-là, en 2004, les Volot assistent au Festival de piano de la Roque-d'Anthéron. « En lisant le journal, Dominique remarque une petite annonce et me dit qu'il faut tout lâcher pour visiter ce lieu. Vous savez, c'est elle la patronne en fait ! Le lendemain, nous y étions. » De la garrigue ensoleillée aux forêts profondes de Haute-Marne, les Volot découvrent Auberive, joli village de 202 habitants. Jean-Claude Volot a beau être originaire du département (un hasard), il ne connaît pas le coin, encore moins son élégante abbaye cistercienne, fondée au bord de l'Aube en 1135 par douze moines de Clairvaux. Il ne sait pas non plus qu'il sera le 63e abbé d'Auberive, comme il le dit en plaisantant : « J'ai fait des recherches. J'ai même accordé le statut d'abbés laïcs aux quatre directeurs de Solvay à qui nous avons racheté l'abbaye ! »

« Avec ses cellules monacales de 5 m sur 5, l'abbaye semblait dessinée pour notre collection. »

Habitué aux décisions rapides, le nouvel abbé jauge vite le potentiel du lieu : « Avec ses cellules monacales de 5 m sur 5, l'abbaye semblait dessinée pour notre collection. Les artistes qui la composent ont des univers tellement singuliers qu'il est compliqué de les exposer ensemble. »
Mise de départ : 850 000 €, « auxquels il a fallu ajouter 3 millions d'euros de travaux » ! Heureusement Dedienne Aerospace marche fort : « Je ne me suis jamais versé un seul euro de dividendes. Tout part dans l'abbaye. » C'est-à-dire beaucoup, et dès le départ : Pierre Bortolussi, architecte en chef

Mea Culpa, par Marc Petit (2002)

COLLECTION SINGULIÈRE

L'ART CONTEMPORAIN FAÇON VOLOT

Installé dans l'aile ouest de l'abbaye, le centre d'art contemporain est essentiellement consacré à l'art expressionniste figuratif : il met en scène un fonds d'art brut unique en France (3 000 œuvres au total). Les Volot ont aussi constitué des collections d'art primitif (250 pièces) et d'art populaire (150 pièces), ainsi qu'un ensemble étonnant de statues en porcelaine de la révolution culturelle chinoise.

In situ
Au rez-de-chaussée, les expositions temporaires, organisées chaque été, réunissent artistes célèbres et méconnus. À l'étage, l'importante collection privée des Volot (peintures, sculptures et dessins) – qui constitue le fonds permanent du lieu – est présentée par roulement. Des sculptures sont également installées dans le jardin.

Choc des cultures
Ce lieu magique est l'occasion de se confronter à une collection singulière, à contre-courant du « goût international » dominant, avec des artistes comme Dado, Rustin, Rebeyrolle, Combas, Chaissac, Di Rosa, Raphaëlle Ricol, Cristine Guinamand…
Bien avant l'engouement actuel, Jean-Claude Volot avait également ouvert l'abbaye d'Auberive à des artistes de *street art*, dont l'édifice conserve certaines œuvres sur ses murs.

Concert à Auberive.

des Monuments historiques, conseille aux nouveaux acquéreurs de commencer par un diagnostic de santé du bâtiment. « C'est vraiment la première chose à faire pour établir les urgences; dans notre cas, la reprise de la toiture et des pierres fendues par le gel. »

LE TEMPS DU BONHEUR

« Une fois les travaux d'urgence effectués, vous êtes dans l'embellissement » explique le chef d'entreprise. « Choisir les peintures, la décoration, les statues du jardin, restaurer la grille attribuée à Jean Lamour... Là, c'est le bonheur. » LE coût? « De l'ordre de 500 000 € par an, pour les travaux et l'entretien. » Jean-Claude Volot tient à ce que l'abbaye soit indépendante financièrement. « Je me suis assuré de pouvoir financer l'ensemble du projet. Hors de question pour moi de solliciter le moindre financement public! Je suis et je reste un libéral, tendance anar' » sourit celui qui fut aussi vice-président du Medef. « Soit 91 kg de paradoxe! » lance-t-il, rigolard.

L'ÉQUILIBRE FINANCIER

Sous la houlette de la famille Volot, Auberive organise des expositions (une partie des collections est exposée chaque été par roulement). Mais elle loue aussi ses espaces pour des mariages et des séminaires, dans le souci de faire entrer des fonds. L'équipe organise de grandes manifestations, telles qu'un festival du bien-être et des journées de la chasse, permettant de vendre des espaces de stands. Bilan? Environ 200 000 € par an. « Si je ne faisais plus de travaux, je serais à l'équilibre. Si la situation financière devenait compliquée, ce qui est loin d'être le cas, je pourrais toujours resserrer les boulons, voire vendre l'une de nos œuvres phares, dont certaines ont déjà de belles plus-values. Mais nous n'en sommes pas là. Bien sûr, la période n'est pas évidente et il faut affiner les stratégies. Mais je suis relativement serein sur une sortie de crise. »

« Je me suis assuré de pouvoir financer l'ensemble du projet. Hors de question pour moi de solliciter le moindre financement public! »

Tant mieux, car, sur un tel édifice, les travaux ne sont bien sûr jamais finis: « On vient de refaire les pelouses. Nous passerons ensuite à l'étanchéité de la chapelle, puis il

4

CHOSES À SAVOIR SUR AUBERIVE

(01)
Famille
Jean-Claude Volot et son épouse ont embarqué leur fille Alexia dans l'aventure. Diplômée de l'École du Louvre, elle est la directrice artistique du lieu. Son mari Siegfried supervise les travaux.

(02)
Carrefour
Le village et son abbaye se situent dans le département de la Haute-Marne (Grand Est), aux confins de la Champagne et aux portes de la Bourgogne.

(03)
Forêt
Recouverte à 70 % de forêts domaniales, Auberive est la 3e commune la plus étendue de Haute-Marne, après Val-de-Meuse et Châteauvillain. Elle fait logiquement partie du territoire du dernier-né des parcs nationaux français, le « Parc national de forêts » (2019).

(04)
Étoiles
L'abbaye d'Auberive est l'un quatre sites de Haute-Marne à avoir obtenu deux étoiles au Guide Vert Michelin 2021. Le lieu mérite un détour!

UNE SACRÉE HISTOIRE

L'ABBAYE D'AUBERIVE

Aujourd'hui paisible, ce vaste ensemble monacal a connu un destin mouvementé. Fondée en 1135 par des moines de Clairvaux, l'abbaye d'Auberive est issue du grand mouvement monacal du 12e s. Son architecture et son implantation sur un site isolé répondent à l'exigence cistercienne de sobriété. L'ensemble respecte le plan bernardin : l'aile est reste réservée aux moines de chœur, l'aile ouest abrite les bâtiments des convers, l'aile nord est dévolue aux communs, et le chevet plat de l'abbatiale est orienté vers l'est. Les moines canalisent les eaux de l'Aube, installent un moulin et développent la pisciculture, assurant ainsi leur autonomie. L'abbaye, qui atteint son apogée au 13e s., sera pillée à plusieurs reprises, notamment lors de la guerre de Cent Ans, puis pendant les guerres de Religion. Après avoir connu au 18e s. les remaniements qui lui donnèrent son visage actuel, l'abbaye fut vendue à la Révolution comme bien national à Caroillon de Vandeul, gendre de Diderot, qui y installa une filature de coton, puis sa résidence.

Au 19e s., l'histoire la rapproche à nouveau de Clairvaux. Afin de désengorger le centre pénitentiaire, Auberive est à son tour transformée par l'État en prison de femmes : Louise Michel y séjourne entre 1871 et 1873. Puis l'abbaye accueille un centre de redressement, une colonie agricole et une colonie de vacances, qui fonctionnera jusqu'en 2002. Elle est rachetée par la famille Volot en 2004.

La galerie du cloître

faudra s'occuper de la toiture en ardoises de l'aile est. Elles sont encore étanches mais elles ont 200 ans et sont devenues très fines, mieux vaut s'en occuper. »

AUBERIVE, LEVIER DE DÉVELOPPEMENT LOCAL

L'activité développée à l'abbaye justifie largement les sept emplois à temps plein : « Trois pour la direction artistique, dont ma fille, deux pour l'entretien et deux pour la réhabilitation. » Homme d'affaires un jour, homme d'affaires toujours : « Cet hiver, nous avons refait toutes les huisseries dans un atelier créé sur place. Cela nous coûte deux fois moins cher que de la main-d'œuvre extérieure. »

L'abbaye est loin, cependant, de vivre repliée sur elle-même. Selon Jean-Claude Volot, le village tout entier a bénéficié du regain de dynamisme porté par le lieu : « Auberive a été riche, grâce à la métallurgie et aux fermes. Mais la population est passée de 700 habitants, au début du 20ᵉ s., à 202 aujourd'hui. Le village avait besoin d'être ressuscité. Depuis notre arrivée, l'épicerie a rouvert, un antiquaire s'est installé. Auberive est redevenu un village central et a conservé sa poste et sa gendarmerie. C'est l'abbaye qui a tout secoué. Ça a servi d'exemple et encouragé les rénovations, le village s'embellit et donne envie de s'y installer. C'est un cycle vertueux. »

Lors des élections municipales de 2020, Jean-Claude Volot a été élu maire d'Auberive. Un maire toujours sur la brèche : « Cette année, nous allons créer un espace pour quatre start-up. L'idée est d'attirer les familles de jeunes urbains au village. » Rajeunir, revigorer, stimuler... On sent que Jean-Claude Volot est à son affaire. L'une de ses plus grandes fiertés, outre l'abbaye elle-même ? « Avoir été le premier à évoquer l'idée d'un parc naturel pour protéger les superbes forêts qui nous entourent » assure celui qui est devenu vice-président du dernier-né des parcs naturels français. Créé en 2019, le « Parc national de forêts » couronne plus de 240 000 ha à cheval sur la Haute-Marne et la Côte-d'Or. « Auberive y est le seul site classé Monument historique ! » se réjouit l'homme d'affaires, qui espère capter une partie des 400 000 visiteurs attendus grâce au rayonnement du parc.

> « Depuis notre arrivée, l'épicerie a rouvert, un antiquaire s'est installé. Auberive est redevenu un village central (...). C'est l'abbaye qui a tout secoué. »

ANTICIPER L'APRÈS-COVID

Doper l'attractivité : c'est le grand défi de l'après-Covid. « Comme tout le monde, il nous faudra augmenter l'activité. Nous étions sur une très forte progression et la crise sanitaire a tout annulé. » L'abbaye d'Auberive stoppée en plein élan... Mais est-ce vraiment pour déplaire à l'énergique patron, qui trace avec une certaine gourmandise ses stratégies et autres business plans ? Quand on lui demande s'il a essuyé des échecs, Jean-Claude Volot marque un silence. « Au risque de paraître immodeste, non, je n'ai aucun regret. Cette abbaye, ce n'est que du bonheur. Laissez-moi vous raconter une petite tradition familiale : chaque année, nous nous réunissons avec ma femme, ma fille Alexia et mon gendre Siegfried, qui supervise les travaux de l'abbaye. Nous faisons le point. Chaque fois, à la fin de cette réunion, nous nous demandons si nous voulons continuer. » Et chaque fois, depuis 2004, le « 63ᵉ abbé d'Auberive » et ses proches s'accordent sur une même réponse : « Oui ! »

Y ALLER

ABBAYE D'AUBERIVE
1 PLACE DE L'ABBAYE
52160 AUBERIVE
T. 03 25 84 20 20
ABBAYE-AUBERIVE.COM

ARCHI SACRÉE

AUBERIVE EN MAJESTÉ

L'abbaye, telle qu'on la découvre aujourd'hui, a été en grande partie remaniée au 18ᵉ s. Le cloître, qui conserve trois ailes, date de cette époque. Il était fermé par l'ancienne abbatiale, dont subsiste le chœur (1182). Celui-ci abrite aujourd'hui un *Christ* de Marc Petit et est orné de vitraux contemporains, réalisés par Gilles Audoux. Dans le cloître, une porte romane, dite de la salle du chapitre (13ᵉ s.), ouvre sur le réfectoire à voûte en « parapluie ».

La grille Lamour

L'aile ouest, celle des hôtes, présente une longue et monumentale façade classique qui fait face à la remarquable grille d'honneur (18ᵉ s.) de cette entrée ; cette ferronnerie serait l'œuvre de Jean Lamour (1698-1771), auteur des célèbres grilles de la place Stanislas, à Nancy. Sa récente restauration lui a redonné tout son éclat.

Sous les tilleuls

Dans l'aile est, on visite les cellules d'isolement qui donnent sur la cour des prisonnières. Devant l'abbaye, une agréable promenade, « entre deux eaux », ombragée par des tilleuls, court entre l'Aube et le canal. En fin de visite, c'est un vrai bonheur d'y déambuler !

NORMANDIE

JACQUES GARCIA
SES VICTOIRES AU CHAMP-DE-BATAILLE

Mondialement reconnu pour ses talents de décorateur et son expertise sur les objets d'art des 17e et 18e s., Jacques Garcia s'est aussi engagé, voilà trente ans, dans une folle épopée : restaurer le magnifique château du Champ-de-Bataille, dans la campagne normande. Rendu à sa splendeur grâce au travail acharné de l'architecte d'intérieur, ce joyau du 17e s. est devenu l'écrin de sa formidable collection d'objets d'art royaux, l'une des plus importantes de France ouverte au public. Autre grande fierté du nouveau seigneur des lieux : avoir recréé les vastes jardins, malgré deux terribles tempêtes. De belles victoires, assurément.

Qu'est-ce qui vous a amené à acheter le château du Champ-de-Bataille ?

Jacques Garcia – Depuis 50 ans, je me suis toujours intéressé à ce moment de l'histoire de France que sont la dispersion et la vente à l'encan, lors de la Révolution française, des biens patrimoniaux de la famille royale et des grands possédants de l'époque. L'enfant que j'étais est resté le même. L'idée de la découverte d'un de ces objets, c'est ce qui m'a guidé dans ma collection à travers le temps, pour rassembler les objets de provenance illustres que vous pouvez admirer au Champ-de-Bataille. Ce qui a donné l'occasion au Guide Vert Michelin de nous donner une troisième étoile pour la collection. Pour présenter cette collection, il me fallait un écrin : ce fut Champ-de-Bataille.

Vous avez dit l'avoir alors acheté sans le (re)visiter. Comment est-ce possible ?

Je connaissais le Champ-de-Bataille depuis toujours pour l'avoir visité à maintes reprises. L'état de délabrement des intérieurs, suite à un abandon au 19e s. et à sa transformation en hôpital au début du 20e s. (même si après la guerre quelques

Portail du château

« Il aura fallu 30 ans pour faire aboutir pièce par pièce la vision idéale de mes rêves. »

aménagements avaient permis de faire perdurer le bien), restait préoccupant. La grandeur avait disparu. Compte tenu de tout cela, je ne souhaitais pas visiter les intérieurs afin de ne pas être découragé dans ma volonté d'acquisition.

Vous dites souvent que c'est votre père, fils d'immigré espagnol, qui vous a donné ce goût des belles choses…

Mon père était passionné d'histoire et de littérature. Il a traîné son gamin dès son plus jeune âge dans les brocantes et dans les châteaux nouvellement ouverts grâce à la loi Malraux. Une découverte extraordinaire qui permettait d'entrer dans un monde inaccessible au public commun. Je me suis senti immédiatement projeté dans ce monde, pour en faire le mien. Mon père m'a encouragé à faire des études d'art et c'est à travers cela, la recherche de la connaissance, l'envie de la culture, que s'est forgé en moi ce que vous appelez le goût des belles choses.

Et puis… Champ-de-Bataille ! Quel nom !

Oui, avec deux sens intéressants : le premier viendrait d'une grande bataille, en 935, à cet endroit. Le second me plaît davantage : en 1651, le bâtisseur du château, Alexandre de Créqui, s'engage dans la Fronde, qui est écrasée par le cardinal de Mazarin. Contraint à l'exil sur ses terres, Créqui construit ce palais magnifique qui rappelle les fastes de la cour, une forme de bataille au goût de revanche sur le pouvoir royal.

Comment avez-vous restauré les lieux ?

Au vu d'un tel travail, j'ai créé une maquette grandeur nature. Il aura fallu 30 ans pour faire aboutir pièce par pièce la vision idéale de mes rêves.

N'avez-vous pas été aidé par le paysagiste Patrick Pottier ?

Patrick Pottier est intervenu au Champ-de-Bataille 15 ans après mon acquisition. Nous sommes rentrés tous les deux dans un tandem créatif pour faire évoluer les structures que j'avais engagées dans les 15 premières années. À savoir : terrassement, plantations primaires, charmes, buis, ifs, tilleuls, rétablissement de la dentelle fidèle au dessin attribué à la main de Le Nôtre. Le temps de

L'HISTOIRE D'UNE REVANCHE

LE PALAIS DE L'EXIL

Quel panache ! Le château du Champ-de-Bataille, c'est d'abord l'histoire d'une drôle de revanche. Celle d'Alexandre de Créqui (1628-1702), ami du prince de Condé. Ce dernier, cousin du roi de France, deviendra l'une des figures de la Fronde des Princes (1650-1653). Justement, Créqui s'engage dans ce mouvement de révolte, protestant – entre autres – contre la puissance du cardinal Mazarin, qui gouverne la France durant la minorité de Louis XIV.

L'Eure, terre d'exil

Après des années d'agitation à travers le royaume, la Fronde est finalement écrasée. Le prince de Condé quitte Paris pour se mettre au service de la couronne d'Espagne. Très compromis aussi, Créqui est exilé par le cardinal Mazarin. Assigné à résidence, l'aristocrate se fait alors construire le magnifique palais du Champ-de-Bataille, dans l'Eure. La splendeur du lieu lui rappelle ces fastes de Cour qu'il ne connaîtra plus. Les travaux durent de 1653 à 1665.

Amère revanche

Faute de documents officiels (hormis deux dessins attribués à Le Nôtre), le style de l'ensemble laisse supposer que le seigneur du Champ-de-Bataille s'est adressé aux meilleurs de son époque : l'architecte Louis Le Vau et le jardinier André Le Nôtre. La revanche aura un goût amer : Créqui ne sera jamais réhabilité et meurt ruiné en 1702.

Vue aérienne du domaine de Champ-de-Bataille

Dans la serre d'orchidées.

À LA FAÇON DE LE NÔTRE

DE REMARQUABLES JARDINS

Cent mille mètres cubes de terre déplacés, 5 km de dentelle de buis, 10 km de charmilles, 1 km de fleurs vivaces… Les chiffres donnent la mesure de la démesure. D'autant que la reconstitution – titanesque – des jardins du Champ-de-Bataille fut deux fois mise en échec par des tempêtes, en 1993 (un an après que Jacques Garcia ait acquis l'ensemble), puis en 1999 (ruinant le nouveau projet). C'est dire si les splendides jardins qui s'y élèvent désormais sont chers au décorateur, au propre comme au figuré. Tracé sur 45 ha à partir d'un croquis attribué à Le Nôtre, le parc se veut d'inspiration classique, avec des variations contemporaines. L'ensemble alterne six univers : jardins français, anglais, moghol et italien, un belvédère romantique et des serres botaniques, dont l'une abrite la collection d'orchidées du propriétaire, forte de 600 espèces. Ses soins nécessitent un jardinier à temps plein à l'année ! En prime, Jacques Garcia a fait créer un grand canal de 550 mètres de long, des fontaines et une dizaine de « fabriques », puisque tel était le nom, au 18e s., des bâtiments destinés à embellir les jardins. Le décorateur a même reconstruit un pavillon moghol, dessiné à partir d'éléments de palais des 17e s. et 18e s. achetés en Inde : le « Pavillon des Rêves », ouvert lors des Journées européennes du patrimoine.

COLLECTION ROYALE

ÉLOGE DE LA CONTINUITÉ

La collection d'objets d'art de Champ-de-Bataille est l'une des plus importantes d'Europe. Ces œuvres sont issues des saisies révolutionnaires, rachetées ici et là par Jacques Garcia, depuis plus d'un demi-siècle. Parmi les pièces maîtresses à ne pas manquer: un service de Sèvres en porcelaine à décor d'oiseaux; les 40 chaises de la salle à manger signées du maître menuisier Foliot (« rachetées une à une durant des années »); des sièges ayant appartenu au prince de Condé; des vases de Sèvres d'une taille exceptionnelle; de nombreux objets personnels de Marie-Antoinette (la plupart exposés dans le salon de compagnie); les tableaux de la fin de vie de Marie-Antoinette, l'un fait à la Conciergerie, l'autre au Temple lorsqu'elle était prisonnière; un buste romain du 17e s. provenant de la collection de Mazarin (un autre fut vendu au château de Versailles, exposé désormais dans la galerie des Glaces).

la fantaisie était venu. C'est ce que nous avons démarré tous les deux en prenant notre source dans l'antique pour se projeter dans un jardin contemporain. Cette vision continue à travers le regard du nouveau chef jardinier, François Prévost, qui s'est investi dans mes rêves pour nous projeter dans le futur.

Combien coûte un tel entretien?

Bien évidemment, beaucoup d'argent... L'argent qu'il faut pour payer les salaires, les charges sociales, les congés payés, les traitements des plantes en difficulté, pour corriger les erreurs, compléter les manques, assumer les tempêtes, la sécheresse, le trop d'eau... À la fin de tout cela, vous vous sentez les poches vides. De ce fait, il semble invraisemblable que le Guide Vert Michelin n'attribue que deux étoiles au plus grand jardin privé garantissant une telle tenue et l'espérance du futur. Je pense que ce n'est qu'une défaillance provisoire! (rires)

C'est bien noté! L'ouverture au public aide-t-elle?

Ouvrir au public, ce fut ma volonté dès l'acquisition. Après la tempête de 1993, qui a dévasté le parc, je souhaitais montrer la création et l'évolution de plusieurs jardins, à l'image de Versailles. Ceux qui ont pu suivre ce processus ont vu grandir tout comme moi les charmilles et les arbres.

Habitez-vous le château?

Oui, c'est aussi ce qui fait sa force. C'est un « Fontainebleau » habité. J'ai une passion pour Fontainebleau que j'appelle « la maison des strates ». Ce château a été habité durant 900 ans sans interruption. Chaque roi a ajouté sa strate, s'adressant aux meilleurs artisans et artistes du moment pour réaliser les pièces les plus sublimes de la terre. C'est ce qui fait la France, presque mille ans d'un mouvement qui ne s'est jamais arrêté.

Comment avez-vous travaillé l'intérieur?

Pour ce qui est de l'intérieur, l'esprit demeurait à travers trois pièces magnifiques: l'escalier, la grande salle à manger et le salon de compagnie, dont les éléments fondamentaux existaient malgré un avilissement dû au naufrage du temps. J'entrepris une restauration « Monuments historiques » scrupuleuse, avec recherche des peintures originales, restauration des corniches et des parquets. Pour le reste de la maison, le « la » était donné. Je possédais des boiseries historiques provenant des grandes résidences du 18e s. et des éléments décoratifs d'époque Louis XIV. Ce fut ma base pour rétablir le grand appartement de parade dans sa vision Grand Siècle avec le salon d'Apollon, le cabinet d'Aurore et Céphale et la chambre de parade, réalisant ainsi ce que fut la

Théâtre de verdure

01

02

01. Salon d'Apollon
02. Enfilade du Grand Appartement
03. Bibliothèque

03

volonté du constructeur, le comte Alexandre de Créqui.

Dans votre collection, quelle est la pièce la plus chère à votre cœur ?

Celle que j'achèterai demain, car elle va dormir avec moi pendant deux jours avant de se placer au milieu des autres ! La chose la plus étrange, c'est que je ne suis pas un homme de détail mais d'ensemble. Je veux donner une âme, créer quelque chose de vivant, ce qui malheureusement se fait rare. À une millionnaire américaine qui lui demandait le secret pour avoir une maison comme la sienne, la baronne Marie Hélène de Rothschild répondit : « C'est un ensemble qui fait une grande maison : les fleurs et l'odeur de la cire ! » Champ-de-Bataille est l'une des rares maisons françaises ouvertes au public où vous avez ce sentiment.

Quel regard portez-vous sur toutes ces années passées au chevet de Champ-de-Bataille ?

Un sentiment partagé entre la douleur et la l'extase. Ce n'est pas consensuel de faire cela, vous êtes sans cesse critiqué. Il faut aussi accepter des contraintes matérielles considérables. Pour ma part, les 40 ans de succès dans mon travail furent réinvestis au Champ-de-Bataille.

Au final, de quoi êtes-vous le plus fier ?

Je ne savais pas que j'étais capable du dépassement, d'aller au-delà de mon bien-être pour rejoindre l'essentiel. Il y a eu plein d'obstacles, comme les tempêtes de 1993 et 1999. C'était aussi la crise économique, je ne rentrais plus d'argent. La force du destin fit que les choses s'arrangèrent, comme souvent. L'idée me vint alors d'aller plus loin et de créer de grandes perspectives qui me permettraient de donner naissance au plus grand jardin privé d'Europe. Tous ces événements m'ont appris la patience. Si l'on n'a pas cette vertu, la réussite est impossible.

Vous écrivez : « Désormais, enfin, je peux dire que Champ-de-Bataille est terminé. Je suis libre d'écrire le mot "fin" et de tourner la page, d'ouvrir cette porte et de discrètement m'en aller. » Est-ce vraiment fini ?

Quand on possède un lieu comme celui-ci, on n'en est qu'un détenteur provisoire. Le sablier de la vie étant ce qu'il est, il convient de savoir finir une œuvre. Mon seul souci est donc d'assurer un avenir à cette demeure. Il me faut trouver des solutions pour que d'autres poursuivent l'œuvre entreprise. J'ai en tête de créer une fondation.

> « Quand on possède un lieu comme celui-ci, on n'en est qu'un détenteur provisoire. Mon seul souci est donc d'assurer un avenir à cette demeure. »

Quel conseil donneriez-vous à un futur acquéreur de château ?

Il y a deux catégories de possédants de châteaux. La première : des gens comme moi, plein d'enthousiasme, de passion, d'illusion, de rêve, qui investissent leur vie et toute leur énergie pour sauver le patrimoine. C'est dans nos gênes, on ne peut rien changer. La deuxième catégorie : ceux qui ont l'opportunité du pouvoir de l'argent. Élevez-vous, prenez une part du patrimoine, quoiqu'elle vous coûte, elle vous fera grandir, tout comme vous ferez grandir ceux avec qui vous la partagerez. L'essentiel reste toujours vulnérable.

Y ALLER

CHÂTEAU DU CHAMP-DE-BATAILLE
8 ROUTE DU CHÂTEAU
27110 SAINTE-OPPORTUNE-DU-BOSC
T. 02 32 34 84 34
CHATEAUDUCHAMPDEBATAILLE.COM

5 PROJETS AU CHAMP-DE-BATAILLE

01 **Nouvelle pousse**
Jamais à court de projets, Jacques Garcia a mis à profit le confinement pour démarrer la création d'un jardin anglais. Un lac et des vallons ont été fabriqués spécialement. Il n'est pas encore ouvert au public.

02 **La grotte en plus**
Inspirée de la grotte de Téthys créée par Louis XIV à Versailles (détruite en 1684), une grotte artificielle a été réalisée dans les jardins. Elle sera ouverte au public en 2022. Des petits concerts pourront y être organisés.

03 **Orangerie jolie**
Une nouvelle orangerie est en chantier pour abriter la billetterie, la boutique, le café et un espace d'exposition.

04 **Expositions en vue**
Face au château, les anciennes écuries accueilleront des expositions thématiques constituées à partir de la collection d'objets d'art (porcelaine de Sèvres, Marie-Antoinette…).

05 **Jardins en musique**
Un parcours musical et poétique dans les bosquets des jardins est à l'étude, afin d'accompagner les visiteurs dans la découverte et la féerie.

CENTRE-VAL DE LOIRE

MARC LELANDAIS
COUP DE FOUDRE À CHÂTEAU GAILLARD

Lorsqu'en 2011, l'ancien président de Lancel et du groupe Vivarte découvre ce château Renaissance enfoui dans la végétation, à Amboise, il n'en croit pas ses yeux. C'est le château du roi Charles VIII dont le parc de 15 ha aurait été dessiné par le « Léonard de Vinci des jardins », Dom Pacello da Mercogliano. Commence alors une restauration titanesque, aboutie en 2015 avec l'ouverture au public. L'homme d'affaires a réussi son pari, celui de créer un lieu rare de « tourisme émotionnel ».

Dans quelles circonstances avez-vous découvert cet incroyable château ?

Marc Lelandais – C'était en décembre 2011. Je reçois un appel d'un agent immobilier qui, connaissant mon intérêt pour la Renaissance, m'annonce qu'il a un domaine royal de 15 ha à vendre, dans Amboise. Ma première réaction a été de lui répondre qu'il me faisait perdre mon temps. Et j'ai raccroché très vite. Mais il m'a envoyé un dossier avec quelques photos – où l'on ne voyait d'ailleurs pas grand chose – et un texte descriptif. Il était bien précisé « lourds travaux à prévoir » ! Ça m'a interpellé. J'ai fouillé sur Google. Rien. Sur Gallica, la bibliothèque numérique de la BNF. Rien non plus. Et sur Persée [*portail Internet diffusant des publications scientifiques, ndlr*], je découvre une trentaine de pages sur Château Gaillard, avec l'histoire du lieu et des jardins. J'étais stupéfait.

Qu'avez-vous fait alors ?

Trois jours après, je pars en voiture avec mon fils tout en me disant : « ce n'est pas possible qu'existe un tel château à cet endroit. » Je monte la rampe qui mène à la bâtisse. La végétation forme un, deux, trois, quatre écrans avant de pouvoir distinguer la façade. Je pense d'abord : « C'est une folie du 19e s. » Quelques marches encore, et là... Je dois me rendre à l'évidence ! J'ai devant moi un joyau construit pour Charles VIII au 16e s. avec le célèbre moine-jardinier Dom Pacello da Mercogliano. Un palazzo florentin qui – fait rarissime – a ensuite été offert par Louis XII à Dom Pacello pour le récompenser de son travail inestimable. En l'espace de quelques jours, le lieu passe de l'oubli absolu à quelque chose de réel.

Comment expliquer un tel oubli ?

C'est tout le mystère du lieu, totalement occulté en pleine ville, caché dans un morceau de jungle, de « forêt primaire ». Le dernier propriétaire, un ébéniste de la région parisienne, ne l'avait pas entretenu durant les 30 dernières années. Il m'a fallu retrouver des nonagénaires d'Amboise pour que l'on me parle enfin de « Châte Gaille », le surnom donné au château. Mon ami Gonzague Saint Bris, qui avait grandi au château du Clos-Lucé voisin et que j'avais eu au téléphone deux jours après la découverte de l'identité du château, se rappelait avoir joué dans le jardin quand il était enfant.

Qu'avez-vous décidé de faire, suite à cette découverte ?

Toutes sortes de réflexions me viennent d'abord en tête, mais comme je suis d'une nature « bonapartiste », je prends immédiatement la décision de l'acheter, sans savoir encore ce que je vais en faire. Tout cela était assez troublant pour moi. J'ai passé ma vie à travailler dans les marques, notamment celles du luxe, et ce site représentait une sorte de synthèse de mes goûts. Rendez-vous compte : j'ai redécouvert l'un des premiers châteaux et jardins de la Renaissance, à la croisée des chemins entre la France et l'Italie. Cela s'apparente à un coup de foudre amoureux !

Quels étaient vos projets pour ce château ?

Dans l'achat de ce château, il y avait certes un volet émotionnel, mais également le souci de savoir comment le restaurer. J'ai choisi de le faire par l'épure, dans une démarche esthétique, étant donné le caractère d'exception du site. Ce qui est incroyable avec Château Gaillard, c'est que rien n'a été dévoyé depuis le 16e s.

Château Gaillard et ses jardins

UNE MAIN VERTE AU SERVICE DES ROIS

QUI ÉTAIT DOM PACELLO ?

Dom Pacello da Mercogliano (1455-1534), moine napolitain, fut l'inventeur de l'*arte del verde*, un art jardinier noble, qui marie minéral et végétal en associant perspectives et ornements. Mis en œuvre à la villa Poggio Reale, à Naples, il est découvert par le roi Charles VIII en 1494, lors de sa première campagne d'Italie.

De l'Italie à la France

Subjugué par tant de beauté, le roi revient en France accompagné d'une vingtaine d'artistes italiens. Parmi eux, Dom Pacello. Charles VIII lui assigne la mission de créer, à deux pas de son château d'Amboise, des jardins napolitains en repérant un microclimat propice à ces cultures méridionales. Le domaine est alors progressivement aménagé.

Le maître des fruits

Dans ce laboratoire à ciel ouvert, savamment irrigué par une ancienne source gauloise et les eaux de l'Amasse, Dom Pacello importe et développe les premières orangeries en France, introduit les premiers pêchers et crée la fameuse reine-claude en l'honneur de la reine Claude de France – épouse de François Ier – celle-ci trouvant la prune française trop amère. En 1515, François Ier entérine le don du domaine à Dom Pacello. Ce présent royal inhabituel récompensait ainsi les travaux considérables de ce moine napolitain, maître jardinier pendant presque 40 ans auprès de trois rois de France.

CHÂTEAU GAILLARD

L'ITALIE EN FRANCE

Protégé par le puissant éperon des Châteliers qui le surplombe – et supporte aussi le château royal d'Amboise –, Château Gaillard présente une façade d'inspiration italienne, avec de hautes fenêtres à meneaux et des décors sculptés. Il semble avoir été taillé en haut-relief dans le fond de tuf auquel il s'adosse. Lors de la restauration menée par Marc Lelandais, chaque détail de l'intérieur a été pensé et travaillé avec un constant souci d'exactitude historique (pigments naturels, chaux d'ocre jaune, vitraux soufflés à la main...). Le mobilier, acheté en salles des ventes, est en grande partie d'époque. Seules les pièces rarissimes ont été refaites à l'identique par les meilleurs artisans.

Le jardin est le second joyau du domaine. Il compte 170 orangers et citronniers répartis dans les serres, dans l'orangerie et sur les terrasses. Citronniers combava et caviar rose, cédratiers, orangers Moro... donnent une idée de cet éclectisme. Les Carrés pacelliens, plantés de trèfles, de roses et de simples s'appuient sur les techniques de la permaculture, fidèles aux principes avant-gardistes de Dom Pacello qui n'entendait pas dominer mais apprivoiser la nature. Terre cuite concassée, bris d'ardoise de Trélazé, tuffeau pilé... marquettent cette composition géométrique. Enfin, les Grands parterres royaux annonceraient, dans une perspective axée sur l'entrée du château, l'ordonnancement des futurs jardins à la française.

01

01. Salle à manger du château
02. Salon, décoré de portraits historiques et de photos de famille

02

« On a travaillé en parallèle sur le château et le jardin, les deux étant indissociables. Le but de la restauration a été de recréer cet art de vivre à l'italienne, à la fois concret et onirique. »

Il n'y a pas eu de remaniement, ni de bâtiments additionnels. L'esprit et l'âme de Dom Pacello étaient encore présents dans les jardins. On avait l'impression que l'ensemble avait traversé 500 ans sans grave dommage…
Sauf que tout était à rénover : les jardins, bien sûr, mais aussi la toiture, la charpente de 1519, les murs, les boiseries…

Comment s'y prend-on pour engager de tels travaux ?

Je suis aussi un manager. J'ai mobilisé 300 ouvriers, 40 entreprises, 10 spécialistes des métiers d'art : céramistes, vitraillistes, ferronniers d'art… J'avais déjà rénové un manoir à Chaumont-sur-Loire, j'ai fait venir des artisans de là-bas. À Château Gaillard, il y a eu jusqu'à 10 chantiers en même temps. J'ai, par exemple, fait retailler 8 000 vitraux, losange par losange. On a travaillé en parallèle sur le château et le jardin, les deux étant indissociables. Le but de la restauration a été de recréer cet art de vivre à l'italienne, à la fois concret et onirique.

On imagine le coût colossal que représente une telle réhabilitation. Quel a été le mode de financement ?

Le montant total de l'investissement, incluant l'acquisition, les travaux, la restauration des œuvres d'art et la promotion du site, atteint environ 10 millions d'euros. Je n'ai fait appel à aucun don, ni aucune subvention. Tout a été autofinancé par l'emprunt et des fonds personnels. Je suis mon propre mécène.

Aviez-vous dès le départ pensé à une valorisation économique du site ?

Pendant toute la durée de la restauration, de 2012 à 2015, je n'y ai pas pensé une seconde ! Ce n'est qu'en mai de cette année-là, lorsque nous avons ouvert pour la première fois le domaine encore inachevé au public, que je me suis aperçu de la stupéfaction des visiteurs, identique à la mienne au premier jour. Si, ce que j'ai trouvé beau, les gens l'apprécient aussi, alors il existe sans doute un moyen de le faire découvrir sous un angle

L'orangerie du château

« Je décide d'exploiter l'ADN du lieu en choisissant de l'ouvrir seulement pour des visites d'exception, (...) sur un concept de "tourisme émotionnel". »

nouveau, en parlant aux sens. C'est à ce moment-là que je décide d'exploiter l'ADN du lieu en choisissant de l'ouvrir seulement pour des visites d'exception, à de petits groupes, sur un concept de « tourisme émotionnel ».

Que découvrent les visiteurs à Château Gaillard ?

Tout est ouvert depuis 2016. Le château, bien sûr, mais aussi les jardins pacelliens, entièrement reconstitués, avec un conservatoire d'agrumes. Il n'y a ni hôtellerie de luxe, ni boutique. En 2019, nous avons reçu 45 000 visiteurs, dont 23 % d'étrangers.

Un nouveau château dans le Val de Loire, déjà bien fourni... Comment cela a-t-il été accueilli ?

La mairie d'Amboise a beaucoup appuyé notre projet de réhabilitation. Et le département d'Indre-et-Loire nous soutient depuis 2017, avec l'achat notamment de tickets d'entrée et l'offre de panneaux de signalisation. Quand à la région Centre-Val de Loire, elle nous accompagne depuis 2019.
Mais, pour l'industrie touristique locale, il a été difficile de croire au projet. Le secteur ici est très structuré, avec de nombreux châteaux publics et quelques monuments privés, les mêmes depuis 40 ans, qui occupent 90 % du marché. Avec Château Gaillard, beaucoup ont vu arriver un concurrent sérieux, avec un lieu détenteur d'une histoire assez particulière et un personnage haut en couleur, Dom Pacello da Mercogliano. D'autres se méfiaient de l'arrivée d'un manager du monde du luxe. Car nous avons fait bouger les lignes, en attaquant la communication sur les réseaux sociaux.

Diriez-vous que Château Gaillard est l'œuvre d'une vie... de votre vie ?

Il y a quelque chose de définitif dans ce terme qui ne me va pas. J'ai 54 ans, je fonctionne par projet. J'ai encore des chantiers à Château Gaillard, comme la restauration de la chapelle. Il n'est pas exclu aussi que je mène une autre aventure. Je m'intéresse au château de Mme de Pompadour, à Ménars. Et après un bâtiment civil, j'aimerais bien acheter et restaurer une abbaye !

Y ALLER

CHÂTEAU GAILLARD
29, ALLÉE DU PONT MOULIN
37400 AMBOISE
T. 02 47 30 33 29
WWW.CHATEAU-GAILLARD-AMBOISE.FR

AMBOISE, VILLE ROYALE

Située en bord de Loire entre Blois et Tours, Amboise, incontournable pour les visiteurs du Val de Loire, ne concentre pas moins de trois résidences royales ! La plus connue est sans conteste le château royal, majestueux édifice dominant le fleuve. Il connaît son âge d'or à partir de la fin du 15e s., quand le roi Charles VIII, qui y a passé son enfance, songe à l'agrandir. Le chantier s'ouvre en 1492. Cinq ans plus tard, deux bâtiments prolongent les constructions anciennes.
Mais entre-temps, Charles VIII a été ébloui par l'Italie. Son retour avec une équipe d'artistes transalpins, qui embellissent le château royal et bâtissent Château Gaillard, va signer le début de la Renaissance en France.
La même élégance imprègne le château du Clos-Lucé, également à Amboise, que Charles VIII fait embellir à partir de 1490. Léonard de Vinci s'y installe en 1516 sur l'invitation de François Ier et s'y éteindra trois ans plus tard.

Vue sur les jardins depuis l'orangerie

ÎLE-DE-FRANCE

PASCAL THÉVARD
MET EN MUSIQUE LE DAMPIERRE DE FRANKY MULLIEZ

Franky Mulliez, membre de la célèbre famille d'entrepreneurs du même nom, est surtout connu pour avoir fondé l'entreprise Kiloutou, qui compte plus de 500 agences en France. On le savait moins, il est aussi collectionneur d'art baroque et un amoureux des attelages et des chevaux. En 2018, il fait l'acquisition du domaine de Dampierre-en-Yvelines afin qu'il soit partagé par tous les amateurs de patrimoine, d'art et de nature. Pascal Thévard, directeur général du domaine de Dampierre-en-Yvelines, nous dévoile les arcanes de ce chantier pharaonique.

Depuis sa nomination à la direction générale du domaine de Dampierre en 2019, l'infatigable Pascal Thévard est sur tous les fronts. Il supervise les campagnes de restauration, gère la communication et le marketing, imagine les animations… On l'a même vu distribuer des flyers dans les environs, ou récolter le miel de la propriété vendu à la boutique!

Pourquoi Franky Mulliez est-il tombé amoureux de Dampierre?

Pascal Thévard – Au départ, ce qui motivait Monsieur Mulliez, c'était de partager sa collection d'œuvres d'art du 17e s. Depuis quelques années, il était à la recherche d'un lieu pour l'exposer, lorsqu'il a appris que Dampierre était en vente. Le château cochait toutes les cases: il date du 17e s., comme ses collections, et il est suffisamment vaste pour les abriter. Il y avait aussi le volet environnemental: Franky Mulliez est un passionné de nature. Il faut le voir parcourir les 400 ha du domaine pour écouter le chant des oiseaux ou embrasser ses arbres dont certains ont plus de 500 ans. Enfin, il ne faut pas oublier qu'il est aussi un entrepreneur, un commerçant. Acheter une propriété du 17e s. au fin fond de la campagne sans aucun attrait touristique autour, ça ne l'intéressait pas trop. Dampierre est en Île-de-France, proche de Paris : il a tout de suite senti qu'il y avait là un potentiel de développement.

Dans quel état se trouvait le château ?

Je crois que Franky Mulliez s'est bien rendu compte que le château était un peu à l'abandon, mais sans une idée exacte de son état réel. Depuis la dernière restauration de 1840, la famille de Luynes n'avait jamais entrepris de travaux. La couverture fuyait, la charpente était abîmée, les décors intérieurs étaient lépreux : le château était à bout de souffle… À tel point qu'il a fallu entreprendre immédiatement une campagne de sauvegarde, de conservation et de nettoyage de l'ensemble des bâtiments dont certains menaçaient de s'effondrer.
On les a allégés en ôtant la couverture et en les mettant sous étaiement. Après ces premières interventions d'urgence, nous nous

> « Depuis la dernière restauration de 1840, la famille de Luynes n'avait jamais entrepris de travaux. (…) Le château était à bout de souffle. »

sommes attaqués au noyau dur, c'est-à-dire à la restauration de la partie centrale du château, le logis.

Le château était-il meublé ?

Non, le château était vide, les Luynes avaient emporté tout leur mobilier. Mais il comporte énormément de décors intérieurs,

Franky Mulliez conduisant un attelage de mules américaines

LA RESTITUTION DES JARDINS

HIGH-TECH

Pour restituer les jardins de Dampierre, il a fallu des moyens techniques sophistiqués… et un peu de chance.

L'œuvre de Le Nôtre ?
Les Luynes l'ont toujours assuré : les jardins de Dampierre ont été dessinés par Le Nôtre, l'architecte des jardins de Versailles. D'autres spécialistes penchent plutôt pour Hardouin-Mansart. Une certitude, les jardins avaient pratiquement disparu en 2018. Par le plus grand des hasards, les équipes de Franky Mulliez ont découvert des plans du parc datant du 18e s. dans le grenier d'une dépendance. Restait à retrouver la trace physique des jardins.

Les jardins au laser
Durant des semaines, un drone a survolé Dampierre. À son bord, un laser qui a bombardé le domaine de rayons pour repérer les maçonneries enfouies. Miracle, les bassins étaient toujours là, enterrés. Après l'intervention des archéologues, la restitution pouvait commencer.

Plus haut qu'à Versailles
Les jardins de Dampierre s'alignent sur l'axe principal qui traverse le château. Pas de broderies ici, mais des perspectives destinées à être vues de haut, depuis les fenêtres du château ou du sommet des buttes herbeuses qui l'encadrent. Promis juré, à l'ouverture complète du domaine en 2024, les sept bassins seront mis en eau, avec leurs jets… plus hauts que ceux de Versailles !

Dampierre vu du ciel

LES DUCS DE LUYNES

UNE PAGE D'HISTOIRE

Du 17e s. jusqu'en 2018, le domaine de Dampierre a été la propriété des Luynes. Certains d'entre eux ont particulièrement marqué l'histoire du château.

Le favori du roi

La famille doit sa fortune à Charles d'Albert, grand favori de Louis XIII en raison de leur passion commune pour la chasse… et probablement de leur amour. Louis XIII le fait duc de Luynes en 1619. C'est son descendant, Charles-Honoré d'Albert de Luynes, duc de Chevreuse et 3e duc de Luynes, qui fait construire le château de Dampierre au moment où, à Versailles, Louis XIV érige son propre palais. Il épouse Jeanne-Marie, fille de Colbert.

Un noble partisan du Tiers état

Grâce à son descendant, Louis-Joseph d'Albert de Luynes, Dampierre survit à la Révolution. Élu de la noblesse aux États Généraux de 1789, le 6e duc de Luynes rallie le Tiers état et vote les mesures libérales de l'Assemblée constituante. Sous la Terreur, il refuse d'immigrer et se réfugie dans son château de Dampierre, protégé par les villageois. Il se ralliera ensuite à l'Empire. À sa mort en 1807, il est inhumé au Panthéon. À la demande de sa famille, ses restes sont rapatriés à Dampierre en 1862 où ils reposent dans l'église du village. Son petit-fils, Honoré Théodoric (1802-1867), 8e duc de Luynes, fut un archéologue et collectionneur renommé.

01

02

01. Les douves séparant le corps de logis (à droite) de la cour d'arrivée (à gauche)
02. Sous les arcades bordant la cour

« Dampierre, c'est un parc forestier de 310 ha, entièrement clôturé (…). Quand on s'y promène, on y croise des troupeaux de daims, des sangliers, quelques chevreuils… »

des dessus-de-porte peints, des peintures incrustées dans les boiseries qu'il fallait préserver. Depuis un an, le château est sous échafaudage pour une restauration complète : charpente, toiture, menuiserie, maçonnerie.

Une entreprise d'envergure donc?

Je pense qu'il s'agit vraisemblablement de la plus grande opération de restauration d'une demeure privée en France. En ce moment par exemple, la campagne de travaux se chiffre à 15 millions d'euros. Je ne suis pas sûr qu'il y ait beaucoup de propriétaires en France capables d'assumer un chantier de ce montant, d'un coup. Généralement les gens y vont par petites tranches.

Avez-vous un chiffrage global?

Dans un premier temps, nous nous concentrons sur l'axe historique du château : le logis et les jardins. Une opération à 50 millions d'euros.

Bénéficiez-vous de subventions?

Aucune. Le montant est tel que le ministère de la Culture ne peut pas suivre. Monsieur Mulliez est d'ailleurs tout à fait conscient que cette partie des travaux – restauration des cours, restitution des jardins – ne peut

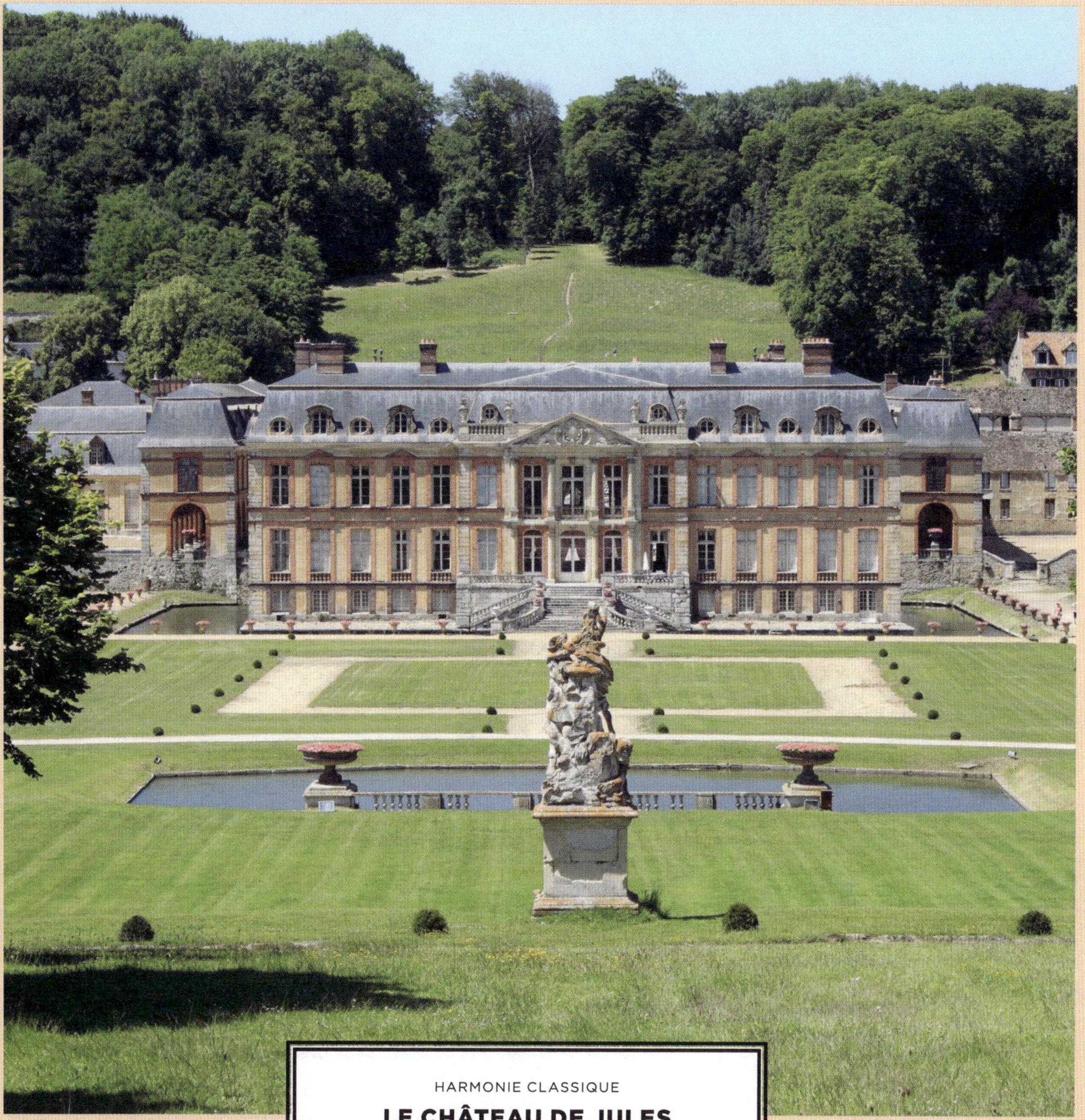

HARMONIE CLASSIQUE

LE CHÂTEAU DE JULES HARDOUIN-MANSART

Au cœur de la vallée de Chevreuse, le château apparaît dans le creux d'un joli vallon encadré de bois giboyeux. C'est pour Honoré d'Albert de Luynes, duc de Chevreuse, gendre de Colbert et ministre d'État, que Jules Hardouin-Mansart construisit ce modèle d'architecture classique entre 1675 et 1683. Il fut le cadre de grandes fêtes sous l'Ancien Régime et eut pour hôtes la reine Marie Leszczynska, Louis XV et Madame de Pompadour. Le château de Dampierre est une des dernières demeures de cette importance à avoir franchi sans encombres la Révolution française. Le corps d'habitation entouré de douves est précédé, de chaque côté de la cour d'arrivée, par deux bâtiments à arcades. Les divers tons roses de la brique alternent avec le crème des chaînages de pierre et des colonnes engagées, composant une très heureuse harmonie de couleurs. Au 19e s., le 8e duc de Luynes est un érudit, archéologue et collectionneur, membre de l'Institut. Dampierre devient alors le lieu de rencontre d'amateurs d'art et de sciences. Pour créer un écrin digne de ses collections, le duc entreprend de profondes restaurations qu'il confie à l'architecte Félix Duban qui fut aussi l'artisan de la rénovation des châteaux de Chantilly et de Blois. Le duc sollicite aussi Ingres pour la réalisation d'une fresque murale dans le salon de musique : *L'Âge d'Or.*

01

bénéficier de subventions. En revanche, il n'exclut pas d'avoir recours aux aides de l'État ou au mécénat pour la restauration des intérieurs, notamment les décors peints réalisés par de grands artistes, comme les deux panneaux signés Ingres.

Quel est le calendrier ?

L'objectif de Franky Mulliez a toujours été l'ouverture au public. Quand j'ai pris mes fonctions au château, le 1er janvier 2019, j'étais plutôt sceptique sur la possibilité de développer une activité touristique au milieu des palissades, des engins de chantier et des échafaudages… Monsieur Mulliez n'en a pas démordu : il fallait ouvrir au plus vite. Le 31 mars, le domaine accueillait ses premiers visiteurs. Aujourd'hui, notre objectif est d'ouvrir le château – intérieur et extérieur –, les jardins et le musée de l'Attelage pour le 1er janvier 2024. Pourquoi 2024 ? Parce que c'est l'année des Jeux olympiques ; l'Île-de-France va concentrer toute l'attention, y compris les Yvelines qui accueilleront sept disciplines sportives. Je suis persuadé qu'après la crise sanitaire, 2024 sera la bonne année pour faire reprendre de l'ampleur au tourisme en France. Dampierre doit faire partie de ces acteurs touristiques.

Lors de l'ouverture en 2019, le public était-il au rendez-vous ?

La première année, nous avons reçu 20 000 visiteurs : c'est honnête, mais nous avons des objectifs bien plus ambitieux. Il faut faire renaître Dampierre. En fait, les gens savent qu'il y a un château, mais ils sont persuadés qu'il n'y a rien autour. En 2020, qui a été une année catastrophique pour le tourisme, le nombre de visiteurs a quand même augmenté de 10 % par rapport à l'année précédente, et en 2021, malgré le confinement, la hausse est de plus de 20 % par rapport aux mois correspondants de 2019.

02

03

01. Le pavillon de l'Île, dans le parc
02. Mascaron figurant le dieu Bacchus
03. Statue d'un Amour dans les jardins

La crise sanitaire a donc été bénéfique ?

Oui, dans un sens. J'ai saisi l'opportunité que les gens pouvaient se déplacer dans un rayon de 10 km. J'ai demandé à mon chargé de communication de voir combien il y avait d'habitants dans un rayon de 10 km autour de Dampierre : 500 000 ! Je me suis dit qu'il fallait en profiter pour s'adresser aux locaux – ce qu'on ne fait pas souvent –, *via* les réseaux sociaux ou même le porte-à-porte : j'en suis à distribuer des flyers. Il faut que les gens sachent que Dampierre est un lieu de détente où l'on peut découvrir le patrimoine tout en s'amusant : j'ai mis en place des promenades en attelage à travers le parc, des rosalies, un petit kiosque qui permet de prendre un café…

Justement, quel est l'état du parc ?

Dampierre, c'est un parc forestier de 310 ha, entièrement clôturé d'un mur de 14 km depuis le 17e s. Quand on s'y promène, on y croise des troupeaux de daims, des sangliers, quelques chevreuils… À notre arrivée, cela faisait cinq ans que les Luynes n'avaient pas organisé de chasse. C'était une catastrophe : les sangliers proliféraient et ils avaient tellement faim qu'ils venaient manger dans la main. Il fallait donc faire des prélèvements : Franky Mulliez est un amoureux de la nature et il n'était pas question d'organiser de grandes chasses commerciales comme au temps des Luynes. On a donc mis en place une association locale de chasseurs qui effectuent des prélèvements.

Vous avez été fonctionnaire au ministère de la Culture, puis administrateur de Chambord, vous voilà directeur général d'un domaine privé. Pourquoi ce passage du public au privé ?

Après quinze ans à Chambord, j'ai estimé que j'avais accompli ma mission. Mais surtout, ce qui me manquait, c'était de me confronter avec la vraie vie de l'exploitation touristique, en termes de marketing, de communication… Par le plus grand des hasards, j'ai rencontré Franky Mulliez et le courant est tout de suite passé entre nous. Il m'a donné toute liberté de gestion. Depuis, on avance en toute simplicité, sans lourdeur administrative. Un vrai bonheur !

Y ALLER

DOMAINE DE DAMPIERRE
2, GRANDE RUE
78720 DAMPIERRE-EN-YVELINES
T. 01 30 52 52 83
WWW.DOMAINE-DAMPIERRE.COM

UN CHÂTEAU, DES JARDINS, MAIS PAS QUE…

VISITE COMPLÈTE

Le domaine de Dampierre proposera de nombreuses curiosités. Deux d'entre elles sont particulièrement chères à Franky Mulliez.

Un cabinet de curiosités
Dès l'ouverture du domaine au public en 2019, Franky Mulliez a tenu à donner accès aux collections de minéraux et de fossiles réunies par Honoré de Luynes au 19e s. Restés dans leur jus, les armoires, les vitrines et les cartels d'époque composent un délicieux cabinet de curiosités. On y a tout de même ajouté un discret éclairage LED pour plus de visibilité.

Le musée des Attelages
Franky Mulliez est passionné d'attelage. Il milite même pour en faire une discipline olympique. En attendant, sa collection d'une vingtaine d'attelages du 19e s. prendra place dans les écuries du château. Déjà ont été mises en place des promenades attelées à travers le domaine, tirées par des mules américaines. Encore une passion de l'entrepreneur… Au point que la tête d'une mule américaine figure sur les étiquettes du vin que Franky Mulliez exploite à Bergerac et qui est en vente dans la boutique du domaine de Dampierre.

ÎLE-DE-FRANCE

EMMANUEL BASSE ET BENOÎT D'HALLUIN

AU CHEVET DE LA MUETTE

Au beau milieu de la forêt domaniale de St-Germain-en-Laye, dans les Yvelines, le pavillon de la Muette est une petite merveille architecturale du 18e s. Pourtant depuis des décennies, l'édifice était laissé à l'abandon et menaçait ruine. Jusqu'à son acquisition en 2019 par deux promoteurs immobiliers qui ont décidé de retrousser leurs manches et d'ouvrir leur chéquier pour lui rendre son lustre d'origine.

Benoît d'Halluin et Emmanuel Basse cofondent la société de promotion immobilière Esprimm en 1999. Leur spécialité ? La construction d'immeubles neufs de caractère et la restructuration lourde de bâtiments anciens remarquables. Pourtant, en 2018, ils se lancent dans l'aventure de la restauration d'un monument historique. Quelle mouche les a donc piqués pour qu'ils se détournent ainsi des baies vitrées et des matériaux composites ?

UN COUP DE FOUDRE

« Nous avions passé la barre des 50 ans et accumulé une certaine expertise dans le domaine de la rénovation complexe. Nous nous sommes dit que nous pourrions l'utiliser intelligemment au service d'un monument historique », explique Benoît d'Halluin. Les deux associés commencent alors leur recherche, explorent plusieurs possibilités, jusqu'à ce qu'ils tombent sous le charme du pavillon de la Muette. Propriété de l'État, l'édifice est mis en vente en 2014. « Nous n'étions alors pas prêts financièrement et psychologiquement » se souvient Emmanuel Basse. Ils se retirent de la vente et le pavillon est acheté par un particulier. Mais les deux hommes n'oublient pas l'élégant pavillon dont l'état de délabrement les avait touchés. En 2018, ils approchent le propriétaire qui, après avoir conduit quelques travaux de nettoyage, décide de jeter l'éponge devant l'ampleur de la tâche.

CHASSE ROYALE

LE PAVILLON DE LA MUETTE

En 1767, Louis XV veut faire construire un pavillon de chasse au nord du domaine royal de St-Germain. Il confie les travaux à son Premier architecte, Ange-Jacques Gabriel, le créateur de la place Royale à Paris – aujourd'hui place de la Concorde – et du Petit Trianon de Versailles, son chef-d'œuvre. C'est sur ce modèle qu'il va construire le pavillon de la Muette. Un relais de chasse aux proportions modestes mais aux lignes harmonieuses, suffisamment vaste pour que le roi puisse y passer la nuit. À l'entrée, on y trouve la salle du débotté du roi, là où l'on retirait ses bottes au souverain, puis, dans le prolongement, un élégant salon octogonal ouvrant par de larges portes-fenêtres sur les perspectives des allées forestières. Les boiseries aux murs ont été réalisées par les mêmes maîtres d'œuvre qu'au Petit Trianon de Versailles.

CHASSE GARDÉE IMPÉRIALE

À L'ÉGAL DES ROIS

Construit pour Louis XV, le pavillon de chasse de la Muette a été fréquenté assidûment par Louis XVI, puis par Napoléon III, autre féru de vénerie. Il y reçut même la reine Victoria en visite officielle en France, en 1855, pour sceller l'Entente Cordiale. Avant cela, Napoléon Ier s'était lui aussi pris d'affection pour le pavillon.

L'empereur en majesté

Pour les rois, la chasse était par excellence le lieu de représentation de leur pouvoir. Soucieux de s'affirmer à l'égal des souverains européens, Napoléon Ier veut renouer avec cette tradition. Il est pourtant piètre chasseur : lors d'une sortie, il manque d'éborgner Masséna d'un coup de plomb. Il tient pourtant à recevoir au pavillon de la Muette les souverains européens alliés et ses maréchaux pour courir le gibier.

Le souci du détail

Après son mariage avec Marie-Louise en 1809, Napoléon Ier se prend même de passion pour cette retraite au milieu de la forêt. Il ordonne qu'à l'étage lui soit aménagé une chambre avec cheminée et une seconde pour l'impératrice.

On conserve de lui deux courriers, l'un écrit à Vienne en 1809 demandant que soient changés 38 carreaux (pas un de plus !) de la salle du débotté du roi, l'autre rédigé en 1812, devant Moscou en flammes, pour ordonner des aménagements...

En 2019, ils entrent en possession du pavillon. L'aventure commençait.

UNE BONNE DOSE D'INCONSCIENCE

« Nous sommes tombés de Charybde en Scylla. » De l'extérieur, le pavillon semblait en état satisfaisant, mais les deux repreneurs étaient loin de s'imaginer à quel point le bâtiment était dégradé. Les rapports des cabinets d'experts ont été comme une douche froide : faute d'étaiement, en deux ans le pavillon s'effondrerait. Les mauvaises surprises, c'est le lot de ce type d'entreprise. « Mais là, nous étions un peu submergés », se souvient Emmanuel. Il a fallu de toute urgence désosser entièrement l'édifice, pour traiter la pourriture des poutres, s'attaquer à la mérule et parer aux infiltrations avant de penser à toute rénovation. Les deux associés n'avaient pas établi de chiffrage précis avant de se lancer. « C'est la meilleure façon de ne pas avancer », plaisante Benoît, qui ajoute : « nous étions conscients qu'il nous fallait un brin d'inconscience ». Finalement, le coût des travaux s'élève à 4 millions d'euros.

L'ÉTAT INTERVIENT ENFIN

Depuis des décennies, l'État propriétaire s'était complètement désintéressé du pavillon de la Muette. Mais Benoît et Emmanuel ont eu une heureuse surprise : la qualité de leurs interlocuteurs de la DRAC, de « vrais serviteurs de l'État concernés par le patrimoine et sa sauvegarde, qui ont cherché avec nous des solutions ». Résultat, les deux propriétaires obtiennent une aide publique substantielle, 40 % sur le montant des travaux des parties classées, qui représentent environ 2,5 millions d'euros. Côté collectivité, c'est également l'euphorie. Le maire de la commune de St-Germain-en-Laye, sur le territoire de laquelle se trouve le pavillon, a été l'un des premiers à visiter le chantier. Le maire de Maisons-Laffitte, la commune voisine, a également été séduit par le projet.

SE RÉINVENTER

La restauration d'un bâtiment historique, ce n'est pas la spécialité de Benoît et d'Emmanuel, qui évoquent un véritable « saut professionnel ». Sous le contrôle d'un cabinet d'architectes des Monuments historiques réputé, ils ont dû faire appel à des entreprises qu'ils n'avaient jamais fréquentées jusque-là,

« Pour nous qui sommes habitués à conduire des chantiers tambour battant, c'était un nouvel apprentissage, un changement d'échelle de temps. »

dépositaires des savoir-faire anciens en charpente, taille de pierre, maçonnerie... comme par exemple, la société Le Bras Frères – qui est à l'œuvre sur le chantier de Notre-Dame de Paris *(voir p. 161)*. Ces spécialistes de la couverture et de la maçonnerie taillent les pierres sur place. Les blocs proviennent de la carrière de St-Maximin dans l'Oise, dont sont issus aussi une grande partie des matériaux de construction des immeubles haussmanniens de Paris.

« Pour nous qui sommes habitués à conduire des chantiers tambour battant, c'était un nouvel apprentissage, un changement d'échelle de temps. » Benoît s'émerveille encore de l'installation d'une corniche de plus d'une tonne, montée à l'aide d'un palan et mise en place par les compagnons du tour de France au fil à plomb. Le travail d'une journée ! Pour les deux hommes, les réunions de chantier hebdomadaires sont un pur bonheur : on y débat, comme toujours, de l'avancée des travaux et du programme à venir. Mais c'est surtout l'occasion de tisser des liens forts avec les compagnons à l'œuvre au chevet du pavillon. Parmi eux, de nombreux jeunes, ce qui fait la fierté des deux propriétaires. Ces réunions se poursuivent souvent autour d'une table conviviale.

DU PUR MÉCÉNAT

Les deux associés en sont d'accord, cette aventure est « un enrichissement personnel », mais en aucun cas financier. Benoît et Emmanuel tiennent à le préciser : la restauration du pavillon de la Muette est une entreprise de pur mécénat, sans aucune

01

02

03

contrepartie économique. Une rénovation à fonds perdus. Reste qu'une fois les travaux achevés, il faudra trouver des ressources pour l'entretien du bâtiment et son gardiennage. Ce lieu exceptionnel, dans un cadre qui ne l'est pas moins, se prêtera à merveille à la location d'espace pour les événements familiaux et professionnels. En liaison avec les offices de tourisme de St-Germain-en-Laye et de Maisons-Laffitte, ils envisagent également d'organiser des lectures ou des concerts dans le cadre prestigieux du grand salon. Sans oublier l'ouverture des lieux au public pour des expositions temporaires. Fin des travaux prévus en 2023.

INFORMATIONS PRATIQUES

PAVILLON ROYAL DE LA MUETTE
ROUTE FORESTIÈRE DES PAVILLONS
78100 ST-GERMAIN-EN-LAYE
WWW.PAVILLONDELAMUETTE.COM

01. Étaiement du plancher du 1er étage
02. Détail de la façade avant restauration
03. Salon octogonal

NORMANDIE

JEAN-LOUIS CHARON

« MÉDAVY DOIT VIVRE ! »

En 2004, le château de Médavy acquis par Jean-Louis Charon avait piètre allure... Aujourd'hui sauvée de la ruine, cette demeure de style classique, édifiée du temps de la Régence entre Argentan et Sées, reflète l'élégance et le raffinement de son époque. Le domaine sert aujourd'hui d'écrin aux collections d'œuvres d'art contemporain et de globes et atlas anciens de ses propriétaires.

Racontez-nous ce qui vous a conduit à acquérir, en 2004, ce château alors en piteux état?

Jean-Louis Charon – Depuis tout petit, j'ai la passion des châteaux. Dans ma campagne natale, quand j'étais enfant, on se promenait en famille, et j'étais émerveillé par toutes ces belles demeures que l'on découvrait. Il y a une trentaine d'années, nous nous sommes établis, mon épouse et moi, en Normandie. Alors que nous étions dans la région depuis 15 ans, nous avons fait connaissance avec les anciens propriétaires de Médavy, des passionnés de chevaux qui avaient développé le haras dans le domaine, puis acquis le château. Comme ils n'avaient pas d'enfants, on avait amorcé des discussions. Le château se détériorait, je trouvais cela un peu triste. Aucun gros chantier de restauration n'avait été mené depuis longtemps : la toiture, par exemple, avait plus d'un siècle ; les douves étaient en mauvais état, tout comme les communs. Finalement, la transaction envisagée ne s'est pas faite, le propriétaire rechignant à se séparer de sa propriété. En 2003, celui-ci est décédé d'une chute de cheval et sa veuve m'a rappelé pour savoir si nous étions toujours intéressés.

Le château de Médavy est une très belle demeure de style Louis XIV, très ensoleillée, très claire, très agréable. Avec ses grandes douves, ses deux tours du 16e s., son haras et ses communs du 18e s., ses grands arbres et ses allées de tilleul, le tout arrosé par l'Orne, le domaine possède beaucoup de charme et un fort potentiel. Cela m'a décidé à l'acquérir, ainsi que le désir de le sauver. J'ai appris par la suite qu'il était atteint par la mérule...

01

02

01. Château de Médavy
02. Tour St-Pierre

« Le prix du château ne vaut pas du tout les sommes investies ! Si vous le revendez, vous ne retrouverez (...) jamais l'argent injecté dans ses réparations. »

Combien vous a coûté la restauration ?

Pour le seul poste immobilier, nous approchons les 10 millions d'euros. En gros, je dépense 700 000 € par an. À titre d'exemple, la réfection des toitures et des douves ont coûté chacune 2 à 3 millions d'euros, la façade un peu moins, la tour St-Pierre entre 1,5 et 2 millions d'euros. J'ai bien sûr reçu des aides substantielles de la DRAC pour les parties classées (jusqu'à 40 %), moins significatives (15 %) pour les parties seulement inscrites. L'aventure n'aurait pas été possible pour moi sans les aides fiscales, liées à l'ouverture du domaine au public. Ainsi, les dépenses d'entretien du domaine sont déductibles des revenus. Au total, l'État apporte une subvention qui est loin d'être négligeable, et indispensable.

Restaurer un château, est-ce une aventure à fonds perdu ?

On n'en est pas loin... Le prix du château ne vaut pas du tout les sommes investies ! Si vous le revendez, vous ne retrouverez à l'évidence jamais l'argent injecté dans ses réparations. Le seul entretien s'élève à 300 000 € par an. Peu de gens vont s'acheter une maison de campagne qui va leur coûter une telle somme. Acheter un château n'est pas une grosse dépense, mais les frais à engager vous amènent à dépenser de quoi faire le tour du monde tous les deux mois !

Qu'est-ce que la vie de château pour l'esthète que vous êtes ?

La vie de châtelain, je l'ai attendue 15 ans à partir de l'acquisition du château. J'y goûte depuis un an seulement ! J'apprécie

LE SÉRAIL DE L'ART CONTEMPORAIN

À l'entrée de la cour d'honneur, la tour Saint-Pierre, entièrement restaurée et décorée dans un style ultramoderne, abrite la collection d'art contemporain de Madame Charon. Dans ce lieu, l'épithète « contemporain » ne s'applique qu'à des œuvres de moins de 10 ans. Parmi la centaine d'œuvres présentées figurent des réalisations de la peintre Carole Benzaken, de l'artiste indien Jitish Kallat, ou encore une table basse colorée signée Jean-Michel Othoniel. La collection est permanente, mais l'accrochage fréquemment renouvelé. En dépit du pouvoir de fascination qu'exerce cette collection, il serait dommage de négliger d'admirer l'admirable charpente de la tour, datant du 17e s.

UNE PASSION PEU COMMUNE

GLOBES ET ATLAS

L'intérieur du château de Médavy abrite un élégant escalier, des salons richement meublés du 18e s., des tapisseries de Bruxelles et des portraits des précédents propriétaires, à commencer par celui de la comtesse Thiroux de Montregard par Louis-Michel van Loo, peintre de Louis XV – neveu du célèbre Carle van Loo –, ainsi que des œuvres de Mignard ou de Philippe de Champaigne. Le « clou du spectacle » demeure cependant le riche et rare ensemble de cartes, atlas anciens et globes des 16e au 18e s., rassemblé par Jean-Louis Charon, passionné de géographie. On peut notamment admirer une paire de globes de Coronelli, datés de 1686. « Ma passion pour la géographie remonte à l'enfance, quand on allait en Espagne. J'étais fasciné par l'idée du voyage ; je connaissais toutes les routes, toutes les villes... De là est née mon envie de collectionner des cartes et des atlas anciens. Les cartes illustrent l'histoire "en direct". Elles racontent l'état des connaissances : par exemple, le continent américain n'est jamais représenté avant 1515, et l'Antarctique apparaît longtemps après. À partir de textes, des cartographes des 16e et 17e s. ont même pu reconstituer le monde tel que les Romains le voyaient ! » Depuis l'hiver 2021, le châtelain a logiquement prolongé cette passion en constituant une collection de maquettes modernes de bateaux, notamment ceux de grands explorateurs, de la *Santa Maria* de Christophe Colomb à la *Calypso* du commandant Cousteau.

beaucoup la beauté des lieux. Je suis juge et partie, bien sûr, mais Médavy est un bel endroit. Où que l'on se tourne, que ce soit vers le parc, la rivière, les arbres, les tours, les fossés, les douves ou le haras : tout est très beau. On vit dans la beauté ! Et c'est spacieux : on peut y accueillir aisément des amis, mais je profite aussi du plaisir esthétique lorsque j'y suis seul.
Pour moi, les châteaux sont des lieux créés pour faire la fête, pour organiser et accueillir des événements et des gens. Cela fait d'ailleurs partie de mon plan de développement touristique du domaine. Mon ambition est de créer, d'ici quelques années, quatre grands événements annuels, des fêtes du 18e s. – le temps d'un week-end – organisées par des associations de passionnés : camps militaires, gastronomie d'époque, concerts ou théâtre du 18e s., etc. Une autre idée est d'organiser le championnat de France de tir à l'arc à cheval, dans la grande allée bordée d'arbres, qui reliait autrefois Médavy au château d'Ô. Il est indispensable, de mon point de vue, qu'un château vive. L'histoire de Médavy, tombé plusieurs fois en ruines, le confirme.

Le reste de l'année, comment pensez-vous faire vivre Médavy ?

Je projette d'organiser des réceptions et des mariages. Nos grands communs s'y prêtent. Il y a de l'espace : ils contenaient 52 boxes à chevaux ! Je compte aussi aménager, à l'intérieur du château, cinq suites et appartements meublés d'époque pour vivre une vraie « vie de château ». L'offre n'est pas courante en France. Comme nous avons la chance d'avoir un chef étoilé à Argentan – Arnaud Viel –, la nuitée s'associera à une table d'hôte gastronomique : de quoi proposer un vrai « séjour de rêve ». Il y a aura aussi un espace de détente dans les communs, avec une piscine.

Et pour le grand public ?

Un deuxième axe important s'adresse aux scolaires de la région. Je souhaite que Médavy devienne un lieu d'excursion apprécié des enfants, le temps d'une demi-journée, avec déjeuner sur place. Ma collection de globes, d'atlas et de maquettes de bateaux leur serait présentée, avec des explications. Pour achever de leur laisser un bon souvenir d'ici, d'autres choses leur seraient proposées : découvrir le chenil et la fabrication de calvados, se baigner dans la piscine…

Les châteaux sont donc des lieux de convivialité, sinon ils meurent ?

Quand un propriétaire un peu passionné meurt, ses héritiers ou ses successeurs s'en désintéressent, ou n'ont pas les moyens de l'entretenir. Le château se détériore. C'est ce qui est arrivé plusieurs fois à Médavy, ruiné à la Révolution, pas très en forme au tournant du 20e s., et dans un état critique quand je l'ai acheté.

> « Les châteaux sont des lieux créés pour faire la fête, pour organiser et accueillir des événements et des gens. »

Quid des jardins ?

Aménagés en jardins à la française aux 17e et 18e s. sur 15 ha, avec parterres, bosquets, labyrinthe, pavillon chinois et ponts japonais, ils étaient dignes des maréchaux de France, alors propriétaires de Médavy. Ils ont été détruits à la Révolution, mais on pourrait les refaire à l'identique puisqu'on a les plans. La DRAC, les collectivités locales et les Monuments historiques s'intéressent à la question, d'autant que l'on m'a dit que ces jardins seraient les plus anciens de Normandie. On pourrait faire aussi un jardin aquatique, grâce aux eaux du Don et de l'Orne. Mais tout cela dépasse de loin mes seuls moyens…

Y ALLER

CHÂTEAU DE MÉDAVY
61570 MÉDAVY
T. 02 33 35 05 09
WWW.CHATEAU-MEDAVY.COM

MÉDAVY AU FIL DES GÉNÉRATIONS

ÉLOGE DE LA CONTINUITÉ

La présence de douves, refaites au 17e s. et alimentées en détournant le cours de l'Orne, ajoute une touche d'originalité et de grandeur au château de Médavy. Elles trahissent également l'existence d'une forteresse médiévale disparue, sans doute détruite par les Anglais pendant la guerre de Cent Ans.

Le domaine des Rouxel

Le domaine reste à jamais attaché au nom du baron Pierre Rouxel (1562-1617), proche de Henri IV et gouverneur de la ville voisine d'Argentan – charge qui restera dans cette famille jusqu'en 1728. Il construisit notamment les quatre tours encadrant la cour d'honneur. Deux d'entre elles ont été conservées ; des toits d'ardoise à lanternon remplacent la toiture pointue originelle. Le corps de logis principal, flanqué de deux pavillons à combles brisés, est érigé entre 1705 et 1724 par Jacques-Léonor Rouxel de Médavy, maréchal de France comme l'était son grand-père.
La suite de l'histoire du domaine est faite de moments d'abandon et de changements fréquents de propriétaires ; certains le remettent en état, voire l'embellissent en construisant des communs, tels Pierre Thiroux de Monregard, fermier général, puis premier valet de chambre du roi Louis XVI, entre 1754 et 1792.

CENTRE - VAL DE LOIRE

STÉPHANE BERN

EN CAMPAGNE POUR LE COLLÈGE ROYAL ET MILITAIRE DE THIRON-GARDAIS

Depuis que le président de la République lui a confié la Mission Patrimoine en 2017, l'homme de radio et de télévision en a fait sa croisade. Il est sur tous les fronts. Mais « Monsieur Patrimoine » mouille aussi la chemise à titre personnel : à Thiron-Gardais, dans l'Eure-et-Loir, il a restauré un ancien collège royal et militaire à l'abandon, qu'il a rouvert au public. Un homme engagé, un vrai.

Comment avez-vous découvert, puis acquis le collège royal et militaire de Thiron-Gardais?

Stéphane Bern – Je n'avais aucune intention d'acheter une maison! Il se trouve qu'à l'époque – fin 2012 – le président du conseil départemental de l'Eure-et-Loir, Albéric de Montgolfier, était un ami du producteur de l'émission « Secrets d'Histoire ». En me montrant ce bâtiment à l'abandon, il m'a dit : « Vous qui passez votre temps à faire des émissions sur le patrimoine, vous ne pouvez pas le laisser tomber! » J'ai aussi eu un coup de cœur pour l'endroit. Cela me plaisait que ce ne soit pas un château mais un collège, d'être dans la transmission plutôt que dans la possession. Comme c'était vendu au prix des domaines, nous étions trois en lice à présenter un projet au conseil départemental. Le mien a été choisi.

Quel était ce projet?

Ouvrir un lieu de culture et d'histoire qui permettrait de bien comprendre ce qu'était cette abbaye de 1114, et ce qu'avait été le collège de Thiron-Gardais fondé dans son enceinte en 1630, avant de devenir collège royal et militaire en 1776. À travers lui, je veux aussi raconter l'histoire des douze collèges royaux et militaires de France, des établissements d'excellence qui permettaient à des boursiers du roi de faire leurs études. J'ai réhabilité les salles de classe en musée. J'ai écrit tous les textes. J'ai refait le jardin comme il était à l'époque et j'ai gardé l'habitation du prieur pour moi.

Cette architecture des 17e et 18e s. est-elle celle qui vous convient le mieux ?

Les salles de classe sont du 17e s., la maison elle-même est 18e s. C'est vrai que cela me correspond bien, je m'y sens à l'aise. Le 19e s. est parfois plus confortable, c'est vrai. Le Moyen Âge, c'est beau mais très difficile à chauffer. On me demande souvent à quelle période j'aurais aimé vivre. Je suis contraint de répondre « la mienne », car quand vous avez un pépin de santé, c'est tout de même plus agréable de l'avoir avec les moyens d'aujourd'hui pour y faire face ! Cela dit, le 18e s. me plaît vraiment. Il préfigure déjà le goût bourgeois, mais pas ostentatoire, un peu campagne. Voilà, c'est ça : mon style, c'est le Louis XVI campagne *(rires)* !

Vous avait-on déjà proposé d'acheter un bien en péril ?

Jamais ! C'était une première. Thiron-Gardais était classé Monument historique, alors j'ai réfléchi. Je me suis dit que ça serait mon laboratoire. Je ne peux pas passer mon temps à dire aux gens de défendre le patrimoine, de sauver les perles de l'architecture et refuser de le faire moi-même quand on me sollicite. Cela m'a aussi permis de voir comment la sauvegarde du patrimoine peut participer au développement de l'économie d'un territoire.

Dans quelle mesure ?

Déjà, vous avez besoin de gens, au moins une centaine, pour la réhabilitation. Ensuite, il faut faire vivre le lieu, où quatre à cinq personnes travaillent à l'année. Et puis, il y a 12 000 à 15 000 visiteurs par an. Ce n'est certes pas le château de Versailles [*8 millions de visiteurs, ndlr*] mais les gens consomment, ils vont à la boulangerie, au bureau de tabac, ils achètent des cartes

Le collège royal et militaire de Thiron-Gardais

DANS L'ANCIENNE ABBAYE

LE COLLÈGE DES BOURSIERS DU ROI

Niché dans un bourg percheron, ce collège du 18e s. est né au sein de l'abbaye fondée par saint Bernard de Ponthieu au 12e s. Au fil des siècles, l'abbaye devient un haut lieu de spiritualité. En 1776, Louis XVI décide que le collège bénédictin de l'abbaye (fondé en 1630) deviendra l'un des 12 collèges royaux et militaires de France. Destinées aux jeunes nobles désargentés, ces institutions forment les futurs officiers royaux, soit une centaine de garçons – âgés de 7 à 15 ans – chaque année.

Sortir de l'oubli

Démantelés à la Révolution (1793), l'abbaye et son collège tombent dans l'oubli. André Guillaumin, botaniste passionné d'histoire, hérite le collège de sa famille et l'entretient jusqu'à sa mort en 1974. En 2005, ses héritiers préfèrent le céder à la puissance publique. En 2013, Stéphane Bern le rachète et commence la restauration pour l'ouvrir aux visiteurs.

LE SAVIEZ-VOUS ?

Napoléon Bonaparte a bien failli étudier au collège de Thiron-Gardais. En 1778, le futur empereur y est accepté comme élève boursier, mais il lui préférera le collège de Brienne (Champagne), où étudie déjà son frère Joseph.

LA MISSION PATRIMOINE

275 MONUMENTS DÉJÀ SAUVÉS

Château de Haroué

Missionné en 2017 par le Président de la République, vous portez cette sauvegarde du patrimoine. Un premier bilan ?
« En trois ans, nous avons rassemblé 127 millions d'euros et sauvé 275 monuments. Beaucoup d'autres sont en cours de sauvetage. La cause du patrimoine est revenue en première ligne et je crois avoir contribué à réveiller les consciences. »

Faudrait-il créer une institution comme le National Trust (NT) britannique ?
« Le Centre des monuments nationaux (CMN) est peut-être en train d'en créer l'embryon. Récemment, le château de Haroué, en Lorraine, a conclu un partenariat avec le CMN. Il gère le château, qui appartiendra toujours à ses propriétaires. C'est une première et cela me semble une bonne solution. Savez-vous qu'en Angleterre les 4 millions d'adhérents au NT paient 70 € par an ? C'est une manne pour sauver le patrimoine. En France, cela dit, les relations public-privé restent compliquées. »

Rénovation de la façade

postales… C'est très bien pour notre village. Un hôtel s'est même ouvert depuis mon installation. C'était le 10 juin 2016, le soir du lancement de la coupe d'Europe de football.

Vous aimez le football ?

Pas du tout ! Je m'en souviens car le soir de l'inauguration, il y avait deux ministres. L'une, la ministre de la Culture, Audrey Azoulay, est ensuite allée au match ; l'autre a préféré rester dîner avec son épouse. C'était alors le ministre de l'Économie, Emmanuel Macron…

Vous êtes toujours en bons termes ? Vous avez eu des mots durs, ces derniers temps, sur l'État et le patrimoine…

Ça dépend des jours ! Ma ligne, c'est la défense du patrimoine. Quand les choses sont bonnes, je dis bravo. Quand il est attaqué, je hurle, je pousse des coups de gueule. On nous dit amis, eh bien un ami peut tout dire, donc je lui dis ce que je pense.

Est-ce bien accepté ?

Pas toujours, mais le principal intéressé ne me le reproche pas. C'est plutôt l'entourage qui est agacé parfois. C'est un peu devenu ma croisade. Le patrimoine, ce ne sont pas seulement ces vieilles pierres que l'on voit. Derrière, il y a de l'identité, de l'histoire et aussi de la convivialité, des relations intergénérationnelles, des associations et des bénévoles qui se retrouvent pour restaurer chaque week-end… En outre, il n'y a plus beaucoup de facteurs d'égalité entre les villes et les campagnes. Or le patrimoine en est un, puisqu'il se trouve à 52 % dans les communes de moins de 2 000 habitants, c'est-à-dire à la campagne.

> « Ce qui m'émeut, c'est de penser à tous ces gamins qui ont vécu là (…). Voilà leur mémoire ressuscitée. Les pierres me parlent, elles me racontent l'histoire de tous ces élèves. »

À Thiron-Gardais, qu'est-ce qui vous a particulièrement plu ?

Ce ne sont pas les bâtiments, d'autant qu'il a fallu tout refaire car la mérule avait tout mangé. On a eu tous les errements que le patrimoine peut provoquer ! Non, ce qui m'émeut, c'est de penser à tous ces gamins

RETOUR À L'ÉCOLE

UN MUSÉE AU COLLÈGE

Installé dans les anciennes salles de classe restaurées, ce musée éclaire l'histoire du collège, et, à travers lui, celle, méconnue, des onze autres collèges royaux et militaires de France. Si Stéphane Bern a écrit les textes, il a confié la mise en espace à deux scénographes et un muséographe. Sont exposés documents et objets illustrant l'histoire de l'abbaye, de sa fondation (1114) jusqu'à son démantèlement à la Révolution, en passant par la création du collège bénédictin (1630) transformé en collège royal et militaire par Louis XVI (1776). Stéphane Bern entend enrichir la collection au fil du temps : « La muséographie reste évolutive, pour intégrer les nouvelles pièces. » Parmi elles : « La seule représentation picturale (17e s.) de saint Bernard de Tiron, le fondateur de l'abbaye, qui nous a été prêtée par le Centre hospitalier d'Abbeville. En échange, j'ai financé la restauration du tableau et de son cadre. » Autre prêt : l'exceptionnelle crosse de l'abbé de Tiron (12e s.), du musée des Beaux-Arts de Chartres. Un film retrace la restauration entreprise par Stéphane Bern. Les reconstitutions d'une salle de classe et de l'uniforme des élèves officiers en font aussi un endroit à visiter en famille (avec un parcours spécifique pour les 7-12 ans).

01

02

01. Jardin du collège royal
02. Salon de thé au jardin

qui ont vécu là, entre 7 et 15 ans. Voilà leur mémoire ressuscitée. Les pierres me parlent, elles me racontent l'histoire de tous ces élèves, de ceux aussi qui sont morts ici, pendant leurs études, faute d'antibiotiques. J'ai retrouvé leurs noms dans des registres.
C'est stimulant de créer un musée, c'est comme une chasse aux trésors, on retrouve plein de choses. Cela donne toutes les audaces de mener à bien un projet culturel dans un village de mille habitants.

Quels travaux avez-vous engagés ?

Au début, on m'avait dit qu'un coup de peinture allait suffire. On s'est rendu compte qu'il fallait tout refaire ! La toiture fuyait, la charpente tombait de 35 cm. J'ai tenu à refaire celle-ci sur place, pour être sûr que l'on garde le maximum de pièces d'origine. C'est plus compliqué. Mais c'est fascinant. J'ai vu tous les corps de métiers. J'ai été marqué, par exemple, par les tailleurs de pierre, qui sortent les pierres comme des tiroirs : ils les déjointent, les réparent puis les remettent. Ils grattent pour retrouver les couleurs d'origine. Thiron-Gardais a été mon laboratoire, j'y ai tout appris.

Cela vous a-t-il coûté cher ?

Oui ! Comme je le dis souvent, je me suis endetté jusqu'à la fin de mes jours. Au fond, ce n'est pas grave car c'est le projet d'une vie. Vous savez, c'est mon seul luxe. J'ai dépensé l'argent que je n'ai pas mais les banques m'ont soutenu. Maintenant, je sais pourquoi je travaille : je rembourse les banques !

En fait, Albéric de Montgolfier ne vous a pas fait faire une bonne affaire !

Ah ça non *(rires)* ! Il n'y a pas de plus-value dans ce type de chantier, voyez-vous. Ce sont plutôt des moins-values !

Faut-il être riche, alors, pour restaurer le patrimoine ?

(Légère pause)... Si je dois être honnête avec vous, je vous dirai « oui ». C'est très coûteux le patrimoine. Il échoit la plupart du temps à des familles qui ont hérité de vieilles pierres et qui n'ont pas forcément les moyens de les entretenir. C'est un drame pour l'avenir. On dit toujours qu'on peut défiscaliser les travaux engagés, mais il faut les engager, et donc les financer avant de les défiscaliser. Il faut aussi savoir que seuls 30 % des travaux peuvent être subventionnés. Or, une toiture, c'est plusieurs centaines de milliers d'euros.

Le grand public assimile souvent les propriétaires de châteaux à des gens riches. Mais beaucoup ne voudraient même pas de ces vieilles pierres, où il faut mettre des seaux pour les fuites dans les chambres à coucher. Les châtelains sont riches d'histoire, mais c'est très coûteux d'entretenir cela. Ils se saignent aux quatre veines. La France va être le premier pays vendeur de châteaux car la jeune génération ne veut pas s'enquiquiner avec cet héritage, préférant des appartements ou des résidences secondaires confortables.

Plus que les châteaux, les églises ne sont-elles pas le parent pauvre du patrimoine ?

Tout à fait. On pense toujours à Notre-Dame mais ce qui m'inquiète, ce sont plutôt les églises abandonnées des villages. D'une part, il y a une déchristianisation du pays. D'autre part, le pouvoir régalien diminue, l'État et les collectivités n'ont plus les moyens de payer. On fait du social mais on n'entretient plus le patrimoine. Cela a des conséquences politiques. J'avais été hélas assez visionnaire lors de la destruction de la chapelle St-Joseph de Lille. Et, au final, un collectif d'extrémistes s'en est mêlé. Il y a là un ferment de division alors que le patrimoine devrait rassembler les gens.

Quels sont vos projets pour le collège ?

Nous sommes en travaux pour agrandir l'entrée et renforcer l'accès au public. Je veux aussi ouvrir une boutique en ligne et aménager un autre salon de thé. J'ai racheté une petite maison voisine pour organiser des expositions. En fait, c'est un investissement le patrimoine : chaque année il faut proposer quelque chose de nouveau pour le faire vivre.

> « La France va être le premier pays vendeur de châteaux car la jeune génération ne veut pas s'enquiquiner avec cet héritage. »

Pourriez-vous vivre ici en permanence plus tard ?

J'aimerais vraiment, il ne faut pas trop que je tarde, d'ailleurs [*Stéphane Bern a 57 ans, ndlr*] ! J'y ai passé les deux confinements, avec mes poules, mes chèvres, mes oies de Guinée, mes chiens... J'écris, je lis. Je prends même des cours de jardinage ! Je découvre de plus en plus que je suis un gars de la campagne.

Y ALLER

COLLÈGE ROYAL ET MILITAIRE
12 RUE DE L'ABBAYE
28 480 THIRON-GARDAIS
T. 02 37 49 79 54
WWW.COLLEGEROYAL-THIRONGARDAIS.COM

4 CHOSES À SAVOIR SUR THIRON-GARDAIS

01
Un maxi jardin miniature
Stéphane Bern a confié au paysagiste Louis Benech la restauration du jardin. Il comprend un potager, un jardin français, un jardin 19e s et un bois, le tout sur... un hectare !

02
La vie en roses
Fleuri de mai à septembre, le jardin abrite la rose « Stéphane Bern » (créée en 2012 par Fabien Ducher) et la rose « Mission Patrimoine » (créée en 2019 par Bernard Panozo).

03
Futurs gentlemen
Au 18e s., les collégiens de Thiron-Gardais apprenaient les maths et les belles lettres. Mais aussi la botanique, l'art de bouturer ou la danse. Bref, de parfaits gentilshommes !

04
Bern Express
Par l'A10 et l'A11, Thiron-Gardais est à 1h40 de Paris. Le village et le collège se trouvent à 10 km de la sortie 4. En train, la gare la plus proche est Nogent-le-Rotrou : dans le TER, on peut croiser... Stéphane Bern, qui aime venir en train !

Restauration du hameau de la Jasse par des bénévoles de l'Association des Amis du Château de Montaigut

5

LES ANGES-GARDIENS DU PATRIMOINE

BIEN COMMUN

Associations, institutions, collectivités locales, réseaux, start-up, expertise et conseil, financement participatif… L'engagement pour le patrimoine prend des formes multiples et se renouvelle sans cesse. Qu'ils manient la gradine ou la souris, qu'ils maîtrisent les techniques de construction anciennes ou la fiscalité du patrimoine, les anges-gardiens diffèrent par leurs méthodes et leurs objectifs mais partagent tous le même diagnostic : il faut jouer collectif pour sauver le patrimoine. Comme l'a montré la tragédie de Notre-Dame de Paris, rarement l'expression « mobilisation citoyenne » ne prend autant de sens qu'autour de la sauvegarde de nos vieilles pierres : elle rassemble associations de propriétaires, bénévoles, jeunes investis sur des chantiers d'insertion, start-upers sortis des grandes écoles de commerce et communautés d'internautes co-propriétaires d'un château, tous réunis par amour de l'histoire et de la beauté. À chaque château son usage… et son ange-gardien.

LA FORCE DU COLLECTIF

REMPART
AU CHEVET DU PATRIMOINE

Vous êtes passionné de patrimoine mais vous n'avez pas de château ? Qu'à cela ne tienne, REMPART en a plein. Enfin presque ! Rassemblant 180 associations locales, ce collectif organise chaque année des centaines de chantiers de restauration du patrimoine historique, en France et dans une trentaine de pays. Grâce aux 10000 bénévoles qui ont rejoint ses rangs, plus de 800 sites ont déjà été sauvegardés. Envie de vous joindre vous aussi à l'aventure ? Suivez le guide !

QU'EST-CE QUE REMPART ?

Commençons par éclairer l'acronyme : REMPART signifie « Réhabilitation et Entretien des Monuments et du Patrimoine ARTistique ». Derrière ce nom, il y a un réseau fondé en 1966, aujourd'hui fort de 180 associations tournées vers la sauvegarde du patrimoine et l'éducation populaire. Ensemble, elles œuvrent à la restauration des monuments historiques, à travers des chantiers validés par le conseil d'administration de REMPART. Chacun de ces chantiers doit répondre à l'intérêt général et être porté par une association locale membre de REMPART, en partenariat avec des relais locaux (population et collectivités locales). Derrière le patrimoine, il y a surtout de belles histoires humaines !

OÙ SONT CES CHANTIERS ?

Depuis sa création en France, le réseau s'est étendu à une trentaine de pays. Plus de 300 sites sont en cours de restauration, dont 250 en France. Quelques exemples : le splendide fort maritime de l'île Cézon (Finistère), une forteresse du 11e s. à Châtel-sur-Moselle (Vosges), les forts 19e s de la ligne de défense de l'Esseillon (Savoie), le Conservatoire des

Depuis sa création en France, le réseau s'est étendu à une trentaine de pays. Plus de 300 sites sont en cours de restauration, dont 250 en France.

Figuiers de la Garde-Freinet, dans le golfe de St-Tropez (Var), ou le château médiéval de Montaigut, perché à Gissac (Aveyron). Impossible de tous les citer!
À l'étranger, « un village miao en Chine, une église en bois en Russie, l'aqueduc d'une hacienda au Mexique... Cela évolue constamment. Prochainement, nous allons ouvrir un chantier en Géorgie » annonce Marie-Georges Pagel-Brousse. La présidente de REMPART connaît particulièrement bien les chantiers internationaux, dont elle a longtemps été en charge, en tant que vice-présidente.
Le projet géorgien lui tient d'ailleurs beaucoup à cœur: « Il porte sur la restauration de la tour de Tsiskarauli (16e et 17e s.), endommagée pendant la seconde guerre de Tchétchénie, en 2001. C'est un site exceptionnel. L'édifice de schiste haut de cinq étages est un chef-d'œuvre de la tradition architecturale de la Khevsourétie, une région de haute montagne située au nord de Tbilissi, dans la chaîne du Grand Caucase. À flanc de versant, à plus de 2000 mètres d'altitude, le site domine le village d'estive d'Akhieli et ses alpages... Les qualités de l'édifice et le potentiel de développement du pays dans les champs de la culture, de la jeunesse et du volontariat sont des atouts de ce nouveau projet international. »

Le château de Coucy, sous les échafaudages

4 QUESTIONS À MARIE-GEORGES PAGEL-BROUSSE

PRÉSIDENTE DE L'UNION REMPART

Comment avez-vous connu REMPART?
Depuis 1989, je suis bénévole de l'association Adichats, qui restaure le château de Villandraut, en Gironde. En 1990, Adichats a adhéré à REMPART. J'ai eu la révélation en lisant la charte: la philosophie humaniste au cœur des valeurs de REMPART me correspond totalement.

Quand et comment êtes-vous devenue présidente?
J'ai été élue en 2018 à la suite d'Henri de Lépinay, qui a pris sa retraite après 34 ans à la tête de l'association. J'étais vice-présidente à l'international, une mission que je continue d'assumer.

Quels sont les axes forts de cette présidence?
Je voudrais que chacune de nos associations ressente son appartenance à un grand mouvement, et que la vertu civique soit un objectif humain universel. Enfin, je voudrais que le patrimoine continue d'incarner la pérennité, la résistance au temps et à ses affres, l'indépendance et la capacité de résilience. Vaste programme!

Un chantier dont vous êtes particulièrement fière?
Celui de la ferme ottomane du village de Taybeh, en Palestine, que j'ai lancé en 2006. Musulmans et chrétiens, Français et Palestiniens, y ont travaillé main dans la main, sans faillir, malgré des conditions très difficiles.

ZOOM SUR

LE CHÂTEAU DE COUCY

Archéologie, taille de pierre, forge, charpente... Combien sont-ils chaque été, à venir participer à ce monumental chantier de restauration ? Plusieurs milliers depuis que l'Association de Mise en Valeur du Château de Coucy (AMVCC) a mis en place, en 1981, ses chantiers de jeunes bénévoles. Le principe : participer à la restauration de cette fière forteresse médiévale picarde du 13e s., l'une des plus vastes jamais construites (12 ha !). Fief des seigneurs d'Enguerrand, Coucy fut rachetée par Louis-Philippe, puis classée sous Napoléon III. En 1917, elle fut en partie détruite par les Prussiens, notamment son donjon, alors le plus haut d'Occident. Blessés mais pas vaincus, les fiers vestiges s'étirent sur un promontoire dominant les vallées de l'Oise et de l'Ailette. Un cadre exceptionnel pour les chantiers de restauration de l'AMVCC, qui propose plus d'une douzaine de spécialités ! Affiliée à REMPART en tant qu'organisme de formation, l'AMVCC propose aussi des stages techniques d'avril à octobre. L'association organise également un spectacle médiéval réputé, joué les vendredis et samedis soir en juillet.

Y aller : 02380 Coucy-le-Château-Auffrique - T. 03 23 52 71 28 - www.chateau-coucy.fr

QUI PEUT PARTICIPER À UN CHANTIER ?

Tout le monde ! Les chantiers REMPART accueillent dès l'âge de 8 ans, grâce à certains lieux conçus pour les plus jeunes. « Ceci dit, une grande majorité de nos bénévoles ont entre 18 et 25 ans, avec beaucoup d'étudiants en histoire de l'art et en architecture. Nous avons autant de filles que de garçons » note Marie-Georges Pagel-Brousse. « Ces dernières années, le profil type de nos bénévoles s'est grandement diversifié grâce à l'engouement récent pour le patrimoine. Il y a aussi un "effet Stéphane Bern", qui évoque notre action dès qu'il le peut et que nous remercions pour cela ! »

JE N'AI AUCUNE COMPÉTENCE PARTICULIÈRE, PUIS-JE QUAND MÊME PARTICIPER ?

Si certains arrivent sur les chantiers avec des compétences techniques, beaucoup n'en ont aucune. Supervisés par des professionnels (archéologues, tailleurs de pierre, ouvriers du bâtiment…), les chantiers sont justement l'occasion d'apprendre. La transmission est l'un des axes forts de REMPART, où l'on enseigne, selon la nature des sites, à faire des enduits à la chaux, construire en pierre sèche, tailler la pierre, fouiller des sites archéologiques… Chacun doit simplement être en forme et de bonne volonté.

COMBIEN COÛTE LA PARTICIPATION À UN CHANTIER ?

Outre une quarantaine d'euros pour les frais d'inscription annuels, l'adhésion à l'association et l'assurance, une participation est demandée pour les frais de séjour, soit 5 à 12 € par jour (hébergement et repas). Le participant doit aussi prévoir de menus frais annexes pour les activités (sports, sorties et visites éventuelles). Si le chantier est à l'étranger, il faudra ajouter les frais de voyage. Les bénévoles restent en moyenne une à deux semaines. À l'étranger, certains prolongent par des vacances sur place, ce qui leur permet de « rentabiliser » le coût du voyage.

Marie-Georges Pagel-Brouse

« Le profil type de nos bénévoles s'est grandement diversifié grâce à l'engouement récent pour le patrimoine. Il y a aussi un "effet Stéphane Bern", qui évoque notre action dès qu'il le peut. »

COMMENT SE PASSE UN CHANTIER ?

Chacun compte 7 à 20 bénévoles, accompagnés d'un encadrant « technique » et d'un autre chargé de la « vie de groupe ». Un jour de repos est prévu après trois jours travaillés. L'ambiance est souvent internationale : des Français partent à l'étranger et des étrangers viennent en France. Attention : chacun se doit de participer aux corvées collectives, faire la cuisine, la vaisselle… Un chantier n'est pas une colonie de vacances !

Y A-T-IL DES ACTIVITÉS À L'ANNÉE ?

La majorité des chantiers de restauration sont organisés entre avril et septembre. Mais REMPART affiche aussi un fort engagement pédagogique, axé sur la transmission des savoirs traditionnels. Dans ce cadre, REMPART organise, avec les associations de l'union, des stages de découverte et de perfectionnement autour de l'artisanat traditionnel : forge, taille de pierre, archéologie, menuiserie, vitrail, pierres sèches… « En outre, nous recevons 20 000 élèves des écoles chaque année, dans ce même objectif » rappelle Marie-Georges Pagel-Brousse.
REMPART propose aussi des formations professionnalisantes sur l'artisanat

TEMPS FORT : LES JOURNÉES DU PATRIMOINE

L'impressionnant château perché de Ventadour à Meyras (Ardèche), une maison vigneronne à Bucey-les-Gy (Côte d'Or), une chapelle à Toul (Meurthe-et-Moselle), une cité de l'habitat provisoire à Ploemeur (Morbihan)… En septembre, lors des Journées européennes du patrimoine, le collectif REMPART, fort de la vitalité et de la diversité de ses 180 associations, ouvre au public les portes de nombreux sites historiques à travers toute la France. Chaque année, le programme arrive comme une alléchante surprise sur le site de REMPART : découverte de chantiers, reconstitutions historiques, visites guidées, ateliers d'initiation pour petits et grands (sculpture, taille de pierre – dès 3 ans ! –, menuiserie, tissage…). REMPART, durant ces deux jours, veut « sensibiliser le grand public à l'importance de sauvegarder et valoriser le patrimoine historique et l'amener à réfléchir sur les enjeux sociaux, environnementaux et même économiques de cette sauvegarde ». Message transmis.

5
CHOSES À SAVOIR SUR REMPART

(01)
Une incroyable diversité
Depuis 1966, REMPART a œuvré à restaurer 800 sites : châteaux, mais aussi églises, lavoirs, moulins ou encore bergerie (à Rambouillet) et cathédrale (à Dijon).

(02)
4500 bénévoles l'été
Les chantiers réunissent des bénévoles de tous pays, qui s'ajoutent aux 10000 permanents, bénévoles, du réseau.

(03)
200000 visiteurs
En marge des chantiers et stages, la majorité des associations de l'union REMPART ouvrent leurs sites à la visite.

(04)
Une maison d'édition
« Maçonnerie », « Manoirs », « Taille de pierre »... Les ouvrages REMPART sont très pointus et érudits.

(05)
Le financement
Les subventions publiques assurent 52 % du budget annuel. S'y ajoutent les aides de la Fondation du patrimoine et de deux mécènes privés : la fondation Bettencourt-Schueller et Hermès.

01

02

01. Chantier du château de Villaudraut
02. Taille de pierre au château de Coucy

traditionnel et les métiers du bâtiment, avec des CAP espaces verts, taille de pierre, menuiserie, maçonnerie ou encore accueil touristique. Certains mettent en avant sur leur CV les chantiers d'été effectués chez REMPART, qui peuvent également devenir des tremplins professionnels.

JE POSSÈDE UN CHÂTEAU. PUIS-JE DEMANDER À REMPART DE M'AIDER À LE RESTAURER ?

« Nous sommes guidés par l'intérêt général et nous ne travaillons pas pour des propriétaires privés ! » sourit Marie-Georges Pagel-Brousse, qui confie avoir souvent reçu ce genre de demandes. « Sinon, le propriétaire doit nous accorder un bail emphytéotique, c'est-à-dire le droit d'occupation et d'animation du lieu restauré pour 18 ans minimum. Cela garantit que le travail bénévole ne sera pas réutilisé pour servir des intérêts privés. » D'une façon générale, le lieu choisi doit aussi avoir une finalité de réutilisation après travaux, prévient la présidente : « Le lieu doit par exemple être restauré pour accueillir un festival médiéval, des expositions ou même des promenades, s'il s'agit de restauration de terrasses ou d'un sentier. REMPART ne restaure pas pour l'amour de la pierre en lui-même, mais au-delà, pour faire vivre le patrimoine et le transmettre. » Pierre qui roule…

INFORMATIONS PRATIQUES

REMPART
1 RUE DES GUILLEMITES
75004 PARIS
T. 01 42 71 96 55
WWW.REMPART.COM

MODÈLE DU GENRE

CHÂTEAU DE VILLANDRAUT

Il a fière allure, avec ses quatre tours massives du 14e s. ! Un décor de cape et d'épée pour les visiteurs, bien sûr, mais aussi pour les chantiers d'adultes et d'adolescents, et pour les stages de formation et d'insertion organisés par la très dynamique association Adichats. Depuis 1981, celle-ci s'active en effet sans relâche au chevet du château de Villandraut, élevé dans le village du même nom, en Gironde. Bâti au 14e s. pour le pape Clément V, ce château fort intègre de nombreux aménagements résidentiels, comme il était d'usage en Italie au Moyen Âge. C'est dans ce cadre historique de choix, entourés aussi par la belle forêt landaise, que les jeunes – et moins jeunes – bénévoles œuvrent à la restauration du lieu, du dégagement des douves à la remise en état d'un escalier du 17e s. Avec en toile de fond, le ballet des visiteurs découvrant l'impressionnant château, lors de visites libres ou guidées sous la houlette d'Adichats, qui gère l'ensemble du site. Membre de l'union REMPART, avec une importante activité tournée vers les chantiers d'insertion, Adichats chapeaute désormais une quinzaine de chantiers dans la région. L'associatif, à son meilleur.

Y aller : À 13 km à l'ouest de Bazas (Gironde) - T. 07 82 34 12 48 - www.chateaudevillandraut.fr

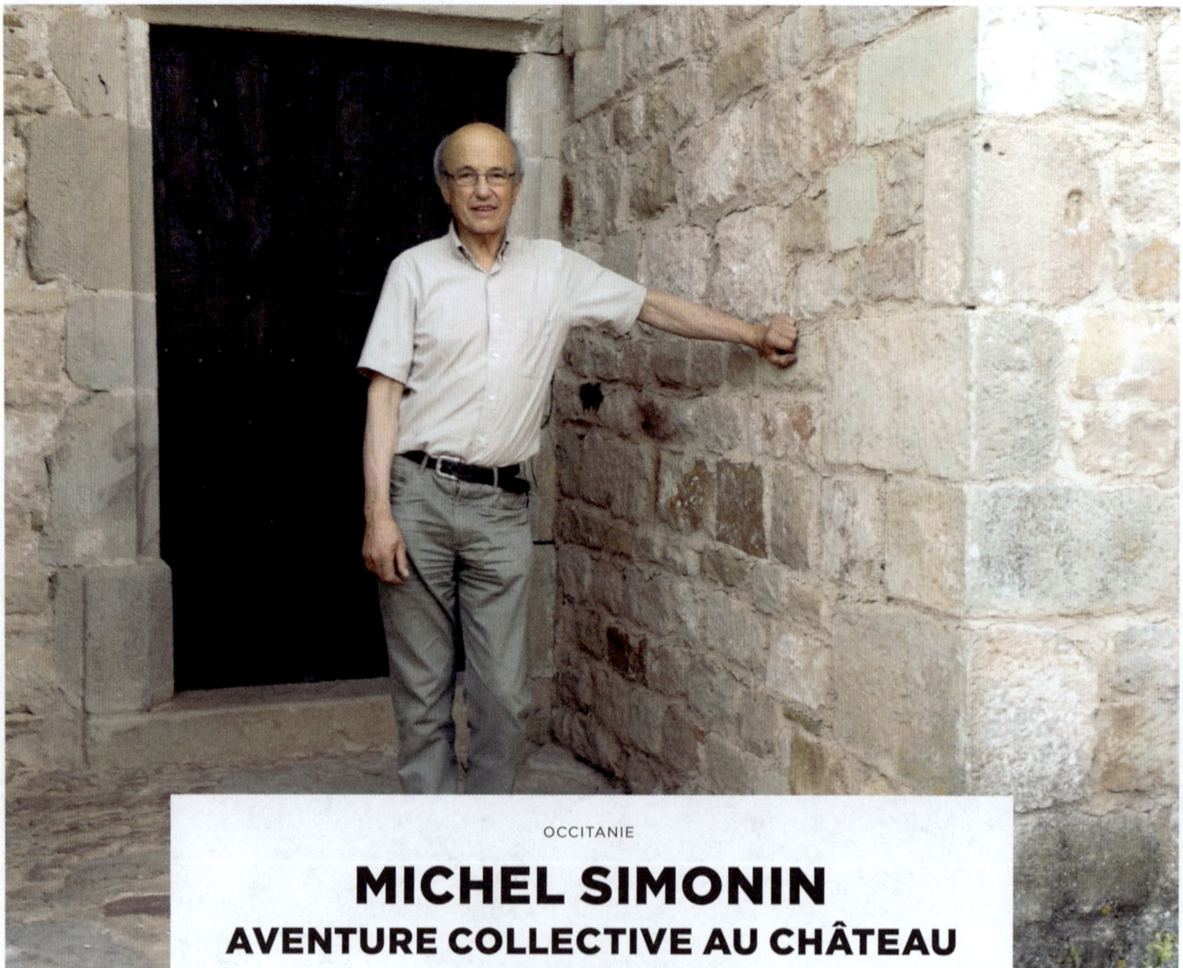

OCCITANIE

MICHEL SIMONIN
AVENTURE COLLECTIVE AU CHÂTEAU DE MONTAIGUT

Au sud de l'Aveyron, ce château féodal quasi ruiné a été entièrement restauré en 20 ans grâce à des chantiers de bénévoles. L'association qui le gère poursuit l'œuvre collégiale en transformant le village et un hameau voisin en écomusée, rénovant maisons, forge, ancienne école, église... Animé culturellement et historiquement, Montaigut est non seulement devenu un site touristique majeur pour le territoire, mais aussi un motif d'intégration sociale, favorisant l'accès à l'emploi de personnes en difficulté.

Ce pourrait être l'œuvre d'une vie et d'un seul homme... si le projet n'était pas aussi collectif qu'individuel. Michel Simonin a beau être l'instigateur de la réhabilitation du château de Montaigut et de son hameau, rien n'aurait été possible sans un formidable élan fédérateur qui mobilise, depuis plus de 50 ans, une équipe de fidèles et des bataillons de bénévoles. Retour en arrière... Nous sommes au milieu des années 1960, Michel Simonin, à peine 20 ans, découvre au hasard d'un séjour dans l'Aveyron, posé au sommet d'un éperon rocheux, le château féodal de Montaigut. Ou du moins... ses ruines. Il tombe sous le charme. « J'ai été tout de suite séduit par ce château spécial, assez simple, rural, avec des détails architecturaux très particuliers, un grand porche, un escalier intérieur à vis, des salles voûtées... », se souvient-il.

3 000 BÉNÉVOLES EN 20 ANS

Il n'envisage rien de particulier sauf qu'en 1966, une aile s'effondre brutalement. « Je suis allé voir les propriétaires, des fermiers. Ils avaient racheté le château pour ses terres. L'affaissement les affolait, alors ils ont décidé de céder la bâtisse en viager. » L'affaire est conclue en 1968 contre le versement chaque année par l'association des Amis du château de Montaigut, créée pour

Château de Montaigut

la circonstance, d'une somme d'argent « équivalente à 300 litres de lait de brebis » ! Deux ans plus tard commence la formidable aventure de la restauration. « Nous avons adhéré au réseau REMPART *(voir p. 208)*. Cela nous a permis de lancer les premiers chantiers de bénévoles », rappelle Michel Simonin. Car il y a urgence. Selon des spécialistes missionnés à l'époque, l'édifice, dont les murs s'écartent de 2 cm par an, doit s'effondrer inéluctablement… en 1972. « Cette année-là, parce que nous avions conduit entre-temps de multiples travaux, nous avons su que le château était sauvé », dit l'ancien professeur de physique-chimie, qui réussira à se faire muter dans l'Aveyron depuis sa région d'origine, le Var, en 1975.

Pas de place ici pour revenir sur 20 ans de travaux acharnés. Mais on peut les résumer ainsi : 3 000 bénévoles ont œuvré chaque été à remonter les pierres de Montaigut. « 80 % des membres de l'association, qui emploie aujourd'hui huit salariés, sont d'anciens bénévoles de ce chantier », précise Michel Simonin. En 1990, le château est entièrement restauré. Fin de la première étape.

La seconde débute dans la foulée, avec plusieurs objectifs. Deux sont en lien avec l'expertise technique acquise au fil du temps : l'association se lance dans la restauration d'autres demeures historiques du département *(voir encadré ci-contre)* et elle entame par ailleurs la rénovation des vieilles maisons inoccupées autour du château. Le but : créer un écomusée villageois pour montrer le quotidien d'un territoire rural aux temps anciens. Le château illustrera la vie des seigneurs ; les maisons proches, celle des fermiers aisés ; et les habitations du hameau voisin de la Jasse, lui aussi abandonné – celles des « brassiers », ces paysans pauvres qui louaient leurs bras chez les autres. Le troisième objectif est culturel : créer de l'animation à Montaigut pour faire vivre le village en saison. « Dès 1980 et jusqu'en 2015, nous avons organisé un festival de théâtre. Nous allions prospecter au festival d'Avignon et invitions une compagnie l'année suivante, au mois d'août. »

> « 80 % des membres de l'association, qui emploie aujourd'hui huit salariés, sont d'anciens bénévoles. »

UN ACTEUR RECONNU DANS LE TERRITOIRE

EXPERTISE

Forte de son expérience à Montaigut, l'association des Amis du château intervient depuis 30 ans sur d'autres chantiers. « Nous nous sommes lancés en 1990, dès la fin de la restauration du château, avec le soutien des architectes des Bâtiments de France de l'Aveyron » expose Michel Simonin. Chantiers de bénévoles d'un côté, d'insertion de l'autre, tous pilotés par des encadrants techniques salariés de l'association, fortement structurée au fil du temps.

80 monuments restaurés

L'association compte à son actif la rénovation de 80 monuments, la quasi-totalité dans l'Aveyron. Il y a le château de Peyrelade, à Rivière-sur-Tarn ; celui de Bertholène, à 20 km de Rodez ; la Tour du Viala du Pas de Jaux, construite par les Hospitaliers de Saint-Jean de Jérusalem sur le plateau du Larzac ; et quantité de petites églises rurales. On retrouve ces passionnés devenus spécialistes des vieilles pierres aux quatre coins du département. Aux côtés d'investisseurs passionnés et parfois bien nantis, l'association montre une autre façon de rénover le patrimoine de châteaux et de demeures historiques dont la France s'enorgueillit.

ZOOM SUR

LA VIGIE DU ROUGIER

Bâti sur un ergot rocheux à l'extrême sud-est de l'Aveyron, le château domine la vallée du Dourdou et le Rougier de Camarès, une région agricole de terres rouges. Édifié à la fin du 10e s., Montaigut est l'un des plus anciens châteaux du Rouergue. D'allure rustique par son origine strictement défensive, sur un point de surveillance d'un ancien itinéraire médiéval, il fut agrandi et renforcé au 15e s. par les seigneurs de Blanc. L'un d'eux, particulièrement sensible au bien-être, fit ajouter « l'eau courante » à partir d'un réservoir d'eau et aménager des latrines d'un rare confort pour l'époque ! Vers la fin du 17e s., un nouveau propriétaire démantèle le système de défense et fait évoluer le château vers une demeure de plaisance. À la veille de la Révolution, il est mis en fermage. Le château et ses terres appartiennent ensuite à une même famille de 1826 à 1946, date à laquelle il est revendu à un couple de fermiers d'un village voisin. En grande partie ruiné faute d'entretien, il est racheté en 1968 par l'association des Amis du château de Montaigut, créée par Michel Simonin. Vingt ans de travaux ont redonné vie à ce monument en péril, ainsi qu'aux maisons bâties autour, sur le piton rocheux.

01

02

03

01. Écomusée de Montaigut: la cuisine
02. La forge
03. La chambre de la princesse
04. Chantier de bénévoles au hameau de la Jasse
05. Restauration de la bergerie troglodytique à Montaigut

Le succès est au rendez-vous, sauf que le projet d'écomusée a pris une telle ampleur qu'il arrive un moment où il n'y a plus la place d'accueillir les troupes.

La visite de Montaigut témoigne de cette réussite collective: une maison rurale abrite une exposition d'engins agricoles; la forge vibre des coups de marteau du forgeron; l'école reconstitue les conditions de vie d'une classe en 1945; deux autres « expos » présentent la géologie particulière du territoire (les fameuses terres rouges du Rougier de Camarès) et la transformation du gypse. Jeux pour les enfants et sentiers de randonnée complètent la visite, celle-ci prenant facilement la journée. « Il nous reste encore deux ans de travaux sur les maisons de la Jasse, un four à pain et un moulin pour achever le projet », indique Michel Simonin.

LES PIERRES ET LES HOMMES

À 78 ans, l'homme aura d'autant mieux mené l'affaire avec ses amis, gens de la commune ou d'ailleurs, que l'association dont il est toujours président a inclus un volet social dans l'aventure. C'est le quatrième objectif.

« En 1993, nous avons décidé de créer des chantiers d'insertion. (...) Nous avons un taux de 55 % de retour à l'emploi. »

« En 1993, nous avons décidé de créer des chantiers d'insertion pour favoriser le retour à l'emploi d'un public en difficulté. Nous avions travaillé pour les pierres, nous devions aussi le faire pour les hommes », dit joliment Michel Simonin. En lien avec les organismes publics (Mission locale pour l'emploi, Pôle emploi, mairies...), des chômeurs longue durée, des bénéficiaires du RSA et des personnes en situation de handicap participent aux chantiers de restauration (pour 85 %) et à l'animation (15 %). « Nous avons un taux de 55 % de retour à l'emploi », se félicite le retraité.
Le succès de Montaigut (30 000 visiteurs par an en moyenne) ne pouvait laisser indifférents les élus locaux, car les retombées pour le territoire ne sont pas négligeables. Une convention lie ainsi depuis 2007 l'association à la communauté de communes Monts Rance et Rougier *(voir encadré ci-dessous)*.
Plus de 50 ans après le début de l'épopée, Michel Simonin, devenu premier adjoint au maire de Gissac, commune de rattachement de Montaigut, porte un regard lucide sur le chemin parcouru. « Nous sommes arrivés dans ce village rural où ce qui intéressait les agriculteurs à l'époque, c'était le goût de l'effort. Désormais, nous avons changé de génération. Les plus jeunes ont toujours connu le château, son histoire fait partie du village. » Seule inquiétude, la pérennité de l'aventure collective. « Le renouvellement des membres de l'association sera difficile. De nos jours, les jeunes s'engagent moins dans le tissu associatif », constate Michel Simonin. Lui aura réussi à fédérer pendant un demi-siècle un maximum d'énergies pour redonner vie à un morceau de patrimoine oublié.

Y ALLER

CHÂTEAU DE MONTAIGUT
12360 GISSAC
T. 05 65 99 81 50
WWW.CHATEAU-DE-MONTAIGUT.COM

04

05

UN BONUS POUR L'ÉCONOMIE LOCALE

30 000 visiteurs par an à Montaigut, ce n'est pas rien ! De quoi intéresser les collectivités locales dont, en premier lieu, la communauté de communes Monts Rances et Rougier : « Montaigut est un des plus vieux villages de l'Aveyron. La restauration du château et l'écomusée permettent de faire venir des groupes, des classes de découverte, un public familial... Avec notre autre pôle touristique, l'abbaye de Sylvanès, cela contribue à la notoriété du territoire et c'est un atout économique pour les artisans locaux et les commerces », résume Monique Aliès, maire de Belmont-sur-Rance et présidente de la communauté de communes. Du coup, cette dernière apporte son soutien aux Amis du château de Montaigut. Il est matérialisé par une convention : l'association continue ainsi à gérer les travaux et les animations du site, la « com'com » s'engageant en échange à trouver les financements et à monter les dossiers pour les obtenir. « Nous agissons comme des porteurs pour l'aider à bénéficier d'aides nationales et européennes », éclaire Mme Aliès. Sur un montant de 900 000 € (HT), la dernière convention (2016-2021) ne laisse à la charge de l'association « que » 40 % de son budget de fonctionnement, qu'elle finance par ses ressources propres (entrées du site, dons...). La « com'com » a aussi racheté les dernières maisons inoccupées du village, pour les confier aux Amis du château. Elle s'est en prime engagée à reprendre le site au cas où l'association viendrait un jour à disparaître. « Il faut que cela reste un projet local et de territoire », dit Michel Simonin. Monique Aliès pense la même chose. Elle plaide pour la signature d'une prochaine convention et voudrait voir les travaux du hameau de la Jasse finis au plus vite, tout en espérant relancer à Montaigut le festival de théâtre, qui avait fait une part notable de la réputation du lieu.

DU BON USAGE DES CHÂTEAUX

ADOPTE UN CHÂTEAU
RENCONTRE AVEC JULIEN MARQUIS

L'itinéraire d'un passionné. Depuis tout petit, Julien a voulu consacrer sa vie aux châteaux en péril. Il a accompli son rêve. Entouré d'une équipe de bénévoles, ce jeune Bourguignon voue toute son énergie à la restauration de châteaux en partenariat avec les propriétaires, souvent néophytes en la matière.

Depuis combien de temps votre association existe-t-elle ?

Julien Marquis – Adopte un château a été créé en 2015 par Bruno Landri, qui en est aujourd'hui le président, et moi-même. Tous deux, nous intervenions déjà dans plusieurs associations liées au patrimoine et un jour, nous avons eu la volonté de créer une sorte de boîte à outils à disposition des propriétaires de châteaux. Nous avons réuni autour de nous des experts, chacun dans son domaine, tous bénévoles – l'association n'a aucun salarié –, pour accompagner ces néo-châtelains dans leurs démarches souvent variées et complexes, du juridique aux questions architecturales. Surtout, nous tâchons de répondre à la grande interrogation qui est un peu notre spécialité : définir l'usage du château. Nous effectuons également les recherches de financement.

Vous ne subventionnez donc pas directement les projets des châtelains ?

Non, nous apportons ce que j'appelle un mécénat de compétences. Je nous compare souvent à un moteur de fusée, nécessaire pour le décollage mais qui a vocation à disparaître une fois la dynamique enclenchée. En général, nous sommes approchés par les propriétaires et établissons avec eux un

Château de Dumphlun

« Nous tâchons de répondre à la grande interrogation qui est un peu notre spécialité : définir l'usage du château. »

partenariat après avoir défini les objectifs. Comme nous sommes aussi des passionnés de châteaux, il peut nous arriver de repérer un édifice en péril et de proposer notre intervention au propriétaire, qu'il s'agisse d'un particulier ou d'une collectivité.

Y a-t-il un profil type des propriétaires de châteaux que vous accompagnez ?

Je dirais que pour l'essentiel ce sont des quadragénaires qui achètent un bien et qui rapidement se trouvent submergés par les problèmes. J'ai par exemple en tête le dossier d'un couple suisse acquéreur d'une maison forte du 13e s. dans le Nivernais. Ils n'étaient pas au fait de la législation française en matière de demeures historiques, et surtout, ils se sont rendu compte que le bâti souffrait d'une grave pathologie, une infection de mérule que les diagnostics n'avaient pas décelée. La douche froide. Il a fallu relever les manches avec l'aide de notre architecte – heureusement le propriétaire est charpentier de formation – et trouver des financements. Nous avons accompagné ce projet pendant trois ans, avec pour récompense la perspective d'ouvrir quatre chambres d'hôtes en 2021.

Comment vous est venue cette passion pour le patrimoine ?

C'est un vieux rêve d'enfant. Petit, j'ai eu la chance d'habiter à côté du château de Druyes-les-Belles-Fontaines dans l'Yonne. Un château en ruine que je suis allé visiter la première fois à 10 ans, un jour où je m'ennuyais. J'y suis retourné ensuite régulièrement et à 15 ans, je me suis dit, pourquoi ne pas le faire visiter ? Je suis devenu guide, puis j'ai intégré l'association qui gérait le lieu. Je me suis ensuite pris de passion pour d'autres châteaux de la région, ce qui m'a conduit tout naturellement à l'université de Dijon pour y étudier l'histoire médiévale, en

L'ADN D'ADOPTE UN CHÂTEAU

RETOUR AUX SOURCES

Dans ses premières années, l'association a tenté le *crowdfunding*. Autrement dit, une méthode de financement participatif, lancée sur Internet, au terme de laquelle, pour une somme très modique, on peut devenir copropriétaire d'un bien.

Des succès prometteurs
Julien Marquis et l'association Adopte un château (conjointement avec Dartagnans, *voir p. 224*) ont été à l'initiative du *crowdfunding* appliqué à la sauvegarde du patrimoine, en France. La première opération a connu un succès retentissant avec une collecte d'1,6 million d'euros auprès de 25 000 participants, réunis autour du projet de réhabilitation du château de la Mothe-Chandeniers, dans la Vienne. Une seconde opération autour du château de l'Ébaupinay, dans les Deux-Sèvres, a mobilisé 10 000 internautes qui ont permis une collecte d'1 million d'euros, réunis en 4 mois.

Retour aux fondamentaux
Malgré ces succès amplement médiatisés, Julien Marquis garde un souvenir mitigé de l'expérience. De telles opérations nécessitent des compétences financières que l'association n'a pas... et ne souhaite pas acquérir. Celle-ci s'est depuis recentrée sur son cœur de métier : l'accompagnement bénévole de projets liant sauvegarde du patrimoine et valorisation de l'environnement économique et culturel.

UN PROJET EMBLÉMATIQUE

LE CHÂTEAU DE PISY

S'il est un projet qui tient particulièrement à cœur à Julien Marquis, c'est bien celui de la réhabilitation du château de Pisy, dans l'Yonne. Il s'agit d'une magnifique forteresse du 15e s. laissée à l'abandon depuis une vingtaine d'années par son propriétaire, une fondation suisse qui cherche à s'en défaire. Très ruinée, à 300 m de la ligne de TGV, la propriété n'a rien pour intéresser un particulier, même si elle a de beaux restes avec ses quatre salles de plus de 300 m² et ses cheminées médiévales. C'est alors qu'Adopte un château entre en scène et ouvre sa « boîte à outils ». En collaboration avec une association locale, Julien Marquis conçoit un projet polyvalent, une sorte d'écosystème qui devrait permettre de dégager des fonds pour la restauration : accueil du festival de musique contemporaine qui se tient déjà dans le village, exploitation patrimoniale classique avec l'ouverture à la visite, accueil d'artisans et d'entrepreneurs locaux, projet agricole en permaculture. Reste à trouver les premiers financements et tout d'abord à sortir de l'imbroglio juridique qui oppose la fondation suisse propriétaire et les États suisse et français. Après plusieurs années d'accompagnement du projet, Julien Marquis garde bon espoir de le voir aboutir.

3 GRANDS PROJETS EN COURS

01

Le château de Dumphlun
Cette ferme fortifiée fondée dans la Nièvre remonte au 14e s. Le partenariat signé en 2021 entre le propriétaire et l'association prévoit une exploitation agricole en permaculture, la création de gîtes ruraux et l'accueil d'artistes en résidence.
chateaudedumphlun.com

02

Le château de Meauce
Avec sa forme ronde, ce château du 14e s. est unique dans le Nivernais. Appuyés sur une association de 500 adhérents et accompagnés par Adopte un château, ses propriétaires ont réalisé des travaux colossaux : toiture, intérieurs, façades... Déjà, le château accueille des concerts et plus de 6000 visiteurs par an.
chateaudemeauce.com

03

Château de Vieux Moulin
C'est l'exemple type de néo-châtelains accompagnés dans leur projet d'ouverture de chambre d'hôtes, au sein d'une maison forte du 13e s. (photo ci-dessus).
chateaudevieuxmoulin.com

Château de Meauce

continuant d'être bénévole dans les associations liées au patrimoine. La thèse de mon master, c'était d'inventorier les châteaux de la région. J'en ai vu tomber en ruine pendant mes études et je me suis dit que ce serait bien d'essayer de les sauver.

En quoi consiste votre nouvelle entreprise « Chasseur de Châteaux » ?

J'avais envie de mettre mon expérience à ma sauce : j'ai donc créé en 2020 une agence qui s'appelle Chasseur de Châteaux, qui travaille dans la valorisation et le conseil, avec un volet immobilier. C'est au fond la suite logique de mon activité associative. Je suis un agent commercial disons classique, mais dont le centre de l'activité reste le conseil. Un néo-châtelain doit aussi être accompagné lorsqu'il veut acheter une propriété.

Vous travaillez donc avec une clientèle très fortunée ?

Pas forcément. Bien sûr je travaille avec des gens qui ont certains moyens. Il y a peu de châteaux à acheter à 100 000 ou 200 000 €. Mais aujourd'hui, je peux proposer des biens tout à fait abordables à un propriétaire désireux de vendre son appartement à Paris, et surtout lui soumettre des projets qui lui permettront de s'établir à la campagne. Avec pour objectif à terme d'en vivre, en conservant peut-être dans un premier temps son activité salariée. Finalement, l'accompagner dans une transition heureuse vers un nouveau mode de vie.

> « Ce qui me passionne (...), c'est de se dire qu'on crée de l'emploi, de la richesse, de la mobilisation citoyenne autour d'un monument. »

Y a-t-il une demande accrue avec la crise sanitaire ?

La crise a amplifié ce que j'appelle l'exode urbain, cette volonté des « CSP+ » de quitter la région parisienne et de s'installer à la campagne, dans un premier temps avec l'achat d'une résidence secondaire, mais très clairement avec une volonté à terme de s'installer à demeure.

Indépendamment du plaisir des propriétaires, à quoi ça sert de sauver les châteaux ?

Pour moi, un château, c'est économiquement ce qui reste quand tout a disparu. Quand on a de la chance, on peut l'ouvrir au public et créer de l'économie assez facilement. Quand on a moins de chance, cela demande un autre travail : chercher les leviers suffisants pour que le monument devienne un acteur économique important sur le territoire. Ces vieilles demeures historiques ne demandent qu'à retrouver une chance. Aujourd'hui, ce qui me passionne dans Adopte un château c'est de se dire qu'on crée de l'emploi, de la richesse, de la mobilisation citoyenne autour d'un monument.

POUR PARTICIPER

POUR ADHÉRER À L'ASSOCIATION ET RETROUVER TOUS LES CHANTIERS EN COURS :

WWW.ADOPTEUNCHATEAU.COM

TOUS CHÂTELAINS

DARTAGNANS

TOUS POUR UN, AVEC ROMAIN DELAUME !

Une *success story* de notre temps : deux jeunes diplômés d'écoles de commerce décident de miser sur la puissance d'Internet et des réseaux sociaux pour lancer une plateforme participative destinée à la restauration du patrimoine. Ils sont les premiers à avoir eu cette idée folle : réunir une communauté d'internautes pour acheter collectivement un chef-d'œuvre en péril. Et ça marche !

L'aventure Dartagnans a débuté en 2014 avec la rencontre de Romain Delaume et Bastien Goullard sur les bancs d'une école de commerce de Lille. Diplômés de finances et de marketing, les jeunes gens avaient envie de mettre leurs compétences au service du patrimoine.

LE CROWDFUNDING

« Concrètement, nous voulions aider les acteurs du patrimoine à communiquer et à lever des fonds pour engager des travaux de restauration et de développement de leur bien. » C'était l'époque des débuts de l'économie collaborative, avec l'émergence des plateformes de financement participatif ou de services entre particuliers, comme Airbnb à ses débuts. Le concept de Dartagnans est né autour d'une idée forte : « c'est le public qui doit plébisciter un projet patrimonial, et non des banquiers ou des élus ». En septembre 2015, la start-up était créée.

TROIS CHÂTEAUX, TROIS PROJETS

OFFRE SUR MESURE

Chaque château a son histoire. Chacun des châteaux de Dartagnans aura son projet propre.

La Mothe-Chandeniers
Les activités liées au château miseront sur sa singularité : il n'a pas une longue histoire, mais son étrange silhouette de folie néogothique, mangée par la végétation, sollicite l'imaginaire.

L'Ébaupinay
Ici, Dartagnans vise une restitution intégrale du château en utilisant les techniques médiévales. Pour les visiteurs, une immersion totale entre Guédelon et le Puy du Fou.

Vibrac
L'objectif est de rendre au château sa destination première : exploiter les terres agricoles alentour. Pour cela sera créé un immense jardin potager en permaculture, qui promet d'être le plus grand au monde. D'ailleurs, les copropriétaires s'appellent ici des châtelains-farmers, chacun détenant une parcelle à son nom.

Une partie des co-châtelains de la Mothe-Chandeniers

RENDRE VISIBLE LE PATRIMOINE

Six ans plus tard, Dartagnans a accompagné plus de 650 projets, pour une levée de fonds globale atteignant 12 millions d'euros. Des chiffres en augmentation semaine après semaine. La liste des projets est impressionnante et plutôt éclectique : monuments historiques, petit patrimoine, mais aussi bateaux ou manège de chevaux de bois. Les grandes institutions font également appel aux services de l'entreprise : Vaux-le-Vicomte, Chambord, l'abbaye de Sénanque. Les interventions de Dartagnans dépassent nos frontières : une campagne a été lancée pour la restauration de la toiture de la cathédrale d'Alep, en Syrie. Un gros succès puisque l'objectif de départ a été multiplié par trois. Car c'est la marque de fabrique de Dartagnans : soutenir des projets précis et chiffrés proposés par les propriétaires. Rien à voir avec une souscription classique.
Et ça marche : Romain Delaume peine aujourd'hui à nommer plus d'une vingtaine de projets dont l'objectif n'aurait pas été atteint. « Nous ne sommes pas une simple interface, mais nous accompagnons les propriétaires de bout en bout. Nous les aidons à mieux cibler leur projet tout en leur apportant une visibilité médiatique. »

« C'est le public qui doit plébisciter un projet patrimonial et non des banquiers ou des élus. »

Dartagnans, c'est une communauté de 200 000 internautes dans près de 200 pays. Chaque projet est ensuite diffusé en priorité auprès des membres de la communauté en fonction de leurs intérêts, château, édifice religieux, petit patrimoine… « Proposer les bons produits aux bonnes personnes » : c'est une des règles d'or de Dartagnans.

DEVENEZ CHÂTELAIN POUR 50 €

C'est avec cette promesse que Dartagnans, du haut de ses trois ans d'existence, révolutionne la sauvegarde du patrimoine en 2017. « Nous nous sommes dit avec mon associé que nous aimerions bien avoir notre château », explique Romain. L'objectif ? Lever des fonds auprès des internautes pour réaliser l'achat collectif d'un château en péril. En

5

PROJETS EMBLÉMATIQUES DE DARTAGNANS

(01)

Un festival de musique

Chaque année, le festival de musique sacrée de Rocamadour, dans le Lot, lance une souscription avec Dartagnans pour équilibrer son budget.

(02)

Un cinéma en Lettonie

Le cinéma Liesma de Riga, un bel édifice des années 1930, a été racheté par une compagnie de théâtre. La cagnotte est destinée à l'aménagement de toilettes pour les personnes à mobilité réduite.

(03)

Un manège en Savoie

Objectif : la restauration de la toile du plafond et de l'orgue des plus anciens chevaux de bois, aux Gêts.

(04)

Un bateau historique

Les fonds serviront à restituer les boiseries d'une vedette de 1935, qui assurait la liaison entre St-Malo et Dinan.

(05)

Un Jacquemart drômois

La collecte a pour but de faire sonner à nouveau l'automate emblématique de Romans-sur-Isère, muet depuis 2012.

01

02

01 et 02. Animations médiévales au château de l'Ébaupinay

l'occurrence celui de Paluel (porté par l'association Adopte un château), un des héros du film *Le Tatoué* avec Louis de Funès et Jean Gabin. La mise aux enchères du bien est prévue à la fin du mois de septembre. Le complexe dossier juridique est bouclé, ne reste plus qu'à lancer le projet. « C'était l'euphorie : en quelques semaines notre cagnotte dépassait 500 000 €. » La presse se fait l'écho de cette opération sans précédent et le jour des enchères, il y a foule. En 45 secondes, le plafond dont disposait Dartagnans est allégrement dépassé. Le château est adjugé à 853 000 € et passe sous le nez de la start-up *(voir p. 106)*. Un échec certes, mais plutôt encourageant. Le financement participatif appliqué au patrimoine suscite l'intérêt.

UN RECORD DU MONDE

Une deuxième opération (conjointe avec Adopte un château) est lancée immédiatement : l'acquisition du château de la Mothe-Chandeniers, dans la Vienne. Cette fois, ce sera la bonne. Une partie des souscripteurs de Paluel choisissent de laisser leurs fonds dans la cagnotte et une nouvelle campagne est lancée. Lorsque le seuil des 500 000 € est franchi, Delaume reçoit un appel de l'AFP qui souhaite publier une dépêche sur l'opération. En jeune homme biberonné à l'Internet et aux réseaux sociaux, Romain n'en revient toujours pas. « Je ne me rendais pas compte de la puissance de la presse traditionnelle », se souvient-il aujourd'hui. L'information fait le buzz, les télévisions du monde entier sollicitent des interviews et font le pied de grue devant le château. En deux semaines, plus d'un million d'euros sont réunis auprès de 27 000 internautes provenant de 115 pays. Record du monde du financement participatif appliqué au patrimoine : le 25 décembre 2017, Dartagnans est à la tête d'une cagnotte de 1,6 million d'euros et peut concrétiser l'achat du château. Dans la foulée, deux autres opérations sont lancées, qui se concluent en 2019 par l'achat du château de l'Ébaupinay, dans les Deux-Sèvres, et l'année suivante par celui de Vibrac, en Charente.

DEUX-SÈVRES

LA MOTHE-CHANDENIERS

Les images ont séduit les internautes du monde entier : des ruines entourées de douves et mangées par la végétation. C'est dans cet état que se trouvait la Mothe-Chandeniers en 2018 lorsque Dartagnans et Adopte un château, forts de leur troupe de 27 000 internautes, en ont pris possession. La première mention du château remonte au 15e s. : une forteresse dont les tours semblent avoir servi de base aux tours actuelles. En 1654, le propriétaire en titre, François II de Rochechouart, exilé sur ses terres par Louis XIV en raison de sa participation à la Fronde, entreprend d'en faire une somptueuse demeure. Ruiné par les travaux, il est contraint de la céder à ses créanciers… qui laissent le château à l'abandon. En 1804, un homme d'affaires parisien rachète le domaine. Ses héritiers le reconstruisent entièrement à partir de 1870 dans le style néogothique. En 1932, les propriétaires décident de doter leur demeure du chauffage central. Las, l'installation est défectueuse, un incendie se déclare et le château part en fumée. Il est laissé à l'abandon jusqu'en 2018.

Y aller : Rte de Roiffé - 86120 Les Trois-Moutiers - www.mothe-chandeniers.com

ZOOM SUR

VIBRAC, EN CHARENTE

Acquise par la communauté de Dartagnans début 2020, la forteresse médiévale trouve ses origines au 13e s. Mais c'est au 16e s. que le château de Vibrac connaît son âge d'or. Reconstruit pour en faire une confortable demeure de campagne, il est au centre d'une prospère exploitation agricole, planté sur un îlot cerné par un bras de la Charente. Il était encore occupé au 18e s. avant d'être laissé à l'abandon. C'est aujourd'hui une ruine romantique, avec ses murs croulants et ses toitures éventrées, où l'on reconnaît encore une partie de l'entrée du 18e s. et les bases d'une tour médiévale. Un véritable défi pour Dartagnans et ses 7 400 co-châtelains issus de 96 pays. Avec un objectif : rendre sa vocation agricole à ce domaine situé en plein cœur du terroir du cognac. On y trouvera même des écolodges construits dans les arbres, ou au bord de la rivière.

« Un château qui va bien, c'est tout une économie locale qui se développe. Pour nos trois châteaux, nous travaillons avec une soixantaine d'entreprises locales. »

ÊTRE CO-CHÂTELAIN, COMMENT ÇA MARCHE ?

La levée de fonds terminée, Dartagnans fonde une société dont elle est seule actionnaire et qui devient propriétaire du bien. Elle procède ensuite à une ouverture de capital en proposant à chaque contributeur de lui céder une part par tranche de 50 € de dons, moyennant le paiement d'un euro supplémentaire. C'est ainsi qu'aujourd'hui, la Mothe-Chandeniers est détenue par plus de 20 000 actionnaires. « À chaque actionnaire, nous faisons quatre promesses, énumère Romain Delaume. Pouvoir dire dans les dîners qu'on est co-châtelains ; participer concrètement au développement du projet, notamment lors des assemblées générales tenues chaque année pour y voter les comptes, les actions à venir et leur financement ; bénéficier d'une entrée gratuite à vie au château, puisqu'au fond, les actionnaires sont chez eux ; et participer bénévolement aux chantiers de restauration. »

Et puisque les châteaux sont gérés comme des entreprises, Dartagnans ne s'interdit pas, à terme, de distribuer des dividendes, même symboliques, aux actionnaires.

DE GRANDES AMBITIONS

Poursuivre la politique d'acquisition participative d'autres châteaux à travers la France ? Romain Delaume ne dit pas non, si en tant que chef d'entreprise, il considère qu'il a les capacités de les développer, de les restaurer et de générer une activité économique. Se développer, c'est dans l'ADN d'une start-up. D'autant qu'en bon gestionnaire, Romain Delaume insiste sur les économies d'échelle réalisées en mutualisant certaines compétences nécessaires aux différents châteaux. Et puis, il tient à ce qu'il appelle l'écosystème Dartagnans : « Un château qui va bien, c'est tout une économie locale qui se développe. Pour nos trois châteaux, nous travaillons avec une soixantaine d'entreprises locales, nous créons des emplois. »

À ses deux activités d'origine, le financement participatif et la gestion de monuments historiques, Dartagnans a ajouté une autre dimension : l'ouverture d'une billetterie en ligne exclusivement dédiée au patrimoine et la création de l'opération la Nuit des Châteaux, qui fête en octobre 2021 sa 3e édition avec plus d'une centaine de propriétés partenaires. Dartagnans affiche désormais ses ambitions : s'affirmer comme un nouvel opérateur touristique dans le paysage français.

INFORMATIONS PRATIQUES

DARTAGNANS
15 RUE DE MILAN
75009 PARIS
T. 01 76 34 02 91
WWW.DARTAGNANS.FR

LE CHÂTEAU MÉDIÉVAL DE L'ÉBAUPINAY

DEUX-SÈVRES

Avec ses murailles, ses tours circulaires, son chemin de ronde avec mâchicoulis, le château de l'Ébaupinay a toujours fière allure. C'est une forteresse du 15e s. qui mêle architecture militaire et logis du seigneur. Un bel exemple d'architecture gothique tardive qui a été classé Monument historique en 1898. En partie brûlé en 1796, le château a été vendu comme bien national à la Révolution. Il est aujourd'hui la propriété des 11 858 co-châtelains réunis par Dartagnans à travers 96 pays.

Ici, le Moyen Âge est à l'honneur avec un copieux programme de festivités tout au long de l'été : festival médiéval en juin, spectacle tous les samedis en juillet-août, festival du château à la mi-août. S'y ajoute même un marché de Noël en décembre.

Y ALLER

LE BREUIL-SOUS-ARGENTON
79150 ARGENTONNAY
WWW.EBAUPINAY.COM

DU PATRIMOINE COMME FACTEUR DE CROISSANCE

CHRISTIAN CLARKE DE DROMANTIN

PATRIVIA, LA START-UP QUI BOOSTE LE PATRIMOINE !

Fondée en 2016 par Christian Clarke de Dromantin et Maunoir de Massol, passionnés d'histoire, cette plateforme de réservation en ligne de visites culturelles recense plus de 550 châteaux, musées, parcs et jardins, en France et en Belgique. Un accélérateur de visibilité pour les adhérents, grâce à cet outil innovant au service de la culture. Remarquée, la jeune pousse a levé 1 million d'euros en 2020 et s'apprête à étendre son modèle, tout en favorisant l'innovation dans un secteur encore trop peu « high-tech ».

Comment fonctionne Patrivia ?

Christian Clarke de Dromantin – C'est une plateforme web sur laquelle les internautes peuvent réserver la visite d'un site culturel aux dates de leur choix. Le paiement s'effectue en ligne et il suffit ensuite de présenter son billet à l'entrée du monument. On peut acheter des tickets site par site, ou bien acquérir un Pass Patrimoine qui permet de visiter autant de lieux parmi ceux référencés sur notre plateforme pendant un an, toujours par le biais d'une réservation en ligne.

Y a-t-il d'autres avantages pour le client à réserver via votre outil ?

L'entrée de certains grands sites coûte parfois jusqu'à 20 €. En seulement quatre visites, le Pass Patrimoine peut être amorti. L'achat du Pass, comme des visites à l'unité, sert aussi de coupe-file dans les grands monuments.

Quels sont les sites référencés sur votre plateforme ?

Nous avons à ce jour 550 adhérents et allons atteindre 700 d'ici la fin de l'année 2021.

#CETETEJE VISITELA FRANCE

RÉSEAUX SOCIAUX

Ils ont inventé en 2020 le hashtag qui a fait fureur : #CetEteJeVisiteLaFrance est né de l'initiative de Patrivia et de l'association Adopte un château *(voir p. 220)*, créateurs du collectif d'entrepreneurs Patrimoine 2.0, un outil de promotion des technologies numériques auprès des musées et monuments historiques.

Patrimoine en circuit court

Comment donner de l'espoir aux propriétaires de monuments en période de pandémie et leur éviter le risque d'être confronté à une pénurie de ressources ? « Avec ce slogan, l'idée était d'inciter les gens à consommer le patrimoine localement, de la même façon qu'on achète de plus en plus de fruits et de légumes produits en circuits courts », éclaire Christian Clarke de Dromantin.

Un succès retentissant

Bingo ! Le slogan est repris par Jean-Baptiste Lemoyne, secrétaire d'État auprès du ministre de l'Europe et des Affaires étrangères, chargé du Tourisme. « Atout France l'a aussi repris et hissé à un très haut niveau, avec 30 millions de pages vues ! », raconte le directeur général de Patrivia. Un coup de projecteur salutaire pour les sites culturels, au moment où Patrimoine 2.0 continue son travail de mise en relation entre gestionnaires de monuments et acteurs de la tech, pour continuer à booster l'innovation.

Parmi eux, une grande majorité sont des châteaux, privés et publics. Nous avons prospecté le secteur des musées plus récemment et référençons déjà, hormis le Grand Palais à Paris, tous les sites partenaires de la Réunion des musées nationaux.

Avec 44 000 monuments historiques classés en France, vous avez encore de la marge…

Tous ne sont pas visitables ! Sur les 40 000 et quelques châteaux, seuls 2 500 sont ouverts au public. Nous en visons 1 500, et 1 000 musées en France.

Quel intérêt ont les lieux culturels à se faire référencer chez vous ?

Il faut savoir qu'en 2016, 99 % des châteaux en France n'avaient pas de possibilité d'achat sur leur site web, alors que 30 % des achats touristiques en France s'opèrent déjà ainsi. Pour tous ces lieux, très en retrait en termes de digitalisation, nous offrons la possibilité d'une billetterie en ligne, en agissant comme apporteur d'affaires.

Quelle est la contrepartie ?

Notre modèle économique est simple. Nous retenons 20 % TTC du prix du billet réservé *via* notre plateforme. Il faut relativiser ce montant : le prix moyen d'entrée en France d'un établissement culturel est de 8 €. C'est moins qu'une place de cinéma ! Si on voit ça autrement, nous apportons un complément de revenu à hauteur de 80 % du prix d'entrée pour des sites culturels qui, à la différence des hôtels, ne sont pas limités en capacité et peuvent accueillir quasiment autant de visiteurs qu'ils le souhaitent.

> « 99 % des châteaux en France n'avaient pas de possibilité d'achat sur leur site web. (…) Nous offrons la possibilité d'une billetterie en ligne, en agissant comme apporteurs d'affaires. »

01

02

01. Château de Chenonceau, partenaire du Pass Patrimoine
02. Guide Vert Week&GO réalisé en partenariat avec Patrivia et le Pass Patrimoine

Votre business model a-t-il atteint son équilibre économique ?

Nous ne sommes pas encore positifs, mais espérons atteindre la rentabilité d'ici fin 2022 ou début 2023. Après une première levée de fonds de 235 000 € en 2017, celle réalisée en septembre 2020, de 1 million d'euros, nous sert à recruter des équipes pour accompagner notre développement et assurer la promotion de notre site. Nous sommes connus dans l'univers de la culture, et nous commençons à l'être dans celui du tourisme, mais nous devons davantage développer notre notoriété et cette partie du travail prend beaucoup du temps.

> « La recherche de fonds n'est pas simple car le tourisme culturel n'est pas encore référencé comme une piste d'investissement en France. »

Comment convaincre des investisseurs d'accompagner une start-up de la culture ?

Nous sommes financés par des « business angels ». La recherche de fonds n'est pas simple car le tourisme culturel n'est pas référencé comme une véritable piste d'investissement en France. C'est un secteur beaucoup plus porté vers le mécénat que vers l'investissement. C'est à nous de faire évoluer les mentalités.

Quels objectifs cherchez-vous à atteindre à travers ces levées de fonds ?

Le premier objectif est de développer Patrivia en France à travers le Pass Patrimoine, la plateforme de billetterie et les partenariats.

Avez-vous une idée précise du profil des clients sur Patrivia ?

Ils sont français à 90 % et ce sont des femmes de 25 à 65 ans pour 60 %. La majorité nous a connus grâce au référencement naturel, aux réseaux sociaux, à la presse et à notre média en ligne, « J'aime mon patrimoine » *(voir encadré ci-contre)*. Nous avons ainsi fait cinq fois plus de ventes l'été dernier que durant toute l'année 2019, soit une hausse de 200 % !

Quelle est la nature de vos partenariats avec la Fondation du patrimoine, VMF et la Demeure Historique ?

Avec VMF et la Demeure Historique, les adhérents, tous privés, profitent de notre visibilité et d'une commission moins élevée, 15 % au lieu de 20 %. De plus, 10 % de la marge des Pass Patrimoine, une fois leur validité expirée, est aussi reversée à la Fondation du patrimoine pour financer des restaurations. Nous avons également sorti une Smartbox qui contient un Pass Patrimoine et un Guide Vert « spécial patrimoine », en partenariat avec Michelin Éditions.

Comment en êtes-vous venus à vous investir dans ce secteur, vous et Maunoir de Massol ?

J'ai travaillé auparavant dans le secteur du diamant, à Londres, et celui du luxe, à Paris. J'ai besoin d'exercer dans un domaine qui m'émerveille. Le beau me guide ! Et j'ai aussi voulu donner du sens à ce que je faisais. Maunoir – ancien financier au Luxembourg – évolue dans ce milieu depuis toujours, à travers son histoire familiale au château de Lanniron, à Quimper. Il a été guidé par l'envie de s'investir dans un secteur qu'il connaît bien. Maunoir a une excellente connaissance du patrimoine et des châteaux à travers la France.

INFORMATIONS PRATIQUES

PATRIVIA
11 RUE DE CHÂTEAUDUN
75009 PARIS
T. 06 23 51 48 34
PATRIVIA.NET

J'AIME MON PATRIMOINE

L'EFFET MÉDIA

En janvier 2019, Patrivia rachète le média d'information en ligne « J'aime mon patrimoine », fondé quatre ans auparavant par Florent de Carolis. Le site est dédié au patrimoine culturel français (architecture, artisanat d'art, traditions, gastronomie...). Soit une « banque de données » de plus de 1 000 articles consacrés à la richesse plus qu'éclectique de la culture hexagonale.

Un média qualitatif

Dans quelle mesure cette diversification apporte-t-elle une plus-value à la start-up parisienne ? « Nous avons racheté ce média, piloté par Anne-Gaëlle Laborde Ceyrac, pour porter la notoriété de la marque Patrivia et valoriser les gestionnaires des monuments », explique Christian Clarke de Dromantin. Réputé être un média qualitatif, « J'aime mon patrimoine » fédère « une communauté de plus de 150 000 personnes, dont environ 100 000 sur Facebook, avec un total de 6 millions de pages vues », dit le dirigeant, qui se félicite de cette acquisition. « Nous avons de très bons résultats, autour d'articles fort intéressants. Cela nous permet de participer à la sauvegarde du patrimoine français et à la démocratisation de la culture. »

SUR INTERNET

JAIMEMONPATRIMOINE.FR
ÉGALEMENT PRÉSENT SUR LES RÉSEAUX SOCIAUX (FACEBOOK, INSTAGRAM, TWITTER)

PROFESSIONNALISER LE PATRIMOINE

OLIVIER DE LORGERIL

DE LA BOURBANSAIS À LA DEMEURE HISTORIQUE

Olivier de Lorgeril est aujourd'hui président de la Demeure Historique, un parcours qui est presque un destin, commencé lorsqu'il reprit à 22 ans le château de la Bourbansais dans des circonstances compliquées. Depuis presque un siècle, l'association de la Demeure Historique exerce un rôle de représentation, d'accompagnement et de conseil auprès des différents acteurs du patrimoine, dans leur mission de préservation et de transmission.

Fondée en 1924 et reconnue d'utilité publique depuis 1965, la Demeure Historique regroupe aujourd'hui plus de 3 000 monuments, de simples demeures remarquables aux châteaux les plus fastueux, en passant par des jardins d'exception et des sites du patrimoine religieux ou industriel. Olivier de Lorgeril a été élu à la présidence de l'association en 2019, succédant ainsi à Jean de Lambertye, qui avait occupé cette fonction pendant 18 ans.

UN NOUVEAU PRÉSIDENT

« Quand j'ai repris le château de la Bourbansais, à l'âge de 22 ans et dans des circonstances compliquées, l'association qui m'a le plus aidé et accompagné sur un plan technique et opérationnel est la Demeure Historique » témoigne Olivier de Lorgeril. « Parce que je lui suis redevable, j'ai souhaité lui consacrer un peu de mon temps en devenant son président. » Gérant le domaine de la Bourbansais comme un entrepreneur, Olivier de Lorgeril entend poursuivre la mission de soutien et conseil auprès des propriétaires de monuments historiques, de partage du patrimoine au plus grand nombre, tout en professionnalisant la gestion des sites. Il rappelle l'importance des monuments historiques dans la valorisation du territoire : « J'ai le sentiment très particulier que, si l'on a un peu de tempérament, d'audace et de volonté, les monuments historiques ont de véritables atouts, que ce soit en termes d'attractivité des territoires, ou d'économie, et notamment d'économie rurale. Nos monuments doivent servir d'exemples. avec leurs parcs, leurs forêts et leurs dépendances. Ils constituent autant de réservoirs de biodiversité et peuvent jouer un rôle clef dans la transition énergétique. »

UNE DOUBLE MISSION

Depuis sa création, en 1924, l'association Demeure Historique n'a jamais cessé de grandir et de gagner en importance, en fédérant toujours plus de monuments et en attirant des propriétaires-gestionnaires sans cesse plus nombreux. À sa naissance, elle comptait seulement une quinzaine d'adhérents. Ils sont aujourd'hui 3 000 propriétaires-gestionnaires opérationnels d'un monument historique, condition *sine qua non* pour appartenir à l'association Demeure Historique.

Au service de l'intérêt général et du bien commun, l'association assure une double mission. En premier lieu, elle joue le rôle de force de propositions auprès des pouvoirs publics. Avec le temps, l'association a acquis une solide crédibilité et travaille en étroite collaboration avec la puissance publique. Donnant des gages de sérieux, la Demeure Historique est devenue une sorte de partenaire et d'interlocuteur privilégié du ministère de la Culture, des DRAC, ou encore du ministère du Budget, du fait du régime spécifique octroyé aux monuments historiques à partir de 1965, qui leur permet notamment de défiscaliser les primes d'assurances des monuments ouverts au public. Sous la toute jeune présidence d'Olivier de Lorgeril, l'association a été accueillie au sein du comité de la filière tourisme. Cette intégration au CFT (Comité Filière Tourisme) a permis à la Demeure Historique de jouer un rôle particulièrement utile en temps de pandémie, en s'intéressant à l'angle touristique et aux problématiques spécifiques que rencontrent

> « Si l'on a un peu de tempérament, d'audace et de volonté, les monuments historiques ont de véritables atouts. »

les propriétaires de monuments historiques en temps de crise sanitaire. Cette initiative a permis à l'association de trouver un nouvel interlocuteur important : le secrétariat d'État chargé du Tourisme.

La seconde mission de la Demeure Historique est d'apporter à la communauté de ses membres une forte « puissance de frappe », en l'occurrence toutes sortes d'expertises et de conseils très pointus dans les domaines les plus variés. Ses adhérents peuvent s'appuyer sur l'équipe du siège, composée de spécialistes, et sur un réseau d'experts, en particulier concernant les questions techniques liées à la gestion du patrimoine. La Demeure Historique propose à ses adhérents des guides, des documents techniques, des journées de formation et des conseils personnalisés. Les thèmes concernent un large éventail de sujets : fiscalité, droit social, mécénat, modèles économiques, transmission, protection des abords d'un monument, mise en sécurité et accessibilité, activités touristiques, entre autres.

RÉPONDRE PARTOUT PRÉSENT

Olivier de Lorgeril rappelle que « la Demeure Historique est présente sur l'ensemble du territoire métropolitain, ainsi qu'en outre-mer. La densité de son maillage territorial lui confère une "force de frappe"

LA REVUE « DEMEURE HISTORIQUE »

UN OUTIL AU SERVICE DES ADHÉRENTS

Chaque adhérent de l'association reçoit la revue trimestrielle « Demeure Historique », créée en 1966, ainsi que le hors-série annuel « Côtés jardins ». L'objectif de cette publication, pour reprendre les mots de sa rédactrice en chef, Florence Trubert, « est d'offrir à ses lecteurs un vivier d'idées dans lequel ils peuvent puiser pour élaborer des solutions face aux problèmes toujours plus complexes qu'ils rencontrent dans la gestion d'un monument historique... ». Les thèmes abordés sont très pragmatiques et « opérationnels », notamment concernant les abords des monuments historiques et des jardins.

Dans l'optique des élections régionales et départementales, par exemple, le n° 219 (déc. 2020) de la revue interroge des conseillers régionaux et des membres des conseils généraux en place, ou qui souhaitent exercer ces responsabilités. Elle entend ainsi les sensibiliser aux difficultés rencontrées par les adhérents de la Demeure Historique.

Château de la Bourbansais, propriété d'Olivier de Lorgeril, membre du réseau des Audacieux du Patrimoine

« Les monuments historiques ne pourront continuer à vivre dans le temps qu'à partir du moment où ils trouveront leur raison d'être. »

importante, et la place au plus près des différents acteurs du patrimoine ».

En liaison avec l'équipe du siège comprenant 12 salariés, des délégations régionales – au nombre de 13 en métropole – sont représentées par un délégué « grande région », un délégué « région historique », un délégué département et un délégué ville. Certains d'entre eux sont secondés par un adjoint. En tout, près de 150 délégués de la Demeure Historique couvrent l'ensemble du territoire. Les délégués représentent les adhérents de l'association. Au niveau régional, ils organisent des rencontres entre les membres de la Demeure Historique et les instances locales. Au niveau départemental, ils assurent des réunions thématiques où chaque participant et adhérent peut échanger ses expériences. Par ailleurs, les délégués jouent le rôle de porte-voix des propriétaires de monuments privés auprès des services de la DRAC, des collectivités locales, et de la presse régionale. Enfin, ils représentent la Demeure Historique au sein de diverses commissions régionales ou départementales. Dans chaque région, un représentant de la Demeure Historique siège notamment à la CRPA (Commission régionale du Patrimoine et de l'Architecture), qui étudie les demandes de protection au titre des monuments historiques. En participant à des commissions départementales ou locales, les délégués tentent de sensibiliser sur la préservation d'un jardin, d'une zone naturelle et paysagère, ou d'un site patrimonial remarquable.

LES AUDACIEUX DU PATRIMOINE

Olivier de Lorgeril, en prenant la présidence de la Demeure Historique, a créé au sein de l'association le réseau professionnel des Audacieux du Patrimoine. « J'ai vivement souhaité que la Demeure Historique prenne le pas, dans un secteur où elle n'était pas très présente, à savoir les milieux touristique et économique », explique-t-il. « Pourquoi ? Parce que j'ai la ferme conviction que les monuments historiques ne pourront continuer à vivre dans le temps qu'à partir du moment où ils trouveront leur raison d'être, notamment en matière économique. Autrefois, châteaux et manoirs vivaient principalement de leurs revenus fonciers. Aujourd'hui, ce n'est plus le cas, la valeur de la terre ayant fortement décliné. Je pense que l'environnement économique de ces monuments historiques, qu'il s'agisse des recettes de billetterie, d'événementiel ou de réceptions, entre autres quantités de choses, est essentiel. Je crois que donner une réalité économique et professionnelle à nos monuments est l'avenir. Dans cette optique, nous avons créé, au sein de la Demeure Historique, un petit groupe d'adhérents, particulièrement professionnels, constitué d'entrepreneurs qui se consacrent à temps plein à faire vivre leur monument. Ce groupe reçoit une professionnalisation, avec des échanges de bonnes pratiques, des formations, des retours d'expériences et d'innovations présentes chez les uns et les autres. La Demeure Historique a spécialement recruté un animateur à leur intention. Lancé en 2019, le groupe des Audacieux du Patrimoine compte 58 adhérents, mais je suis certain que leur nombre est appelé à croître. Dans chaque département, 2 ou 3 propriétaires-gestionnaires sont susceptibles d'intégrer, à terme, le groupe. »

LE PRIX DU JEUNE ENTREPRENEUR

RÉCOMPENSER LA RELÈVE

Décerné chaque année par la Demeure Historique, le prix du jeune entrepreneur a pour objet d'encourager la reprise récente d'un monument, classé ou inscrit aux Monuments historiques. Chaque appel à candidature reçoit entre 40 et 50 dossiers. La dotation s'élève à 25 000 €. Pour qu'un dossier soit retenu, le repreneur doit être âgé de 18 à 45 ans, et propriétaire depuis moins de 5 ans. Il peut s'agir d'un jeune venant d'hériter d'un bien familial, ou d'un repreneur plus âgé, mais dépourvu d'expérience. Le lauréat profite aussi de l'accompagnement des membres du jury, en particulier pour des conseils techniques.

En 2020, Olivier Ostini a reçu le prix pour avoir sauvé d'une ruine certaine le château de Linières, en Mayenne. Metteur en scène professionnel, il a mis à profit ses compétences pour réaliser des spectacles en plein air, aidé par plusieurs centaines de bénévoles, les « Z'élés de Linière(s) ». En récompensant Olivier Ostini, le jury a couronné la naissance d'un tiers-lieu culturel porteur d'un projet résolument citoyen : amener l'opéra et l'art lyrique en pleine campagne.

DES RÉFÉRENTS THÉMATIQUES AUX COMPÉTENCES PLURIELLES

Dans sa mission, le rôle de chaque délégué est complété par le soutien d'un référent thématique. Celui-ci s'intéresse aux problématiques concrètes auxquelles les adhérents de la Demeure Historique sont susceptibles d'être confrontés – activités touristiques et économiques assurant le financement d'un domaine, aides publiques ou européennes, fiscalité locale, mécénat et parrainage, transition énergétique… À ces cinq thématiques prioritaires, lancées en 2019, s'en ajoutent d'autres, à commencer par l'éducation artistique et culturelle, la transmission et l'acquisition d'un monument. Le référent joue enfin un rôle précieux par sa connaissance des réseaux et des interlocuteurs locaux, et grâce aux liens qu'il a pu tisser avec des parlementaires.

LE FINANCEMENT DE L'ASSOCIATION

En dépit de sa puissante structure – 12 salariés au siège, des délégués, des référents, auxquels s'ajoutent 200 bénévoles –, la Demeure Historique est économiquement autosuffisante.

« Elle est financée à 99 % par les cotisations de ses adhérents ; seulement 1 % de son budget provient du ministère de la Culture » indique Olivier de Lorgeril. L'association peut compter sur le soutien de mécènes, comme les champagnes Taittinger ou Signature Assurances, sur l'appui d'éminents partenaires, comme le ministère de la Culture, et sur une myriade de fondations ou d'associations nationales, à l'instar des VMF *(voir p. 240)*, et internationales (Europa Nostra, l'European Historic Houses, Icomos et l'Américaine French Heritage Society).

La Demeure Historique travaille aussi en étroite collaboration avec la Fondation Mérimée, créée à son initiative, et également installée dans l'hôtel de Nesmond, à Paris. Depuis 2008, cette fondation, baptisée en hommage au pionnier de la préservation du patrimoine que fut Prosper Mérimée, œuvre pour la sauvegarde et la pérennité des monuments historiques classés ou inscrits, privés et publics, ainsi que de leurs abords. Elle attribue des aides financières aux porteurs de projets, révèle les talents et les savoir-faire, favorise l'accessibilité du patrimoine aux personnes en situation de handicap.

OLIVIER DE LORGERIL AU CHÂTEAU DE LA BOURBANSAIS

Site privé parmi les plus fréquentés de Bretagne. Quand il ne préside pas la Demeure Historique, Olivier de Lorgeril coiffe sa deuxième casquette, celle de l'heureux propriétaire-gestionnaire du château de la Bourbansais, l'un des sites privés les plus fréquentés de Bretagne. Entre Rennes et Saint-Malo, à Pleugueneuc en

Les salons de la Bourbansais, d'époque Louis XV

Ille-et-Vilaine, le domaine est situé au cœur de la Bretagne romantique. Édifié à la fin du 16e s., la Bourbansais est toujours restée dans la même famille depuis sa construction en 1583 : l'élégant édifice sert d'écrin aux souvenirs accumulés par les ancêtres des actuels propriétaires. Ce fil aurait néanmoins pu se rompre sans la ténacité d'Olivier de Lorgeril, 19e descendant direct de Messire Jean du Breil, qui dut prendre en charge la gestion du domaine familial alors qu'il n'avait que de 22 ans. La Bourbansais est donc d'abord une « maison de famille », qui continue de vivre et d'être habitée, et c'est ce qui fait tout son charme.

UN AUDACIEUX EN SON DOMAINE

La propriété de la Bourbansais est composée de différents jardins à la française, d'un carrousel et d'un potager, l'ensemble étant classé Monument historique et Jardin remarquable. Le potager, labellisé « Potager de France », fait l'objet de visites guidées riches en anecdotes historiques sur les différents fruits et légumes.

Mais si le domaine accueille 140 000 visiteurs par an, c'est surtout en raison de son parc zoologique de 400 animaux, venant du monde entier. Plus qu'un zoo, c'est un véritable sanctuaire et conservatoire d'espèces menacées. Petits et grands peuvent y observer girafes, tigres de Sibérie, aras, toucans, fourmiliers géants et de nombreux primates (géladas, cercopithèques, gibbons, lémuriens, atèles de Colombie, tamarins…). La mission du parc : participer à la mise en œuvre des programmes de reproduction des espèces classées sensibles par la Convention de Washington. C'est une profession de foi, pour Olivier de Lorgeril : « Le parc zoologique moderne de demain devra, par son engagement, lutter contre la disparition des espèces animales, devenir un centre de conservation, rester un lieu de sensibilisation à la protection de la nature. » Dernier programme de reproduction en date, celui des loups à crinière d'Amérique du Sud que la Bourbansais accueille dans un biotope reconstitué de pampa.

Pour Olivier de Lorgeril, la meilleure pédagogie passe par le divertissement. Ainsi deux animations ludo-pédagogiques se déroulent au château d'avril à septembre : « Le tour du monde en 80 oiseaux » (spectacle d'oiseaux en vol libre) et « Des chiens et des hommes ». Pour les plus petits, il a également imaginé un sentier de la biodiversité, en plein cœur de la forêt.

Le propriétaire de la Bourbansais, membre du réseau des Audacieux du Patrimoine *(voir p. 236)*, n'oublie pas que pour conserver un monument historique, il faut le diriger en gestionnaire. La Bourbansais s'est également dotée d'un restaurant et de gîtes. On y organise manifestations (Journées des plantes), événementiel et « expériences immersives ». Toutes ces activités sont indispensables à la sauvegarde du domaine. Car c'est bien en partageant ce patrimoine avec le plus grand nombre, tout en professionnalisant sa gestion, qu'Olivier de Lorgeril peut entretenir 3 000 m² de maçonnerie, un hectare de toitures et un parc de près de 100 ha…

01

02

01. Dans le parc zoologique de la Bourbansais, les lémuriens de Madagascar font le bonheur des enfants !
02. Le potager du château de la Bourbansais
03. Les girafes du parc de la Bourbansais

INFORMATIONS PRATIQUES

LA DEMEURE HISTORIQUE
HÔTEL DE NESMOND
57, QUAI DE LA TOURNELLE
75005 PARIS
T. 01 86 95 53 00
WWW.DEMEURE-HISTORIQUE.ORG
–
CHÂTEAU ET JARDINS DE LA BOURBANSAIS
35720 PLEUGUENEUC
T. 02 99 69 40 07
WWW.LABOURBANSAIS.COM

03

LE PATRIMOINE EST NOTRE AVENIR

PHILIPPE TOUSSAINT ET LES VMF

FOUS DE PATRIMOINE

Créée en 1958 par la marquise Anne de Amodio et reconnue d'utilité publique à partir de 1963, l'association des Vieilles Maisons Françaises (VMF), présidée par Philippe Toussaint, est le plus grand réseau français d'amateurs de patrimoine et de propriétaires privés, de maisons de caractère et de professionnels. Elle ne regroupe pas moins de 17 000 adhérents, un record inégalé, dont une grande majorité de simples passionnés, mécènes ou bénévoles.

Infatigable et dotée d'une forte personnalité, Anne de Amodio (1906-1980) a utilisé ses relations dans le monde intellectuel et politique pour proposer une vision plus globale du patrimoine. Celle-ci comprend bien sûr les monuments historiques, mais aussi les vieilles maisons présentes un peu partout en France, souvent délaissées. Selon la marquise, la transmission du patrimoine est aux mains de deux acteurs essentiels : les propriétaires d'une part, et l'État d'autre part. Visionnaire, elle souligne l'importance de développer le tourisme, afin de sauvegarder et de pérenniser l'incomparable richesse du patrimoine national. C'est dans cette optique qu'elle fonde l'association des VMF en 1958.

VMF a été pionnier dans le domaine du *crowdfunding* avec la plateforme « Fous de Patrimoine ».

L'IDENTITÉ DES VMF

L'association se consacre à la protection et à la mise en valeur du patrimoine bâti et naturel depuis maintenant plus de 60 ans. Au départ, elle a plutôt été créée pour sauver un patrimoine en difficulté. Dans ses premières années d'existence, elle a privilégié les actions d'urgence, lesquelles sont fort heureusement moins nombreuses aujourd'hui. Le terme de patrimoine doit être pris au sens large : il concerne aussi ce que l'on appelle le « petit patrimoine », trop souvent négligé en France. Fait notable, l'association compte parmi ses adhérents des propriétaires privés, mais aussi des passionnés et des amoureux du patrimoine, qui ne possèdent pas de propriétés. Même si les adhérents apportent à l'association l'essentiel de ses ressources, plus de 3 000 donateurs de la Fondation VMF non adhérents participent aux levées de fonds. C'est là, avec son incomparable force de frappe, l'une des spécificités de l'association des VMF.

DES ACTIONS PLURIELLES

Protéger et mettre en valeur un monument ou un site peut prendre différents aspects, parfois insoupçonnés, notamment quand il s'agit de lutter contre l'étalement urbain, ou la dégradation de l'entrée des villes. Les VMF ont aussi contribué à soutenir l'économie locale en aidant les propriétaires à développer des activités économiques (hébergement, restauration ou réception). Elle favorise par ailleurs le mécénat privé d'entreprises ou de particuliers par le biais de la Fondation VMF, dont l'objectif est de récolter des fonds pour venir en aide au patrimoine en péril. En menant des campagnes de mécénat participatif de courte durée, VMF a été pionnier dans le domaine du *crowdfunding* avec la plateforme « Fous de Patrimoine ». L'association cherche également à sensibiliser les plus jeunes à l'importance du patrimoine, avec l'opération « Le Patrimoine, toute une histoire ! ». Cette action, lancée en 2016, comprend trois volets : un kit éducatif, une newsletter pour les enseignants et un concours *(voir encadré ci-contre)*.

L'association joue également un rôle de lanceur d'alerte. Elle organise des conférences de presse, quand un monument ou un paysage est menacé par des destructions ou des dégradations, comme l'installation d'éoliennes, l'étalement urbain, ou, plus concrètement, lors du projet d'extension de Roland-Garros sur les serres d'Auteuil.

En outre, les VMF apportent un très important et précieux soutien moral et matériel, lorsqu'un propriétaire se sent dépassé devant l'ampleur d'une réparation ou d'un chantier de restauration : le découragement guette vite...

« LE PATRIMOINE, TOUTE UNE HISTOIRE ! »

SENSIBILISER LES JEUNES

Très attentif au domaine de l'éducation, Philippe Toussaint considère que, « si l'on n'a pas une connaissance minimum de l'histoire, le patrimoine est une langue morte ». Son association a créé un kit pédagogique, utilisé par 4 000 enseignants de classes de CM1 et CM2, où chaque période de l'histoire de France, de la Préhistoire à la guerre de 1914-1918, est mise en rapport avec des monuments emblématiques. Chaque classe participant au concours part à la recherche d'un bâti représentatif d'une période donnée. Un prix est décerné par les VMF. « Le résultat est souvent extraordinaire », s'enthousiasme Philippe Toussaint. « Un jour, une classe de Chartres a défilé au pas, au son de trois tambours et portant un drapeau, pour s'arrêter devant un monument aux morts de la guerre de 1870. Les élèves, se sont demandé pourquoi ce monument était si beau, alors qu'on n'évoque rarement cette guerre. Après des recherches, l'un d'eux a déroulé toute l'histoire des combats acharnés dans la région de Chartres, que personne ne connaissait. C'était vraiment inattendu et cette histoire balayait bien des idées reçues ! »

01

02

01. Château des Chaînées (Aisne), qui a reçu le prix VMF – Cabinet Arcas – Patrimoine du 20e s. en 2020
02. Escalier Renaissance du château de Goudourville (Tarn-et-Garonne), qui a obtenu le prix VMF – French Heritage Society en 2020
03. Manoir de Locmaria (Côtes-d'Armor), labellisé VMF Patrimoine historique

DYNAMISME ET RÉACTIVITÉ

L'association agit tant au niveau national, auprès du ministère de la Culture et du Parlement, qu'aux niveaux régional et départemental. De nombreux délégués des VMF sont présents au plus près du terrain : l'association compte 13 délégations régionales et 95 départementales. Elles ont pour mission d'organiser des visites de sites, notamment s'agissant des lieux les moins facilement accessibles au public, d'apporter des conseils aux propriétaires, s'ils sont confrontés à des problèmes juridiques ou financiers, et de représenter les VMF auprès des autorités locales, en particulier dans les commissions départementales du patrimoine.

« ENTRETENEZ VOTRE PATRIMOINE ! »

Philippe Toussaint, actuel président de l'association des VMF, n'a jamais hérité d'un monument : il fait partie de la catégorie des acquéreurs. Il est aussi maire d'une commune nouvelle de l'Orne rassemblant 14 villages, propriétaire d'un château classé Monument historique et de 19 églises et

LE LABEL VMF

« En France, il y a un vrai problème : seule une infime partie du patrimoine est protégée au titre des Monuments historiques [*soit environ 40 000 monuments, ndlr*], regrette Philippe Toussaint. À titre de comparaison, l'Angleterre protège 20 000 *scheduled buildings*, auxquels s'ajoutent 400 000 *listed buildings*, tandis que l'Allemagne totalise 1,3 million de monuments préservés. Aux VMF, nous sommes frappés par le nombre de maisons importantes non protégées. C'est dans cette optique que nous avons créé le label VMF Patrimoine historique, sorte d'antichambre à un classement aux Monuments historiques, reconnaissant la qualité d'un bâti qui, sans être exceptionnel, est néanmoins remarquable. » Un jury, composé d'architectes du patrimoine et d'inspecteurs généraux des Monuments historiques, examine les dossiers communiqués par les délégués locaux des VMF. Le label est attribué selon la qualité architecturale du bâti et le projet du propriétaire. En 2020, dix dossiers ont reçu le label, dont trois émanaient de jeunes propriétaires. « Ils sont toujours plus nombreux et je pense que l'avenir de la préservation du patrimoine repose en grande partie sur ces entrepreneurs dynamiques et passionnés », conclut Philippe Toussaint.

03

Les VMF entendent œuvrer à la préservation d'un certain art de vivre et d'un cadre de vie, malmenés par la menace d'uniformisation qui sévit au 21e s.

chapelles. « Dans la mesure du possible, dit-il, il faut essayer d'associer les initiatives privées et publiques. Tous les ans, nous avons un plan de travaux, et puis nous surveillons de près les propriétés privées du coin pour essayer de bâtir un circuit et des actions communes. C'est cela qui est très important sur le terrain. Dans ma commune, par exemple, j'ai été frappé d'obtenir l'unanimité lors d'une commission visant à donner une subvention de 20 % pour ravaler les façades. Cela n'a l'air de rien, me direz-vous, mais ce fut un signal lancé à tous : rénovez, entretenez votre patrimoine local ! »

RENOUER AVEC SES RACINES

L'ambition des VMF dépasse le cadre de sa précieuse action matérielle et pratique de préservation du patrimoine en péril. En regroupant propriétaires, amateurs et simples passionnés, les VMF entendent œuvrer à la préservation d'un certain art de vivre et d'un cadre de vie, malmenés par la menace d'uniformisation qui sévit au 21e s. L'association souhaite aussi, à travers la pluralité de ses actions, permettre aux citadins, toujours plus nombreux, de conserver leurs repères et de leur rappeler leurs racines, afin qu'ils puissent construire un avenir s'adossant à ce patrimoine. C'est sans doute là que l'association des VMF exprime vraiment sa véritable ambition : une sorte de philosophie globale, qui reflète et même dépasse le simple fait d'avoir décerné, depuis sa création, 1 800 prix pour une valeur de 5 millions d'euros, la Fondation VMF ayant de son côté collecté 5,5 millions d'euros pour 117 monuments.

INFORMATIONS PRATIQUES

VIEILLES MAISONS FRANÇAISES (VMF)
93 RUE DE L'UNIVERSITÉ
75007 PARIS
T. 01 40 62 61 71
WWW.VMFPATRIMOINE.ORG

REVUES ET LIVRES

PARTAGER LE PATRIMOINE

« Dans notre association, dit Philippe Toussaint, nous sommes des bipèdes qui marchent sur deux jambes, avec d'une part des adhérents propriétaires d'un monument, et des passionnés du patrimoine d'autre part. C'est pourquoi nous éditons à leur intention une revue bimestrielle tirée à 20 000 exemplaires, aujourd'hui devenue la plus importante de France dans ce domaine. Dépassant de loin le cadre associatif, elle fait appel à la collaboration d'intervenants extérieurs, comme des photographes, qui choisissent eux-mêmes leurs thèmes de reportages. À cela s'ajoute "PAJ", premier magazine digital du patrimoine, proposant actualités, débats, enquêtes et podcasts. Par ailleurs, nous avons publié des livres d'art sur des édifices ou des lieux emblématiques du patrimoine national, comme le château d'Écouen, dans la région parisienne, l'hôtel des Invalides, l'hôtel de Brienne, le Val-de-Grâce, ou encore le cabinet d'armes du musée de la Chasse et de la Nature, à Paris. »

PATRIMOINE PRATIQUE

EN PARTENARIAT AVEC LA DEMEURE HISTORIQUE

PROTECTION DES MONUMENTS HISTORIQUES

Les immeubles (bâtiments et jardins) dont la conservation présente un intérêt historique ou artistique peuvent être protégés au titre des Monuments historiques (en application du code du Patrimoine). Les monuments historiques se répartissent en deux catégories:
- **les immeubles classés** au titre des Monuments historiques, par arrêté du ministère de la Culture, après avis de la Commission régionale du patrimoine et de l'architecture (CRPA) et de la Commission Nationale du Patrimoine et de l'architecture (CNPA), sous réserve de l'accord du propriétaire. À défaut, l'État peut prononcer le classement d'office par décret en Conseil d'État après avis de la CNPA, ce cas étant toutefois rare. Les immeubles classés représentent environ 1/3 de l'ensemble des monuments historiques.
- **les immeubles inscrits** au titre des Monuments historiques par arrêté du préfet de région après avis de la CRPA, peu important que le propriétaire ait ou non donné son accord. Les immeubles inscrits représentent environ les 2/3 de l'ensemble des monuments historiques.

TRAVAUX SUR MONUMENTS HISTORIQUES

La protection au titre des Monuments historiques entraîne l'obligation de demander l'accord de l'autorité administrative avant d'engager une opération de travaux (sauf pour les travaux d'entretien et de réparations ordinaires). Le propriétaire est le maître d'ouvrage, sous le contrôle scientifique et technique de l'État. Le délai maximum d'instruction est en principe de 6 mois.
La procédure varie selon le niveau de protection.
- **pour un monument classé:** les travaux sont soumis à une autorisation administrative préalable. La demande est adressée à l'Unité départementale de l'architecture et du patrimoine (UDAP), qui est le guichet unique.
Le maître d'ouvrage doit choisir son maître d'œuvre parmi les catégories d'architectes suivants: architecte en chef des Monuments historiques (ACMH), architecte du Patrimoine, ou architecte ressortissant d'un État de la Communauté européenne ayant les qualifications requises.
- **pour un monument inscrit:** les travaux doivent faire l'objet d'une demande de permis de construire adressée en 5 exemplaires à la mairie. Le recours à un architecte est obligatoire: il est recommandé d'opter pour un architecte titulaire du diplôme de spécialisation et d'approfondissement en architecture mention « architecture et patrimoine » (architecte du Patrimoine).

PROTECTION DES ABORDS

Selon le Code du patrimoine, « les immeubles ou ensembles d'immeubles qui forment avec un monument historique un ensemble cohérent ou qui sont susceptibles de contribuer à sa conservation ou à sa mise en valeur sont protégés au titre des abords ». Cette protection, s'applique à tout immeuble, bâti ou non bâti, situé dans le périmètre délimité des abords (PDA) ou encore visible du monument historique ou en même temps que lui et situé à moins de cinq cents mètres de celui-ci.
Les abords ne sont pas une zone non constructible: toute construction y est possible, si elle obtient l'accord préalable de l'architecte des Bâtiments de France (ABF), qui peut exiger le respect de certaines prescriptions.

DISPOSITIONS FISCALES

Posséder un monument historique permet, dans certaines hypothèses, d'appliquer des dispositifs fiscaux spécifiques, régis par le code général des impôts. Pour cela, le monument historique doit être détenu par une ou plusieurs personnes physiques ou par une société civile composée de personnes physiques de la même famille et soumise à l'impôt sur le revenu.

IMPÔT SUR LE REVENU

Sous réserve du respect des conditions de détention et d'un engagement de conservation du monument pendant 15 ans, le propriétaire peut déduire de ses revenus imposables certaines charges engagées pour la gestion, l'entretien ou la restauration de son bien (travaux, assurances, taxe foncière, intérêts d'emprunt...). Le taux de déduction de ces charges varie en fonction de différents critères. Ainsi, les charges sont déductibles a minima à 50 % du revenu global imposable. Le taux de déduction est porté à 100 % lorsque le monument est ouvert au public (au minimum 40 jours par an entre le 1er juillet et le 30 septembre) ou pour la part des travaux subventionnés restant à la charge du propriétaire.
Lorsque le monument est productif de revenus fonciers (ouverture payante ou location non meublée), les charges sont déductibles à 100 % du revenu foncier, avec report de l'éventuel déficit sur le revenu global.
Les propriétaires de certains immeubles faisant partie du « petit patrimoine »

et présentant un intérêt historique ou artistique sans être protégés au titre des Monuments historiques, peuvent également déduire les travaux pour lesquels la Fondation du Patrimoine leur a octroyé un label (sur présentation de devis) dès lors qu'ils portent sur des immeubles visibles de la voie publique ou accessibles au public. Dans ce cas, 50 % du montant des travaux sont déductibles. Ce taux est porté à 100 % lorsque la subvention dépasse 20 % ou si l'immeuble produit des revenus fonciers.

EXONÉRATION DES DROITS DE DONATION ET DE SUCCESSION

Les monuments historiques peuvent être exonérés de droits de donation ou de succession, sous réserve de la signature par les repreneurs d'une convention à durée indéterminée avec le ministère de la Culture (et après avis du ministère des Finances). Le bien donné ou légué doit alors être conservé par les repreneurs et être ouvert au public 60 ou 80 jours par an.

IMPÔT SUR LA FORTUNE IMMOBILIÈRE

En tant qu'immeubles, les monuments historiques sont soumis à l'impôt sur la fortune immobilière (IFI). Cependant, pour déterminer la valeur du monument, assiette de l'IFI, il est possible de tenir compte des charges particulières qui incombent aux propriétaires de monuments, ainsi que de l'éventuelle ouverture au public.

AIDES FINANCIÈRES PUBLIQUES

SUBVENTION DU MINISTÈRE DE LA CULTURE

Le ministère de la Culture peut, par l'intermédiaire des Directions régionales des Affaires Culturelles (DRAC), subventionner les travaux de restauration et d'entretien sur un monument historique inscrit ou classé, que son propriétaire soit public ou privé. La loi ne fixe pas de taux maximum à la participation de l'État sur un monument classé. S'agissant des immeubles ou parties d'immeubles inscrits, la limite maximale fixée est de 40 % de la dépense totale des travaux.
En général, les demandes de subventions font l'objet d'un échange préalable avec les services de l'État afin de déterminer si le dossier peut être subventionné compte tenu des crédits disponibles et à quel taux.
Dans les communes à faibles ressources, l'intervention de l'État peut être renforcée grâce au fonds incitatif et partenarial, dès lors toutefois que le conseil régional participe financièrement à l'opération.

LES AUTRES SUBVENTIONS PUBLIQUES

En sus des aides de l'État, le propriétaire maître d'ouvrage peut solliciter :
- **des aides des collectivités territoriales :** chaque conseil départemental ou régional est libre d'adopter ou non un règlement d'intervention en faveur des monuments historiques, et selon des conditions et des critères qui lui sont propres. Ces financements viennent en général en complément des subventions de l'État.
- **des subventions européennes :** selon les travaux envisagés, certains propriétaires sont également éligibles à des fonds européens, tels que les FEDER (fonds européen de développement régional) ou encore les FEADER (fonds européen agricole pour le développement rural). Contrairement aux aides précédentes qui participent à la stricte préservation du bâti protégé, ces fonds européens sont attribués à des travaux qui s'accompagnent d'un projet économique de valorisation du patrimoine. Depuis 2014, ce sont les régions qui sont en charge de la gestion des fonds européens.

AIDES FINANCIÈRES PRIVÉES

L'AIDE DES FONDATIONS

Plusieurs fondations se consacrent entièrement à la question du patrimoine, de sa protection et de sa mise valeur. À titre d'exemples, citons les aides à projets ou prix de la Fondation Mérimée (ex-Fondation pour les Monuments Historiques), de la Fondation du Patrimoine, ou encore de la Fondation des Vieilles Maisons françaises ou de la Fondation pour la Sauvegarde de l'art français.

LE MÉCÉNAT DÉDIÉ

Le mécénat permet de financer de nombreux projets (allant de la défense du patrimoine artistique à la protection de l'environnement). Les mécènes bénéficient d'une réduction d'impôt de 60 % (entreprises) ou de 66 % (particuliers) du montant de leur don. Pour les travaux de restauration et d'entretien des parties protégées, ainsi que les travaux de mise en accessibilité des monuments historiques privés, des dispositions spécifiques s'appliquent. La collecte de fonds de mécénat est soumise à la signature préalable d'une convention entre le(s) propriétaire(s) et une structure habilitée (la Demeure Historique, par exemple) prévoyant notamment un engagement de 10 ans de conservation (non vente du monument) et d'ouverture au public. Sont considérés comme ouverts à la visite les sites que le public est admis à visiter au moins 40 jours par an, du 1er juillet au 30 septembre inclus (ou 50 jours dont 25 jours fériés et dimanches du 1er avril au 30 septembre) ou visibles depuis la voie publique.

AUTRES SOURCES DE FINANCEMENT

Enfin, notons que de nombreux projets innovants et fructueux voient le jour dans le but d'assurer le financement nécessaire à la préservation du patrimoine. C'est le cas du Loto du patrimoine, créé dans le cadre de la mission Bern, permettant de récolter des fonds (gérés par la Fondation du Patrimoine) pour sauver le patrimoine en danger. Le recours au financement participatif (ou *crowdfunding*) est également possible sous certaines conditions.

POUR EN SAVOIR PLUS

Pour plus d'informations, s'adresser à la Demeure Historique :
Hôtel de Nesmond
57 quai de La Tournelle
75005 Paris
T. 01 86 95 53 00
www.demeure-historique.org

LE RÉSEAU PATRICE BESSE

VENTE D'ÉDIFICES DE CARACTÈRE

Le réseau Patrice Besse, c'est 120 collaborateurs répartis sur l'ensemble du territoire national, tous fous de patrimoine... Son activité principale est la vente d'édifices de caractère en France mais aussi, depuis peu, en Italie, en Espagne, en Belgique et au Portugal. Patrice Besse est président du Club des mécènes d'Île-de-France pour la Fondation du Patrimoine. Il est également mécène du Prix jeune repreneur de Monument historique sous l'égide de la Fondation Mérimée, et également mécène, avec VMF, du Prix de la première acquisition. Il est enfin co-fondateur de l'association Savoirs-Patrimoines (Association pour la Conservation, la Promotion et la Transmission des Savoir-faire Traditionnels).

PLUS D'INFOS

PATRICE BESSE
7 RUE CHOMEL - 75007 PARIS
18 RUE BUDÉ - 75004 PARIS
T. 01 42 84 80 85
WWW.PATRICE-BESSE.COM

LE MARCHÉ DES CHÂTEAUX ET ÉDIFICES DE CARACTÈRE

Par Patrice Besse

Quel est le volume du marché des châteaux et demeures de caractère ?

Il n'existe aucun chiffre officiel, mais par extrapolation, nous pouvons estimer à 60000 le nombre de biens vendus chaque année (sur environ 1 million de ventes), qui entrent dans l'univers du patrimoine bâti de caractère. Des châteaux au sens propre du terme, il s'en vend certainement moins de cinquante par an, et de grands châteaux historiques, moins de cinq par an.

Est-ce un bon investissement?

Le marché immobilier des édifices de caractère a cela de particulier qu'il n'est pas spéculatif. Un acquéreur sait qu'il ne récupèrera jamais le montant des travaux investis, c'est un achat plaisir avant tout. L'exode urbain récemment engagé va peut-être un peu modifier cette approche, en raison de périodes de détention qui seront inévitablement plus courtes. La notion de maison de famille, c'est-à-dire l'idée de transmission, même si elle a tendance à refaire surface, n'est pas de mise chez les nouveaux ruraux. Ces derniers seront donc plus soucieux de l'avenir financier de leur investissement comme ils le seraient avec l'acquisition d'un appartement en ville.

Un marché de niche réservé aux riches?

Cette idée malheureusement répandue est fausse. Il est parfaitement possible de devenir propriétaire d'un édifice de caractère pour le prix d'un studio à Paris. Nous-mêmes prenons en charge la cession d'édifices à partir de 50000 €, et jusqu'à plusieurs dizaines de millions d'euros. Nos acquéreurs sont autant les patrons du CAC 40 ou les jeunes start-upers, que tous les passionnés de vieilles pierres, fussent-ils originaires d'univers sociaux très différents. Le patrimoine est une cause nationale, il est de la responsabilité de chacun d'entre nous. Il est un ciment identitaire fort auquel nous ne devons jamais renoncer. Il permet une mixité sociale que peu d'univers peuvent offrir.

Les questions à se poser quand on achète ce type de bien

Le véritable luxe, c'est l'espace. Avoir de l'espace, c'est maîtriser son environnement. Et quand on peut s'offrir cet espace, il faut alors bien vérifier que des projets d'urbanisation ne viendront pas polluer l'environnement proche: zones industrielles, bâtiments agricoles, éoliennes, axes de communication, zones pavillonnaires... Les urbains ne quittent pas la ville pour subir ces nuisances. Les autres critères essentiels sont la situation du bien, son environnement et sa qualité architecturale. Les mètres carrés ne sont pas un élément à prendre en compte, cela d'autant moins que le bâtiment est important. J'aime à dire que les mètres carrés des châteaux sont les moins chers de France, peut-être même inférieurs à ceux des zones industrielles qui défigurent nos provinces. Les valeurs de ces édifices ne sont souvent pas corrélées au marché classique de l'immobilier, même si dans la période actuelle le fort engouement pour la campagne a tendance à faire évoluer les prix à la hausse.

Développer une activité commerciale dans un château est-il aisé?

La question des activités développées dans ces lieux doit être regardée avec attention lors de l'acquisition. Pour la plupart, les acquéreurs cherchent à amortir les frais d'entretien en installant une activité commerciale et/ou culturelle, qui demande des investissements importants. Ces activités sont difficilement quantifiables financièrement lors d'une revente, car elles reposent souvent sur les personnes qui animent le lieu. Nous constatons fréquemment une différence de résultats selon les gestionnaires d'une même activité sur un même lieu.
Il faut, pour être un bon propriétaire-gestionnaire, avoir beaucoup de qualités, dont celle essentielle d'être un excellent communicant, et c'est malheureusement souvent ce qui fait défaut.

Le patrimoine bâti et la pandémie

À coup sûr, nous entrons dans un monde nouveau dans lequel le patrimoine va jouer un rôle central. L'augmentation considérable des ventes depuis presque deux ans atteste d'un exode urbain réel. Les nouveaux ruraux débarquent avec des projets de vie bien structurés. Ils savent bousculer l'univers du patrimoine, sont sans complexes. Cela leur permet de développer des activités commerciales et culturelles novatrices. Le télétravail permet à cette lame de fond récente d'arriver au rivage sans s'échouer. L'immobilier de caractère a de belles années devant lui.

CARNET D'ADRESSES

CONSEIL, EXPERTISE ET VALORISATION DU PATRIMOINE

LA DEMEURE HISTORIQUE
Hôtel de Nesmond
57 quai de la Tournelle
75005 paris
T. 01 86 95 53 00
www.demeure-historique.org

VIEILLES MAISONS FRANÇAISES (VMF)
93 rue de l'Université
75007 Paris
T. 01 40 62 61 71
www.vmfpatrimoine.org

ADOPTE UN CHÂTEAU
5 rue Saint-Antoine
89450 Domecy-sur-Cure
contact@adopteunchateau.fr
www.adopteunchateau.com

HEPHATA
25 rue Godot-de-Mauroy
75008 Paris
T. 01 75 43 99 73
hephata.fr

PARTICIPER À UN CHANTIER DE RESTAURATION

REMPART
1 rue des Guillemites
75004 Paris
T. 01 42 71 96 55
www.rempart.com

FAIRE UN DON

FONDATION DU PATRIMOINE
153 bis, avenue Charles de Gaulle
92200 Neuilly-sur-Seine
T. 01 70 48 48 00
www.fondation-patrimoine.org

MISSION STÉPHANE BERN
www.missionbern.fr

VIEILLES MAISONS FRANÇAISES (VMF)
www.vmfpatrimoine.org

FINANCEMENT PARTICIPATIF

DARTAGNANS
15 rue de Milan
75009 Paris
T. 01 76 34 02 91
dartagnans.fr

AGENCES IMMOBILIÈRES DES DEMEURES DE CARACTERE

PATRICE BESSE
7 rue Chomel - 75007 Paris
18 rue Budé - 75004 Paris
46 rue de la Scellerie - 37000 Tours
T. 01 42 84 80 85
www.patrice-besse.com

DENNIEL IMMOBILIER
Manoir de Kervilit
29410 St-Thégonnec
Guillaume Denniel - T. 06 02 27 54 27
Alexandre Denniel - T. 06 41 32 01 98
www.dennielimmobilier.fr

DANIEL FÉAU
21, rue d'Artois
75008 Paris
T. 01 56 88 48 48
danielfeau.com

GROUPE MERCURE
9 place Wilson
31000 Toulouse
T. 05 61 21 52 01
www.groupe-mercure.fr

S'INFORMER

REVUE DEMEURE HISTORIQUE
4 numéros trimestriels sur les monuments historiques et 1 hors-série sur les jardins.
S'abonner : www.demeure-historique.org/revue

MAGAZINE VMF
6 numéros par an sur le patrimoine d'une région ou d'une ville en France.
S'abonner : www.vmfpatrimoine.org
Magazine numérique P.A.J. (Patrimoine Architecture Jardins) : www.paj-mag.fr

SO CHÂTEAUX
Émissions vidéos au cœur de châteaux remarquables, avec le témoignange de leurs propriétaires ou gérants.
sochateaux.com

GLOSSAIRE

BÂTIMENTS DE FRANCE
Les architectes des Bâtiments de France constituent un corps de fonctionnaires, créé en 1946. Leur rôle est de veiller à l'entretien et à la préservation du patrimoine, en s'assurant notamment que les politiques d'aménagement du territoire soient pensées et réalisées en accord avec ce dernier.

CHARTE DE VENISE
Aussi appelée « charte internationale sur la Conservation et la Restauration des Monuments et des Sites », la charte de Venise, élaborée en 1964 et adoptée en 1965 par l'ICONOMOS (Conseil international des monuments et des sites), préconise des règles à respecter concernant la conservation des monuments. Elle indique notamment qu'un monument doit être restauré selon son dernier état connu.

COMITÉ SCIENTIFIQUE, COMITÉ DE SUIVI
Le comité scientifique ou le comité de suivi désigne la réunion de représentants de l'État en charge du patrimoine et de personnes qualifiées, dans le but de superviser des projets jugés complexes.

CROWDFUNDING
Le crowdfunding désigne une façon d'obtenir des fonds à travers un financement participatif (sous la forme de collectes de dons).

DRAC
Les Directions régionales des Affaires Culturelles, créées pour la première fois de manière expérimentale en 1969 sous l'impulsion d'André Malraux (alors ministre d'État chargé des Affaires culturelles) et généralisées en 1977, sont des antennes régionales du ministère de la Culture, relevant de l'autorité des préfets. Leur but principal est d'assurer, au niveau régional, la mise en place de la politique culturelle de l'État.

FABRIQUE
Terme transmis de la peinture à l'art des jardins, désignant toute forme de constructions ornementales disposées dans le paysage.

FONDATION DU PATRIMOINE
Créée par la loi en 1996, le but principal de la Fondation du Patrimoine est de protéger et de valoriser le patrimoine rural, aussi appelé petit patrimoine ou patrimoine de proximité (ni classé, ni inscrit), notamment à travers la recherche de fonds nécessaires au financement des restaurations. Grâce au Loto du Patrimoine, mis en place depuis 2018, la Fondation dispose de ressources financières supplémentaires.

FONDATION MÉRIMÉE
Créée en 2008, l'ancienne Fondation pour les Monuments Historiques œuvre pour la préservation des monuments historiques, notamment via l'apport d'aides financières. Elle doit son nom à l'écrivain Prosper Mérimée (1803-1870), connu entre autres pour son engagement en faveur de la protection du patrimoine.

FRENCH HERITAGE SOCIETY
Créée en 1982, cette organisation américaine œuvre pour la sauvegarde et la promotion du patrimoine français. Elle a notamment organisé une importante levée de fonds en 2019, suite à l'incendie de l'église Notre-Dame de Paris.

INTÉRÊT PATRIMONIAL
Selon la norme européenne, la notion d'intérêt patrimonial englobe les différentes valeurs attribuées à un bien.

LABEL « JARDIN REMARQUABLE »
Créé en 2004 par le ministère de la Culture, ce label a pour but d'offrir une meilleure visibilité aux parcs et jardins possédant un intérêt historique, culturel, esthétique… Le label est attribué pour une durée de 5 ans par le ministère de la Culture, sur la proposition des DRAC, selon 6 critères, allant de la composition à la qualité de l'entretien du jardin ou du parc.

LOTO DU PATRIMOINE
Le Loto du Patrimoine est lancé pour la première fois en 2018 par la Française des jeux, dans le cadre de la mission Bern. Grâce au soutien de Stéphane Bern, cette opération jouit d'une visibilité importante. Une part des profits réalisés

au cours de cette opération est reversée à la Fondation du Patrimoine, lui permettant de préserver et de rénover les monuments sélectionnés en amont.

MÉRULE

La mérule est un champignon lignivore, c'est-à-dire qui se nourrit de la cellulose du bois. Son apparition et sa propagation sont favorisées par l'humidité, l'obscurité et l'absence de ventilation. Véritable fléau pour les boiseries et les charpentes, la mérule se développe très rapidement, entraînant le pourrissement des structures en bois et, en l'absence de traitement, leur effondrement.

MISSION BERN

Aussi appelée Mission Patrimoine, la mission confiée à Stéphane Bern par le Président de la République, en 2017, vise à recenser le patrimoine jugé en péril et à obtenir les fonds nécessaires afin de financer sa restauration. Cette mission a, entre autres, abouti à la création du Loto du Patrimoine par la Française des Jeux, en 2018.

MONUMENTS HISTORIQUES

L'expression « monuments historiques » désigne un statut juridique accordé aux monuments dont l'intérêt (historique, artistique, scientifique...) justifie la préservation. Deux niveaux de protection doivent être distingués : le premier au niveau régional (inscription) et le deuxième, au niveau national pour les monuments présentant un intérêt public (classement). La protection est accordée selon un ensemble de critères (rareté, authenticité...), évalués par la commission des Monuments historiques.

PETIT PATRIMOINE

L'expression « petit patrimoine » désigne les édifices (pigeonniers, lavoirs, gargouilles...) qui ne sont ni classés, ni inscrits au titre des Monuments historiques, mais qui nécessitent toutefois d'être protégés en raison de leur intérêt.

RÉFECTION À L'IDENTIQUE

La réfection à l'identique désigne le fait de changer les matériaux d'origine d'une œuvre ou d'un bâtiment (ou d'une partie de l'œuvre ou du bâtiment en question), considérés comme trop abimés, afin de les remplacer par des matériaux neufs, et ce conformément à la forme originelle de l'œuvre ou du bâtiment.

RÉHABILITATION

La réhabilitation désigne le fait de réaménager un bâtiment (confort, sécurité, accès...), de lui restituer sa fonction initiale ou de la changer, tout en conservant certains de ses aspects originels (tels que la façade ou la structure).

RÉNOVATION

La rénovation d'un bien désigne le fait de modifier ou de remplacer l'un ou plusieurs de ses éléments (souvent dans le but de l'améliorer), sans obligatoirement tenir compte de l'aspect d'origine de l'œuvre ou du bâtiment rénové.

RESTAURATION

La restauration d'un bien désigne les interventions réalisées sur une œuvre ou un bâtiment, en prenant en compte son intérêt patrimonial et en respectant son aspect et ses matériaux d'origine, afin d'en améliorer l'usage. La définition du terme s'est notamment imposée grâce au travail de l'ICONOMOS et à la charte de Venise concernant la conservation et la restauration des monuments et des sites.

RESTITUTION

La restitution désigne le fait de représenter (souvent via des plans, des maquettes ou des dessins) des œuvres ou des monuments selon leur état d'origine supposé, c'est-à-dire, selon des hypothèses. Elle se distingue donc de la reconstitution qui s'appuie à l'inverse, sur des preuves.

SITES PATRIMONIAUX REMARQUABLES

Le classement au titre des Sites patrimoniaux remarquables, créé par la loi en 2016, indique les villages, villes et quartiers, dont la protection et la rénovation constituent un intérêt public. En raison de l'importance de ces sites et de la nécessité de leur préservation, les travaux effectués dans leur périmètre nécessitent l'expertise des architectes des Bâtiments de France.

INDEX GÉNÉRAL

CRÉDITS ICONOGRAPHIQUES

p. **4** : V. Feugeas
p. **4** : M. Bourget-Rust
p. **4** : D.R.
p. **4** : H. Guégan
p. **4** : E. Lamy
p. **8** : Château de Flaugergues
p. **10** : Simon Davodet/Château de Canon
p. **11** : Olivier Tresson/Château de Canon
p. **12** : Simon Davodet/Château de Canon
p. **13** : Stéphane Maurice/Château de Canon
p. **14-15** : Olivier Tresson/Château de Canon
p. **16-21** : Château de Flaugergues
p. **22** : H. Leclair/aspheries.com/Abbaye de Fontfroide
p. **23** : Yann Monel/Abbaye de Fontfroide
p. **23** : Rogier Fackeldey/Abbaye de Fontfroide
p. **24** : ancoay/Getty Images Plus
p. **26** : Yann Monel/Abbaye de Fontfroide
p. **26** : Fine Art Images/Heritage Image/age fotostock
p. **27** : Ch. Boisvieux/hemis.fr
p. **28** : Yann Monel/Abbaye de Fontfroide
p. **29** : Rogier Fackeldey/Abbaye de Fontfroide
p. **30** : © Kazim kreazim.com
p. **31** : Damien Vivier/Château de Gizeux
p. **31** : Francis Decamp/Château de Gizeux
p. **32** : David Darrault/Château de Gizeux
p. **32-33** : Château de Gizeux
p. **34** : P. Avenet/hemis.fr
p. **36-38** : Bernard SOUMAGNE/Château de la Rochefoucauld
p. **39** : Les Rupificaldiens/Château de la Rochefoucauld
p. **40-41** : Château de Roquetaillade
p. **42** : L. Lourdel/hemis.fr
p. **43** : Château de Roquetaillade
p. **44** : Forges des Salles
p. **45-46** : R. Mattes/hemis.fr
p. **48-49** : Forges des Salles
p. **50** : V. Delprat photography
p. **52-55** : Château de Tanlay
p. **56** : Christophe Apatie/Château du Troussay
p. **57** : Ch. Goupi/age fotostock
p. **57** : quisait/Getty Images Plus
p. **58** : S. Lemaire/hemis.fr
p. **59** : Ch. Goupi/age fotostock
p. **59** : Christophe Apatie/Château du Troussay
p. **61** : J. A. Moreno/age fotostock
p. **62** : Giles Gardner/Château de Vaux-le-Vicomte
p. **63** : Chicurel-Lourmel/Château de Vaux-le-Vicomte
p. **63** : Château de Vaux-le-Vicomte
p. **64** : Yann Piriou/Château de Vaux-le-Vicomte
p. **65** : Collectif Image/Château de Vaux-le-Vicomte
p. **65-66** : Château de Vaux-le-Vicomte
p. **66** : Bruno Lepolard/Château de Vaux-le-Vicomte
p. **68** : CAWPhotos/Château de Vaux-le-Vicomte
p. **68** : Chicurel-Lourmel/Château de Vaux-le-Vicomte
p. **69** : Yann Piriou/Château de Vaux-le-Vicomte
p. **70** : L. Maisant/hemis.fr
p. **72-74** : Château d'Armentières-sur-Ourcq
p. **76** : Anne-Charlotte Petit/Manoir de l'Aumônerie
p. **77** : Alan Aubry-Métropole Rouen Normandie/Manoir de l'Aumônerie
p. **77-78** : Sophie-Isabelle de Saint-Seine/Manoir de l'Aumônerie
p. **79** : Frédéric Plé/Manoir de l'Aumônerie
p. **80** : Alan Aubry-Métropole Rouen Normandie/Manoir de l'Aumônerie
p. **80** : Astrid Martinot-Lagarde/Manoir de l'Aumônerie
p. **82-83** : Château du Bouchet
p. **84** : H. Lenain/hemis.fr
p. **85** : Château du Bouchet
p. **86** : © Stéphane Maurice/Château de Carneville
p. **87-89** : Château de Carneville
p. **90** : Château de Commarque.
p. **91** : William Lesourd/Château de Commarque
p. **91** : Château de Commarque
p. **92** : De Lagasnerie/hemis.fr
p. **93** : Ph. Clément/ArTerra Picture Library/age fotostock
p. **94** : Kenneth Taylor/Getty Images Plus
p. **95** : Ch. Boisvieux/age fotostock
p. **95** : Château de Commarque
p. **96-99** : Château d'Esquelbecq
p. **100-101** : Château de Meung
p. **102-103** : Philippe Hirsch/Château de Meung
p. **104-105** : Château de Meung
p. **105** : Philippe Hirsch/Château de Meung
p. **106** : Étienne Cluzel/Paluel
p. **107-109** : D. Storelli/Michelin
p. **110** : aluxum/Getty Images Plus
p. **112** : Thomas Boivin/Château du Taillis
p. **113** : Château du Taillis
p. **113** : LUCK_Photographiste/Château du Taillis
p. **113-114** : Château du Taillis
p. **114-116** : Mathilde Harel/Château du Taillis
p. **116-117** : Château du Taillis
p. **118** : Jean Gourlaoouen/Château de Villersexel
p. **119-120** : Jean-Jacques Zumkeller/Château de Villersexel
p. **122** : DEA / S VANNINI/ De Agostini Editore/age fotostock
p. **122** : De Agostini / S. Vannini/ De Agostini Editore/age fotostock
p. **123** : Jean Gourlaoouen/Château de Villersexel
p. **123** : Château de Villersexel
p. **124** : G. Gerault/hemis.fr

p. **126** : Jean-Baptiste RABOUAN/www.kleber-Rossillon.com
p. **126-127** : www.kleber-Rossillon.com
p. **127** : Laugery/www.kleber-Rossillon.com
p. **128-129** : Simon Biggar/Getty Images Plus
p. **130** : SteveAllenPhoto/Getty Images Plus
p. **132** : www.kleber-Rossillon.com
p. **132** : Jean-Baptiste RABOUAN/www.kleber-Rossillon.com
p. **133** : L. Lourdel/hemis.fr
p. **134-136** : Château Le Rocher-Portail
p. **137** : NOÉ C PHOTOGRAPHY/Château Le Rocher-Portail
p. **137** : Château Le Rocher-Portail
p. **138** : NOÉ C PHOTOGRAPHY/Château Le Rocher-Portail
p. **139** : Château Le Rocher-Portail
p. **139** : NOÉ C PHOTOGRAPHY/Château Le Rocher-Portail
p. **140** : Château de Vaux/Château de la Ferté-St-Aubin
p. **141-143** : Château de Saint-Brisson
p. **144** : G. Gérault/hemis.fr
p. **145** : Château de Vaux
p. **145** : Brice Vanel/Château de Vaux
p. **145** : Stéphane Lemistre/Château de Vaux
p. **146-147** : Château de Saint-Brisson
p. **148-151** : Château de Saint-Saturnin
p. **152** : Florence Derouet/Château de Saint-Vidal
p. **153** : ducrocq/Château de La Barben
p. **153** : Château de La Barben
p. **154** : CSP_belizar/Fotosearch LBRF/age fotostock
p. **155** : Raphael de Belleville/Château de La Barben
p. **156** : Château de Saint-Vidal
p. **156-157** : Christophe Rablat/Château de Saint-Vidal
p. **158** : Château de Vigny
p. **159-160** : Sébastien Lory/Château de Vigny
p. **161** : Château de Vigny
p. **162** : H. Lenain/hemis.fr
p. **164** : Dompiot/Abbaye d'Auberive
p. **165** : Sylvain CROUZILLAT/Abbaye d'Auberive
p. **166** : Abbaye d'Auberive
p. **167** : Eric Girardot/Abbaye d'Auberive
p. **168** : Denis Germain/Abbaye d'Auberive
p. **169** : Abbaye d'Auberive
p. **170-171** : Eric Sander (ericsander.com)/Champ de Bataille
p. **172** : Francis Cormon/Champ de Bataille
p. **174-176** : Eric Sander (ericsander.com)/Champ de Bataille
p. **178-183** : Château Gaillard
p. **184** : E. Boucher/Michelin
p. **185** : Domaine de Dampierre-cliché Marie France Hurbault
p. **186** : A. Chicurel/hemis.fr
p. **188-191** : Domaine de Dampierre-cliché Marie France Hurbault
p. **192-195** : Axel Dahl/Pavillon royal de la Muette
p. **196-198** : Château de Médavy
p. **200** : Laurent Menec
p. **201** : Collège royal et militaire de Thiron-Gardais
p. **202** : F. Lamontagne/age fotostock
p. **202** : Frédéric Chéhu/Collège royal et militaire de Thiron-Gardais
p. **203** : Collège royal et militaire de Thiron-Gardais
p. **204-205** : Alfran/Collège royal et militaire de Thiron-Gardais
p. **206** : Association des Amis du château de Montaigut
p. **208-209** : Adichats
p. **210** : R. Soberka/hemis.fr
p. **211** : REMPART
p. **212** : Adichats
p. **213** : J.-M. Barrere/hemis.fr
p. **214-215** : Association des Amis du château de Montaigut
p. **216** : E. Teissedre/Photononstop
p. **218-219** : Association des Amis du château de Montaigut
p. **220-223** : Julien Marquis/Adopte un château
p. **224-229** : Dartagnans
p. **230** : Apolline Cornuet/La Fondation du Patrimoine
p. **231** : Patrivia
p. **232** : P. Avenet/hemis.fr
p. **232** : C. Bouvet/Michelin
p. **234** : Château de la Bourbansais
p. **235** : Demeure Historique
p. **236** : L. Lourdel/hemis.fr
p. **237** : Pauline Cheyrouze Photographe - www.paulinecheyrouze.com/ château de Linières
p. **237** : Manuel Clauzier/Château de la Bourbansais
p. **238-239** : Château de la Bourbansais
p. **240-241** : VMF
p. **242-243** : Bernard Galéron/VMF
p. **243** : VMF
p. **247** : Patrice Besse

DIRECTEUR ÉDITORIAL
PHILIPPE ORAIN

RESPONSABLES D'ÉDITION
ÉRIC BOUCHER, CAMILLE BOUVET,
AMAURY DE VALROGER

CONCEPTION ARTISTIQUE ET GRAPHIQUE
ALBÉRIC D'HARDIVILLIERS,
ÉDITIONS DU PLÂTRE
(A/R MAGAZINE VOYAGEUR)

SUIVI ÉDITORIAL
CATHERINE GIRARD

AUTEURS
SERGE BATHENDIER, PHILIPPE BOURGET,
GUYLAINE IDOUX, DENIS MONTAGNON,
DELPHINE STORELLI

**ILLUSTRATIONS, CARTOGRAPHIE
ET COUVERTURE**
VÉRONIQUE AISSANI

ICONOGRAPHIE
MARION CAPÉRA, MARIE SIMONET

MISE EN PAGE ET PRÉPRESSE
HERVÉ DUBOIS, PASCAL GROUGON

REMERCIEMENTS
LA MISSION STÉPHANE BERN,
SÉGOLÈNE DANTON, PATRICE BESSE,
ORIANE TULLI, LA DEMEURE HISTORIQUE,
ARMELLE VERJAT, THIBAUD LÉPISSIER
LE RÉSEAU DES AUDACIEUX DU PATRIMOINE
ET TOUS LES PROPRIÉTAIRES-GESTIONNAIRES
DE MONUMENTS HISTORIQUES
QUI ONT RÉPONDU À NOS QUESTIONS.

CONTACTS
QU'AVEZ-VOUS PENSÉ DE CE GUIDE?
RÉPONDEZ À NOTRE QUESTIONNAIRE
EN LIGNE, EN ALLANT SUR
SATISFACTION.MICHELIN.COM

VOUS SOUHAITEZ NOUS ÉCRIRE ?
ENVOYEZ-NOUS UN EMAIL À
TOURISME@TP.MICHELIN.COM

PARUTION 2022

MICHELIN ÉDITIONS
SOCIÉTÉ PAR ACTIONS SIMPLIFIÉE
AU CAPITAL DE 487500 EUR
57 RUE GASTON TESSIER
75019 PARIS (FRANCE)
R.C.S. NANTERRE 882639354

DÉPÔT LÉGAL : 08-2021

IMPRIMEUR
PRINTER TRENTO, TRENTO (ITALIE)
IMPRIMÉ EN ITALIE: 07-2021
USINE CERTIFIÉE 14001 SUR DU PAPIER ISSU
DE FORÊTS BIEN GÉRÉES.

NOTE AU LECTEUR

L'équipe éditoriale a apporté le plus grand soin à la rédaction de cet ouvrage et à sa vérification. Toutefois, les informations pratiques (adresses, numéros de téléphone, adresses Internet, etc.) doivent être considérées comme des indications du fait de l'évolution constante de ces données. Il n'est pas totalement exclu que certaines d'entre elles ne soient plus, à la date de parution du guide, tout à fait exactes ou exhaustives. N'hésitez pas à nous signaler toute omission ou inexactitude que vous pourriez constater, ainsi qu'à nous faire part de vos avis et suggestions sur les adresses contenues dans ce guide.Avant d'entamer toute démarche, formalités administratives ou douanières notamment, vous êtes invité à vous renseigner auprès des organismes officiels. Ces informations ne sauraient, de ce fait, engager notre responsabilité.